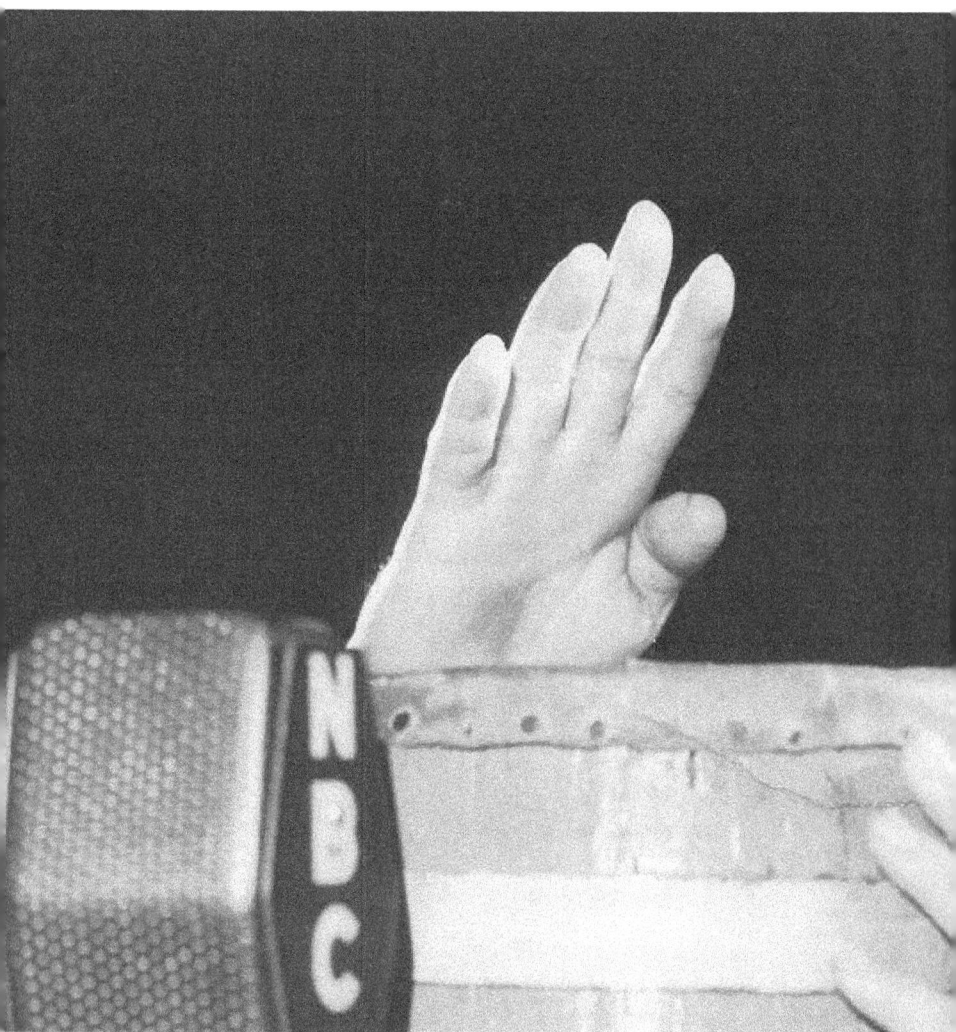

Míster Babalú

UNOSOTROS
MÚSICA

Dulce María Sotolongo Carrington

A Armando Nuviola por inspirarme este libro y porque gracias a su catálogo editorial, he podido reconstruir parte de la vida y obra de Miguelito

A Rita Martin, mi compinche, mi Miguelito

A Ramón Fajardo, otra vez por Bola, Rita, Lecuona, Ulloa, y ahora por Miguelito

A Rosa Marquetti por devolvernos a Chano

A mi esposo Gustavo Vega por su amor y confianza infinitos

A mi madre, hijos y hermanos, siempre

AGRADECIMIENTOS

¿Cómo escribir la historia de un cantante que fue durante muchos años ícono de la música cubana, y que hoy en Cuba apenas se conoce, sin agradecer a todos los que te antecedieron en la ardua tarea de seguir sus pasos?

A Leydis Santana por su incondicional ayuda en la transcripción de entrevistas.

A María del Carmen Mesta por su valioso prólogo y su esposo Víctor Joaquín Ortega, por creer en mí.

A Roberto Oropesa por desbrozar el camino.

A mis inolvidables colegas y amigos Helio Orovio y Raúl Martínez, *in memoriam*.

A Leopoldo Ulloa, mi compadre.

A los periodistas, Rafael Lam, Don Galaort, Cuco Conde, Bladimir Zamora, Leonardo Padura, Ciro Vianchi, Eladio Secades y todos aquellos que dentro y fuera de Cuba hayan dedicado reseñas y artículos sobre Miguelito.

A las tías Carmelina, Panchita y Aida, amantes de Miguelito.

A Julito Dueñas, por el Buena Vista Social Club y aquella crónica que dedicó a mi madre cuando era quinceañera.

A Lázaro Caballero por las fotos aportadas.

A Zenobio por su diccionario sobre los compositores cubanos y Radamé Giro y Cristóbal Díaz Ayala por su monumental obra.

Al Valdés Juan, donde quiera que estés por el maravilloso libro que nunca pudiste publicar.

A Raúl Palomino y Bárbara Castillo por la inmensa contribución para la utilización de medios digitales.

Al coleccionista Eloy Cepero por su aporte en discografía de Miguelito y por salvaguardar las cartas de y para Mr. Babalú.

A Ivette Alcover por la incondicional ayuda.

Al musicólogo colombiano Jaime Jaramillo.

A la investigadora Rosa Marquetti por su gran ayuda.

Es importante conocer la cultura en la que vive el individuo, porque todo lo que nos dice está atado en sus valores y énfasis. (…). Mucho de lo que nos dice lo da por sentado. (…) Mucho de lo que nos dice está en términos de este sistema de la realidad en particular. Si no lo entendemos, nunca seguiremos lo que intenta trasmitirnos. Debemos, en otras palabras, entender el entorno particular en el que opera, y los métodos particulares que tiene para enfrentarse con él.

ABRAHAM KARDINER

Como creador, como estilista, inició toda una nueva escuela de interpretación de lo afrocubano: no existe ni Cascarita, ni Benny Moré, ni Ismael Rivera, ni toda la constelación salsera, sin el antecedente de Miguelito.

CRISTÓBAL DÍAZ AYALA

Se enmudecieron los cueros
Hay tristeza en el solar
Porque murió Miguelito
El de Bruca Maniguá

Cuando se oiga una tambora
O Se le canta a Changó
Allá estará Miguelito
Inspirando un Guaguancó

Como tu, nadie jamas cantó

Canción: Recordando a Miguelito
Compositor: FÉLIX CASTRILLÓN
Orquesta de Willie Rosario

ÍNDICE

PRÓLOGO

Voz de los barrios timberos, del solar donde cada día agonizaba la esperanza de hombres y mujeres sin un mejor futuro. Allí, entre aquellos negros y mestizos, creció Miguelito Valdés y empezó a amar el sonido del tambor que ya por siempre lo acompañaría para convertirlo luego en figura estelar de nuestra música. Junto a su gran amigo, mejor digamos hermano, el tamborero Chano Pozo, bebió en las raíces de la cultura afrocubana.

Desde que era un fiñe revoltoso, la música arropó sus sueños; todo parecía muy lejano, pero nadie escapa a su destino, tampoco lo hizo Miguel Ángel Eugenio Lázaro Zacarías Izquierdo Valdés Hernández, quien comenzó su carrera artística con el Sexteto Habanero Infantil, en el que cantó y tocó distintos instrumentos. Ya se avizoraba la fuerza de espíritu, que toda la vida lo acompañó y lo hizo uno de nuestros más populares intérpretes.

Mecánico de autos y más tarde boxeador, el joven llegó a ser campeón wélter en el cuadrilátero Arena Colón, donde no podemos olvidar que, por primera vez, Kid Chocolate inició, como púgil, su aureola de campeón mundial.

Su trayectoria llevó a Miguelito a integrar numerosas agrupaciones: el Sexteto Occidente, los Jóvenes del Cayo, donde fue uno de sus fundadores, además, de cantante y contrabajista, la solicitada Charanga de Ismael Díaz, la orquesta Gris, la Habana, que dirigió Estanislao Serviá, amigo y arreglista de algunas de sus composiciones. Cantó con la Orquesta de los Hermanos Castro y crea en 1937 con otros ejecutantes la Casino de la Playa, con la que viaja por América Latina. Su mirada está en Nueva York y hacia esa urbe se dirige en busca de gloria. En la Gran Manzana, trabaja con la orquesta Siboney y se luce con la del catalán Xavier Cugat. Otras importantes actuaciones las realiza con Machito y sus AfroCubans en el cabaret La Conga. Cuando regresa a Cuba, la prensa refleja su cadena de triunfos. Actúa en 1942, en la RHC

Cadena Azul con la Havana Casino acompañado de otros músicos como su inseparable Chano Pozo, a quien más tarde vuelve a ayudar a establecerse en Estados Unidos; esta vez, con un *status* legal. Del malogrado tamborero graba en distintas etapas y conjuntos las piezas «Nagüe», «Parampampín», «Rumba en swing» (Si no tiene swing) «Zarabanda» y «Blen, blen, blen», entre otras.

Otra visita a Cuba en 1946 con presentaciones en la Mil Diez y escenarios como el Teatro América y el deslumbrante cabaret Tropicana, junto a Rita Montaner.

Regresa a Estados Unidos en 1947. El melodioso acento de Miguelito se deja escuchar en la orquesta de Noro Morales. En 1951, viaja nuevamente a La Habana y hace grabaciones con la Sonora Matancera. Realizó numerosas funciones en escenarios de América Latina y en casi todo los Estados Unidos, donde gozó de notoriedad a partir de ser uno de los primeros cultivadores de la conga en ese país.

Además, filmó películas, compuso boleros como los titulados «Dolor cobarde», «Loco de amor» y «Ya no alumbra tu estrella».

El mundo recibió con sorpresa la noticia de la muerte del cantante cuando actuaba en el Salón Monserrate del Hotel Tenquemada, en Bogotá, Colombia, el 9 de noviembre de 1978.

Ceñida, principalmente, al aspecto musical, la escritora y editora Dulce María Sotolongo ha reunido en este volumen una valiosa investigación acerca del artista.

El libro no es solo un acercamiento a Mr. Babalú, llamado así por su personalísima interpretación de la pieza de Margarita Lecuona, sino que incorpora una interesante información del panorama musical cubano relacionada con la época en que Miguelito Valdés desarrolló su carrera.

Aquí va encontrar el lector un análisis de la conga, un ritmo que ha sido poco estudiado y ubica a Miguelito y su accionar en el desarrollo de este ritmo tan cubano.

La Habana donde se urbanizó el son y a Miguel Matamoros, María Teresa Vera, Ignacio Piñeiro y cómo influyeron en la conformación del artista. La autora también le rinde un homenaje a todos los músicos que llevan con dignidad el apellido Valdés, se explica la relación que hay entre ellos y su importancia para la música cubana.

Pero no espere el lector una biografía tradicional donde no hay lugar para la poesía y la imaginación. Aquí las musas son personajes protagónicos que a través del «bautizo» del personaje lo predisponen a ser un rumbero famoso y permiten a la autora mediante originales viñetas hablar con él. Hay mucha mística y respeto a la religión afrocubana. Se explica el aporte de la misma en nuestra cultura y como Miguelito bebió de su fuente al crecer en un barrio de santeros, paleros y abakúas.

Las letras de canciones sirven de apoyatura a la narración, así como el testimonio fotográfico que nos devuelve a un Miguel en sus años de esplendor, tocando tumbadora, peinándose en Tropicana, al lado del cadáver de Chano, un Miguel humano hasta el tuétano que quiso devolverle la visión a Arsenio y se llevó para Nueva York a Olga Guillot y Chano Pozo.

La amistad entre Chano Pozo y Miguelito Valdés es un ejemplo para los que luchan por la reivindicación de los afrodescendientes en cualquier parte del Mundo, y en nuestro propio país.

Hoy que se habla del «olvido» en que está sumido Míster Babalú, para mí uno de los rumberos más importantes de Cuba porque fue de corazón rumba rumbero. Volvamos a oír su música a través de estas páginas y sirva este libro como un sencillo, pero sincero homenaje de la tierra que lo vio nacer.

MARÍA DEL CARMEN MESTA

El padre de los Valdés en Cuba

Jerónimo de Nosti y Valdés, vigésimo sexto obispo de la Isla, legó su apellido a la Casa Cuna, inaugurada en 1711, son muchas las historias y leyendas asociadas a este centro de Beneficencia que se encargaba de dar asilo a los niños desamparados a los que se les bautizaba con Valdés. Esto contribuyó a su proliferación en Cuba, a pesar de su origen humilde, hoy en día es llevado con dignidad por muchos cubanos y hasta por personajes de ficción, máximos exponentes de la literatura y del cine, como: Cecilia, la protagonista de la novela de Cirilo Villaverde, Paula, la madre de Quirino, el del tres guilleneano y Elpidio, el animado más querido por la prole infantil, bautizado así por Juan Padrón para homenajear a los mambises que pelearon en la guerra por nuestra independencia.

De todos los patronímicos con que fue bautizado Miguel Ángel Eugenio Lázaro Zacarías Izquierdo Valdés, solo este último sería escogido para prestigiar la lista de los que siendo familia o no, enriquecerían con su arte el legado de la música cubana en el mundo: Marta, Bebo, Chucho, Amau, Oscar, Merceditas, Vicentico, Amadito, Abelardo, Alfredo, Rolando, Roberto, María, Patato, Tereso, Reinaldo, Angelito, Miguel, Augusto, Cheo, Concha, Joseíto, Esther, Mario, Marcelino, Xiomara, Lázaro, Lazarito, Fellove, Arty, Cucurucho, basten algunos de estos nombres para considerar un privilegio llevar como apellido Valdés.

Miguelito Valdés, nació en 1912, hijo según cuentan de un español y una mexicana de Yucatán, tierra de boleros, la misma en donde algunos aseguran llegó al mundo otro Valdés, conocido como Tin Tan, con quien muchos años después compartiría el escenario de El Patio en México. El padre de Miguel, fue el coronel de la Armada Imperial española Emilio Valdés Izquierdo y su madre, Norberta América Valdés Torres.

El Valdés de Miguelito, estuvo asociado a la iglesia del Espíritu Santo donde estaban enterrados los restos del Obispo Valdés y a la que seguramente era llevado en su temprana infancia en el barrio de Belén. Me imagino un bautizo griego-cristiano, todo puede suceder en esta isla caribeña donde Calíope, la de la bella voz, le regalaría este don al que, como el pintor Miguel Ángel, también sería artista, sin discriminar el Eugenio y el Izquierdo, si se combinan Lázaro y Zacarías, llegamos al Míster Babalú que conquistó al mundo a través de su voz. No exageramos, algunos años más tarde, 1928, Zacarías Tallet escribiría uno de los primeros poemas de la poesía negra, *La rumba*. Y San Lázaro, como todo buen cubano debe saber, se sincretiza con Babalú Ayé.

Tantos nombres han sido la causa de que aún hoy los estudiosos no se hayan puesto de acuerdo y cada uno tenga su propia versión, para Lino Betancourt, es Eugenio Elías Sacarías Miguel Valdés Valdés, mientras que para Rafael Barri Labarrea, Miguel Eugenio Lázaro Zacarías Izquierdo Valdés, para la revista colombiana Lira, es Miguel Ángel Eugenio Lázaro Zacarías Izquierdo Valdés y Hernández, este último se suma a los anteriores, sin embargo esta polémica parece terminar con la investigación del musicólogo Roberto Oropesa:

Después de una ardua búsqueda, considerando las posibles variantes de nombres y datos de referencia, se encontró una coincidencia en los libros de asentamiento por Índice, referente a un matrimonio de un individuo llamado Miguel Valdés (Tomo 52 y Folio 163) y con algunas coincidencias de datos, entre ellas nacido en 1912 en el barrio Belén. Esto permitió deducir que a partir del año 1930, cuando las personas contraían matrimonio se exigía registrar, en el Acta Matrimonial, el Tomo y el Folio de nacimiento de los cónyuges, finalmente fue atinada la observación del Sr. Arias, obteniéndose los datos siguientes: "Miguel Valdés Valdés, inscripción de nacimiento al Tomo 70, Folio 214 del Registro del Estado Civil Este, municipio La Habana Vieja".
La Certificación de Nacimiento emitida por el Registro del Estado Civil Este del municipio Habana Vieja de Miguel Valdés Valdés, recoge que nació el 6 de Septiembre de 1912

en la calle Velazco No. 14 (entre Habana y Compostela) del barrio San Isidro (antiguo Belén), con fecha de asentamiento el 22 de octubre de 1932 por sus padres, Emilio Valdés Vargas y América Valdés Torres, ambos naturales de La Habana, cuyos abuelos paternos son Juan Vicente y Micaela, así como los abuelos maternos, Andrés Avelino e Inés, esta última de origen yucateco.[1]

A pesar de la profesional pesquisa realizada por Oropesa, es casi imposible delimitar dónde empezó la saga de su nombre, ya que la fe de bautismo no ha sido encontrada. Hay que tomar en cuenta que muchas veces cuando el individuo se iba a inscribir, daba datos falsos a conveniencia, sobre su lugar de nacimiento, edad, nombre de los progenitores, había poca seriedad en este asunto y resulta polémica la afirmación de que sus progenitores son naturales de La Habana, cuando en las entrevistas ofrecidas por el propio Miguelito y la mayoría de los periodistas que escribían y escriben sobre él, dan por sentado que su madre era mexicana y su padre español.

Una de las fuentes más confiables que he encontrado proviene del artículo de Gaspar Marrero «La huella olvidada de Míster Babalú» escrita en el 2012, en el centenario del artista, ya que como el investigador afirmó, estos: "apuntes nos acercan a un redescubrimiento del gran cantante cubano… "

Acerca de su nacimiento

Las semblanzas del artista coinciden en el día de su nacimiento, pero no en el año.

En 1983, el investigador y realizador radial Luis Rovira Martínez difundió un estudio, todavía inédito, de Juan Antonio García y Ezequiel Rodríguez, acerca de Miguelito. Ezequiel, importante musicógrafo, comenzó, entre los indagadores cubanos, la consulta de los archivos de las iglesias, en busca de las actas de bautismo. Por ello, asumo los datos y la fecha proporcionados por él: Eugenio Elías Zacarías Miguel Valdés y Valdés nació en la casa número 14 de la calle de Velasco entre Habana y Compostela,

---

[1]. Ricardo Oropesa. *La voz del tambor.* Ediciones Cubanas. La Habana (digital), p. 20.

en el barrio de Belén, el 6 de septiembre de 1912, de padre cubano–español (Emilio Valdés Vargas) y madre descendiente de los mayas (Norberta Valdés Torres).[2]

El poeta bayamés Bladimir Zamora tituló uno de sus muchos artículos sobre la música popular cubana «Un importante Valdés...». Allí comentó:

> El apellido Valdés de origen tan humilde, que está relacionado con la legendaria Casa de Beneficencia de La Habana, ha sido y es llevado por músicos cubanos de la mayor importancia. Podría ahora entrar en una larga relación de ellos y reflexionar sobre la relación visible o tácita entre todos ellos, pero me importa llamar la atención sobre uno de los más significativos: Miguelito Valdés.[3]

En el ambiente musical cubano hay muchas familias que comparten este apellido. Se destacan la que forman Oscar, Vicentico, Alfredito, Marcelino, Lázaro. Oscar Junior, empezó desde niño tocando tumbadora y timbal fue uno de los más cercanos colaboradores de Chucho Valdés desde los años 60, juntos emprendieron valiosos proyectos, el más recordado la orquesta Irakere, en el que abordaron la fusión de nuestros ritmos con el *jazz*, Lázaro estudió piano. Ha formado parte de las orquestas Ilusión, Benny Moré y la del ICR. Ha compuesto rumbas y sones. Alfredo, destacado cantante que integró varias agrupaciones como la orquesta Casino de la playa, participó junto a otros Valdés como Amado y Gilberto, en un concierto de Música afrocubana. Vicentico, gracias a un programa de radio que se mantuvo mucho tiempo, es uno de los boleristas más conocidos y queridos en Cuba. Otra familia reconocida es la que formó el destacado músico Bebo con sus descendientes: el multipremiado Jesús Dionisio Jesús Rodríguez, Chucho, director y fundador de Irakere. Pianista, compositor, arreglista y director. En 1999 fue incluido en el Salón de la Fama del Jazz Latino en Los Ángeles. También ha recibido el Premio Nacional de Música. Su

---

[2.] Gaspar Marrero. «La huella olvidada de Mr. Babalú». *Bohemia,* 7 de mayo del 2013.
[3.] Bladimir Zamora. «Un importante Valdés». www.lajiribilla.cubaweb.cu.

hermana María Caridad fue una destacada cantante de *jazz* y sus hijos y nietos, también han incursionado con éxito en la música. Aquellos que coincidieron en épocas, no solo se conocieron y compartieron escenario, si no también obras, podríamos afirmar que están hermanados por la música con Miguelito: Rolando, dirige el conjunto Gris, donde actuó siendo casi un adolescente, Alfredito Valdés cantó con varios septetos, entre ellos el Nacional de Piñeiro y luego, gracias a Miguelito, sería su sustituto en la Casino de la Playa, pero antes de nuestro Valdés abandonar el país, cantaría con él, en más de una ocasión. Gilberto se destaca sobre todo por su aporte a la música afro, hizo composiciones para voz y piano: «Baró», «Sangre africana», «Bembés», «Tambó», que cantaría Rita Montaner, La Única, quien fuera muy amiga de Chano Pozo y de Miguelito, precisamente de «Tambó», haría Miguelito una interpretación de lujo, así como de su pregón «El botellero». Compuso también Gilberto, «Ogguere», canción de cuna, de la cual otra Valdés, Merceditas, dejó una admirable interpretación, más adelante nos referiremos a la relación de La Pequeña Aché con Miguelito, Bebo, compartió escenarios como Tropicana con él y se declaró su admirador, así como Vicentico.

Lo importante es que el apellido Valdés, heredado o no del obispo del Espíritus Santo y Miguelito, ayudaron a crear la leyenda de los Valdés en la música cubana, además de promotor, con su carrera artística, Míster Babalú, fue como un padre para el resto de los Valdés y para muchos músicos de renombre en Cuba como Chano Pozo y Olga Guillot. Ayudó a promover la obra de ese gigante que fue Arsenio Rodríguez, inspiró a figuras como Merceditas Valdés, el boricua Daniel Santos, Orlando Vallejo y el panameño Rubén Blades. Miguelito Valdés es uno de los artistas más grandes que ha dado Cuba.

Cayo Hueso: amores y desamores

En 1912 nacen los pintores Mariano y Portocarrero, la escultora Rita Longa y los músicos Paulina Álvarez, la emperatriz del danzonete y Anselmo Sacasas, pianista, compositor, quien fundaría en 1937, la orquesta Casino de la Playa junto a Miguelito Valdés. En mayo de 1912, hubo una era del *ragtime* en los Estados Unidos, así lo afirma Joao Pablo Fariñas González, cuando 125 músicos negros de Clef Club Orchestra llevaron a cabo un concierto masivo en el Carnegie Hall de New York. Ellos fueron los primeros de tantos afronorteamericanos que tocaron en tan importante plaza.[4]

En 1912, a los diecisiete años, Ernesto Lecuona compuso su mundialmente conocida danza «La comparsa», en que incorporaba por vez primera a la pianística cubana los elementos rítmicos de raíz africana.

En 1912, fue el hundimiento del *Titanic*. Un acontecimiento no menos trágico tendría más relevancia para el futuro artista y fue la Masacre de los Independientes de color, ocurrida cien años después que la Sublevación de la escalera, otro episodio que marcaría la historia en el que se asesinaron negros y mulatos, entre ellos, Aponte.

Cuando aún si se aguzaba el oído, podía escucharse el clamor de la Guerra por la Independencia en la patria de Antonio Maceo, José Martí y Máximo Gómez, nada era más bochornoso que la situación de los negros y mulatos, la mayoría condenados a vivir en una república que *No era para todos y para el bien de todos* como lo soñó el apóstol y entre ese todos, los más denigrados eran los mal llamados de color, condenados al hambre y la miseria, situación esta que se hacía más dolorosa cuando se veía a un general mambí como Quintín Banderas barriendo las calles de una Habana donde reinaba el vicio.

---

[4] Joao Pablo Fariñas González. *Estrellas y superestrellas de la música negra* (Inédito).

En la república son muy pocos los negros y mulatos que se destacan y se mueven en torno a los gobernantes. Es preciso mencionar a Morúa Delgado y al periodista, amigo de Martí Juan Gualberto Gómez. Nada como la división entre un mismo grupo étnico para perjudicar a sus integrantes. La guerrita del 1912 o protesta armada del Partido Independiente de Color, se produjo por la imposibilidad de participar dicho partido en las elecciones, debido a la enmienda al artículo 17 de la ley electoral propuesta por el senador liberal, Martín Morúa Delgado, el 10 de febrero de 1910 y aprobada el día 14, que prohibía la formación de partidos por elementos de una misma raza, diferendo que culminó con su alzamiento y asesinato de cerca de 3000 de sus simpatizantes.

El peligro que supuestamente constituían los negros, fue el pretexto para introducir, otras formas de discriminación muy parecidas a las norteamericanas, como fueron: la separación de negros y blancos en parques, centros recreativos y playas, donde se les prohibía la entrada, centros escolares exclusivos para blancos. Aunque en la constitución se hablaba de la igualdad entre todos los cubanos.

Tanto Juan Gualberto Gómez, como Morúa Delgado, defendieron la tesis de que solo los negros podrían salir de su *estatus* socioeconómico con los estudios. En las sociedades negras se prohibía usar los atuendos religiosos, escuchar su música, los miembros intentaban alejarse infructuosamente de su génesis, de cualquier forma, eran preteridos.

Miguelito nació en el barrio de Belén en La Habana, Cuba, en la calle Fundición entre Picota y San Isidro, el 6 de septiembre de 1912. Cursó los estudios primarios en la escuela Emiliano Zapata situado en Carlos III y Marqués Gonzales, donde aprendió a respetar a este héroe del pueblo mexicano, según Lino Betancourt.[5]

Se cuenta que ya en el aula, causaba la admiración de sus condiscípulos y maestros por su afición al canto y a la percusión. En el recreo, sus amigos lo instaban a que cantara, y él tomaba una caja o el respaldo de una silla sobre la que percutía para acompañarse rítmicamente en la interpretación de un son.

Pero muy pronto se mudarían por razones económicas a barrio de Cayo Hueso, el cual, ejerció tanta influencia en él que llegó a

5. Lino Betancourt Molina: «Miguelito Valdés, el inigualable Míster Babalú». *Revista Tropicana Internacional* No. 20 de 2005, pp. 36-39.

considerarlo su barrio natal. En la ya citada entrevista realizada por Benjamín Vega, dice:

> Nací y me crié hasta ser un hombre, en el mismo corazón de La Habana. La calle Salud, En pleno barrio de «Cayo Hueso».
> [...]
> Desde niño me gustaba cantar, bailar, aprender música. Y en eso mis padres, que en paz descansen, me alentaron continuamente. Evocación emotiva: «Los ojos se le humedecen evocando a sus progenitores. Se recupera y volviendo a reír, añade»: Sabes, que fui hijo de un «banquero»... Pero banquero «del pueblo. Mi 'viejo'» era «apuntador de bolita». Era servicial y humanísimo y muy querido en el barrio. Me crié con todo el sabor folklórico de Cuba en mis venas. Por gentes que siempre ha sentido predilección por la canción afrocubana, que canta como ninguna, los sentimientos populares.[6]

Entre los oficiales españoles existió un General de División que se llamó Álvaro Suárez Valdés Rodríguez, quien participó en más de treinta y cinco encuentros con los cubanos y enfrentó entre otros al general Antonio Maceo.

Esta podría ser la historia del coronel de la Armada española y padre de Miguelito:

Emilio Valdés, también fue oficial, pero al ser de la marina tuvo que enfrentar más a los corsarios y piratas y a las inclemencias del tiempo que a unos mambises que apenas conocía. Su mayor enemigo sería el amor, así enamorado de una bella mexicana, decide asentarse en Cuba en el barrio de Belén, donde terminada la guerra no tendría que dar explicaciones y vivir lejos de las exigencias de una armada, que aunque bastante maltrecha en aquellos años, aún soñaba con conquistar el mundo.

Ser banquero le permitió gozar de cierto respeto en el barrio donde muchos le confiaban sus escasos ahorros a la suerte, en un

---

[6.] Entrevista para la radio realizada por el doctor Ken Leo Rosa, transmitida en 8 de marzo de 1975 en la Ciudad de New York.

negocio dominado por los grandes políticos, los banqueros eran el eslabón fundamental de una cadena de corrupción, donde a veces y solo a veces, la suerte tocaba a la puerta de un pobre para convertirlo en millonario. Emilio siempre estaba impecablemente vestido: pantalón de dril blanco, la orgullosa corbata, el saco de alpaca negra y un sombrero jipijapa. Su mayor tesoro era Norberta América, la madre de sus hijos, América con su presencia de mujer luchadora, lo ayudaba en el sustento de la prole y siempre cantaba para alegrar las noches oscuras del lugar donde residían.

Decir Cayo Hueso en Cuba es decir Música. No era preciso nacer allí, solo con crecer en este sitio o ser visitante asiduo de sus bares, calles, solares, es motivo para «contaminarse». Tierra del son, la rumba, el filin, tierra de Abelardo Barroso, Mario Bauza, Félix Chapottín, Chano Pozo, Ángel Días, Merceditas Valdés.

Cayo Hueso fue el lugar donde vivían algunos amigos y los padres de Emilio. La Abuela Micaela, quien para «ser española», parece que se aplatanó pronto. Todo podía faltar allí menos la música, en los bares siempre había un bardo que guitarra en mano probaba su suerte, en los solares no faltaban los bembés para los cuales la abuela cocinaba ricos dulces como arroz con leche, boniatillo, majarete.

Entre esos bardos se destaca Sindo Garay, quien en 1906, fijó su residencia en La Habana y pernoctaba por Cayo Hueso, se dedicó a cantar en todas partes. Miguelito creció, escuchando a este trovador. Compositor, cantante y guitarrista. Fue realmente el primer trovador cubano de talla nacional e internacional. Nació en Santiago de Cuba, el 12 de abril de 1867. Compuso su primera obra musical, cuando contaba diez años de edad: «Quiéreme trigueña», sin embargo, como su familia era muy pobre no realizó estudios musicales. En 1906 fijó su residencia en La Habana. Asombró a los academicistas por su talento singular para crear armonías. Viajó a París en 1928, junto a otros músicos criollos, allí se consolidó su carrera.

A Emilio le encantaba su canción «Perla Marina».

Perla marina
que en hondos mares
vive escondida
con los corales.

Celaje tierno
de allá de Oriente
fresca violeta,
del mes de abril.

Tú eres el ángel
con quien yo sueño
extraño idilio
de los poetas.

Alma sublime
para las almas
que te comprenden
fiel como yo.

Mientras a Norberta, como buena yucateca, le gustaban los boleros, sentía predilección por el de Gonzalo Roig, «Quiéreme Mucho».

Quiéreme mucho,
dulce amor mío,
que amante siempre te adoraré.
Yo, con tus besos y tus caricias,
mis sufrimientos acallaré.
Cuando se quiere de veras,
como te quiero yo a ti,
es imposible, mi cielo
tan separado vivir.

Se le quiere mucho a Gonzalo Roig, considerado uno de los músicos más sobresalientes del siglo XX, además de componer la criolla bolero «Quiéreme mucho» y de ser autor de la zarzuela insignia del teatro musical cubano, donde una vez más se destaca el apellido *Valdés*, ya que se inspiró en la Cecilia de Villaverde, se destacó como director de la Banda Municipal de Música de La Habana, un cargo que ocupó hasta su muerte y fundó junto a Ernesto Lecuona y a instancias suyas, en 1922, la Orquesta Sinfónica de La Habana, que compenetró a los oyentes con un rico catálogo de obras de autores universales y con ello estimuló la apreciación de las artes y de la música en particular.

Julio Gonzalo Roig nació en la céntrica calzada de San Lázaro, en La Habana, el 20 de julio de 1890. Fue violinista de orquestas en algunos teatros, pianista de cines, contrabajista de la Orquesta Sinfónica en las funciones que dirigió en La Habana el maestro Pau Casals. Músico de talento y muy exigente ante el trabajo, los detalles de su biografía han sido abordados por la investigadora Dulcila Cañizares en un libro que recoge las facetas del músico.

La existencia del maestro Roig transcurrió casi toda en el primer piso (altos) de la vivienda hoy lamentablemente derruida de la calle Amistad número 404, entre Barcelona y Dragones, muy próxima al Capitolio Nacional, en el corazón de la ciudad capital, cercana también a la residencia de Miguelito, quien se «alimentó» de la música de este creador.

Acerca de «Quiéreme mucho», la popular melodía compuesta en 1911 y que con tanto amor tarareamos frecuentemente, se estrenó con el título de «Serenata Cubana», en la Sala Espadero del Conservatorio Hubert de Blanck. La interpretó el tenor Mariano Meléndez y todo transcurrió sin penas ni glorias hasta que en 1917, Roig la incorporó al *sainete* «El servicio militar», que se presentaba en el teatro Alhambra. Inició así su trayectoria, con el título que hoy la conocemos, una melodía que se apropió del auditorio. La letra, algo que muchas veces se pasa por alto o desconoce, estuvo a cargo del libretista teatral Agustín Rodríguez. «La hicimos por hacer una canción. Y cuando decidimos entrar en negocio con ella, la vendimos en cinco pesos», esclareció un día el maestro con la naturalidad de que hacía gala.

No era fácil *vivir*, dada la situación económica imperante. De Emilio contaba la *vox populi* que no era español, ni nada parecido, a pesar que se dice en muchas entrevistas de Miguelito que era coronel de la armada, esto, según el profesor universitario Zulueta, es imposible, ya que este rango militar no existe, se asegura y corrobora las investigaciones realizadas por Oropesa, que era un estibador del muelle con muy mala reputación como mujeriego, al final desapareció un buen día como marinero en puerto ajeno y los muchachos se fueron a vivir con su abuela paterna Micaela, quien tenía mucho de Gitana Tropical y en Pasaje A, bien ganada fama de adivina y lectora de cartas.

Una muñeca negra con un tabaco en la boca presidía el cuarto principal de la habitación al que concurrían mucho para leer su suerte. Como si fuera poco, también era santera y manejaba con soltura la lectura de los caracoles. Ella supo que América Norberta ahora vivía con otro hombre y por eso Miguelito y Emilio andaban de un sitio a otro como la mala hierba a la que no le hace falta nada más que la lluvia para florecer.
Shango no se equivoca, ese su nieto, el menor, «el de la cara bonita y el cuerpo alegre, iba a ser grande, sí señó», por eso lo santiguaba todas las mañanas, vertía colonia en su piel y llenaba el cuerpo de cascarilla: «para los malos ojos, usted va a ser cantante, rumbero cantante, bailador cantante, su voz es la voz de los negros porque usted es blanco pero su voz le viene de lejos, de muy lejos, en el mismo barco que vinimos todos negros y blancos». Detrás de la puerta siempre había un pan, «pá San Lazaro mi hijo, Babalú, mi hijo, para que proteja esta casa y me los cuide de los malos ojos».

Primero fue la Conga

En 1914, la escena internacional enfrentaría un hecho que traería como consecuencia la muerte de muchos inocentes y el desequilibrio económico de países que estaban muy lejanos al lugar donde se inició: Bosnia en Europa, sería la Primera Guerra Mundial, en el caso de Cuba tal parecía que al fin se gozaría de años de bonanza con la llegada del mayor número de turistas a la isla y el alza en los precios del azúcar, pero los pobres ni se enterarían de esto, seguirían luchando por encontrar un empleo, por llevar el bocado de comida para la casa, por tratar de sobrevivir en solares: blancos, mulatos, negros, chinos, judíos, como diría Guillén «todos mezclados», cómo no unirse para enfrentar la miseria en asentamientos donde pululaba además de la falta de agua, servicios sanitarios, etcétera, el crimen, el juego, la prostitución, no así la música y la fe religiosa, reinaban los bembés, festividad dedicadas a los orishas, así en las cuarterías convivían los hombres y los dioses: Eleguá, Obatala, Yemaya, Shango, Oshún, Babalú Ayé; que eran al mismo tiempo, El niño de Atocha, las Mercedes, la virgen de Regla, Santa Bárbara, la Caridad del Cobre y San Lázaro, el santo milagroso; más el anciano harapiento con un par de muletas y llagas en los pies —que el amigo de Jesús que fue canonizado por la Iglesia católica— que fue poco a poco convirtiéndose sobre todo en La Habana en la mayor esperanza para aquellos que desesperaban.

Por la importancia que tiene para esta historia, citaremos la descripción que hace Lydia Cabrera en su antológico *El Monte,* sobre Babulú Ayé en las religiones afrocubanas:

> Sintetizado con Babalú Ayé, San Lázaro —«arará dajome de nacimiento», según unos, «aunque de tierra lucumí fue a tierra de Dajome», según otros—, Ayánu, el santo más venerado de la regla Arará, inmediatamente, hace tomar a su omó el aspecto de un inválido minado por

un mal deformante: retuerce sus piernas, engarrota sus manos, dobla su espinazo. Este orisha, cuya estampa católica encontraremos con frecuencia detrás de las puertas acompañada de un pan, de una mazorca de maíz tostada o de una escobilla de millo, es el dueño de las epidemias y de las enfermedades: de la lepra y de la viruela, que dejamos de padecer en Cuba, y en posesión de su omó realiza los mismos actos repugnantes que hemos anotado: limpia las llagas con la lengua, despoja el cuerpo lacerado con un trozo de carne cruda que después se come.

«Yo he visto a Tata Cañéñe en el campo —algunos nganguleros le llaman Fútilá— revolcarse sobre un animal muerto cubierto de gusanos, y frotarse la cara y todo el cuerpo, contentísimo con aquella podredumbre, y comerse las secreciones de la nariz y de los ojos». Como Elegguá, también «baja», bromeando e incitando a risa a los presentes, sólo para castigarlos después. «Oshún y Yemayá también hacen el mismo juego. Sobre todo Oshún, con sus risas, merengueteos y cuchufletas». Está de más decir que de los orishas «que montan», es Ayé — San Lázaro— el que inspira terror y respeto. El negro dice: «Con todos los santos se puede jugar un poquito, menos con él». Y «¡ni los congos, que son diablos, se atreven con *Mpúngu Fútila*!» Un Obatalá varón se estremecerá de pies a cabeza: será un viejecito inclinado, de andar vacilante, siempre trémulo, Obbamoro, Ochagriñá o Agguiriñá. Pero este viejo temblón es, no obstante, un bravo guerrero que se yergue y baila fieramente imitando los gestos del paladín que se bate con brío.[7]

Importante no olvidar la caracterización anterior del orisha que seguramente vería una y otra vez el niño Miguelito y que incorporaría muchos años después a su interpretación de la canción de Margarita Lecuona que lo inmortalizaría.

[7.] Lydia Cabrera. *El monte*. Ediciones cubanas. La Habana, p 42.

Babalu es Mi Santo Protector ¡es como mi oración a Cuba! Hace 34 años que la llevo cantando. Su autora, la gran compositora Margarita Lecuona, quiso rendir un adecuado homenaje a San Lázaro, un santo muy milagroso y lo logró maravillosamente. Hace una pausa. Apura un trago de helado *Whisky* y dice tras una prolongada sonrisa: ¡ Babalú es mi santo protector! Me ha dado grandes pruebas de ser muy milagroso ...[8]

No obstante, el carácter religioso de los bembés y la solemnidad con que se espera la llegada de los orishas a través de cantos y toques, casi siempre al final imperaba la rumba, porque si algo no faltaba en los solares habaneros era una tumbadora, un cajón, una batea o una simple lata y un palo para formar el rumbón que casi siempre terminaba en conga. A propósito afirma la musicóloga Roxana Coz Téstar:

> De igual manera, en las fiestas de santo aún es frecuente tocar rumba después que concluyen las acciones ceremoniales. Miriam Leicea, bisnieta de Regla Calle recordaba que en las celebraciones del Cabildo Arará que presidía Flora Heredia, se comenzaba con toques y cantos arará y luego se finalizaba con rumba. Años después, lo mismo ocurría en el Cabildo Niló-Niyé, donde muchos de los ahijados de Eugenio Lamar (Cucho) se reunían en fiestas de santo y también tocaban rumba.[9]

No por estar apartados en sus palacetes, los gobernantes eran ajenos a la alegría e interioridades de la vida del solar, de vez en cuando como el *deux in machina* del teatro griego irrumpían y hacían promesas de mejorías o se consultaban con los orishas para saber si serían reelegidos o a qué enemigo eliminar.

En 1917, Mario García Menocal, en su afán por halagar a los vecinos del norte, en abril, toma una medida para incorporar a Cuba a las fuerzas aliadas europeas para luchar contra Alemania. De Bosnia

---

[8]. Entrevista para la radio realizada por el doctor Ken Leo Rosa, transmitida en 8 de marzo de 1975 en la Ciudad de New York.
[9]. Roxana Coz Téstar. *Rumberas matanceras*. Ediciones Unos & Otros. Estados Unidos, p.12.

a un solar habanero no hay mucha distancia, pues los miembros del partido liberal y del ejército encabezados por José Miguel Gómez protagonizaron el motín conocido como La Chambelona a raíz de la reelección de Menocal. La conga que dio nombre a este acontecimiento fue traída por Rigoberto Leyva de Villa Clara. Solo Cuba para enfrentar una guerra con una conga, liberales y conservadores, se chotean unos a otros y deciden la fraudulenta política del país.

La llegada de un tren lleno de liberales convierte los alrededores de la Terminal en el barrio Belén en una algarabía, los niños y las amas de casa se suman a la conga que tuvo su origen en una cancioncilla española pero cuyo ritmo era africano. Miguelito con apenas cinco años se suma al alboroto, la gente canta sin saber tal vez el doble contenido de la conguita que se mofaba de la esposa del presidente, daba igual.

Una bella margarita,
lisonjera y retozona
con amor me dio una cita.
¡merecería una corona!
¡Aé, aé, aé La Chamberona!
Yo no tengo la culpita
que la dulce picarona
un día de Santa Rita
me enredara en la encerrona.
¡Aé, aé, aé La Chamberona!

Al final, como mucho de los rumores en los solares o como sucedía en los carnavales con las trifulcas entre barrios a través de las congas de las comparsas, estalló la guerra conocida con el nombre de *La Chambelona*, el 12 de febrero de 1917. En Oriente y en Camagüey, fue encabezada por el mayor general José Miguel Gómez, quien marchó contra La Habana pero finalmente fue derrotado por Mario García Menocal, el Mayoral, que el 5 de abril de 1919, movió amenazante su látigo para prohibir el toque de tambores y otros instrumentos de origen africano y los movimientos y frases indecentes que los acompañan.

La conga sería uno de los géneros donde más brilló Miguelito, testimonian lo anterior, su amplia discografía, sus actuaciones con

34

la orquesta Los Hermanos Castro, Casino de la Playa, de Xavier Cugat y su propia orquesta, sobre todo, las películas en las que participó en Estados Unidos, México y otros países donde se le ve alegre cantando este género musical que tanto nos identifica en el mundo. Y es que tal vez una de las primeras cosas que hizo cuando aún era muy pequeño, fue arrollar tras una comparsa, vivir en un solar y gustar de la música que allí imperaba, cuando sentía la llamada del tambor, como dice en la canción que muchos años después compuso: «La conga de los Dandys» del barrio de Belén:

Siento un bombo,
mamita, me está llamando,
siento un bombo,
mamita, me está llamando,
sí, sí, son Los Dandys,
sí, sí, son Los Dandys.

Es imprescindible para el desarrollo de esta historia que se conozca ¿qué es la conga? según el musicólogo Helio Orovio, en su libro *El carnaval habanero*:[10]

La conga es el género musical que caracteriza al carnaval cubano, tanto a sus comparsas como a sus carrozas, lo mismo arrollando por las calles que acompañando los cuerpos de baile sobre la plataformas rodantes y hasta en los bailes que tienen lugar en clubes y salones.
[…]
La conga tiene su origen en las fiestas que celebraban los esclavos africanos durante el período colonial, en las ocasiones en que les eran permitidas por las autoridades. Esto ocurría, como se sabe, en la festividad del Corpus, los domingos y, principalmente, el Día de Reyes, suceso musical y social que llenaba de alegría las ciudades cubanas, desbordantes de cantos, toques de tambor y fabulosas coreografías, en un holgorio que contrastaba con los bailes de salón generados por la burguesía para su disfrute, y aun con los llamados *bailes de cuna*, donde se

---

10. Helio Orovio. *El carnaval habanero*, Ediciones Extramuros, La Habana, 2005, p. 23.

mezclaban, siempre dentro de los moldes impuestos por la cultura dominante, diversos estratos y grupos sociales. La conga manifestó su carácter masivo, sobre todo a partir de la abolición de la esclavitud en 1880, cuando los criollos libres —negros, mulatos e incluso blancos— la incorporaron al carnaval en ciudades como La Habana, Santiago de Cuba y Güines. Fue, por tanto, una manifestación cultural aglutinante que mucho significó en el proceso de forja de lo cubano.

Ya la figura del negro intelectual estaba presente en los carnavales de Matanzas en el siglo XIX, con la comparsa de los Negros Catedráticos.

Los negros catedráticos se distinguían también por su típico lenguaje, de tono doctoral, en el que mezclaban centenares de palabras rimbombantes y atrabiliarias sobre ciencias, artes y literatura. Los negros catedráticos fieles a su mote, llevaban por indumentarias largas levitas, chistera y bastón y adoptaban un aire grave y doctoral.[11] Esa postura fue criticada en el teatro bufo con la torpeza del negrito docto, con intención de acercarse a lo blanco. Esta forma de hablar también sería utilizada por Miguelito en sus actuaciones, imitaba también a los negros bozales. Y el vestuario, muy parecido a los barones de la realeza, sería el elegido por Chano Pozo, figura central de los Dandy.

Los carnavales fueron el vehículo fundamental para que la música y el baile de los negros salieran del círculo cerrado primero del barracón y después del cabildo y el barrio. Las sociedades secretas abakúas participan el Día de reyes, se dividían en tierras, llevaban un estandarte que los identificaba, signos, trajes y otros atributos. Antes que se desarrollara la conga eran los diablitos con su música y alegría los que salían a la calle haciendo un verdadero derroche de acrobacia, danza y tipificando los carnavales.

Después de ser abolida la esclavitud en 1889, desfilaron por las calles de La Habana como indica Alejo Carpentier en *La Música en Cuba*: El gavilán, Los congós libres, El alacrán chiquito, La culebra,

---

[11] Isaac Barreal. *Retorno a las Raíces*. Editorial Fernando Ortiz, La Habana 2001, pp. 126 -127.

El pájaro lindo, Mandinga, Moro azul, Los moros, Los peludos, entre otras, era un desborde de alegría.

Efectivamente, esos cantos, toques y danzas fueron incorporados, en una interacción con las congas y comparsas de las poblaciones urbanas, facilitada por la característica altamente moldeable de los grupos de origen bantú.

Argeliers León ha referido el proceso histórico en que van surgiendo en Cuba, formas culturales urbanas. Destaca cómo se origina «una música folklórica determinada por el factor urbano, determinada por la presencia de la ciudad, propia ya de una ciudad», donde «empieza a incorporarse una música del pueblo humilde de la ciudad».[12] Hay que reconocer su influencia en la música popular y sobre todo destacar el hecho de que grandes músicos cubanos como Miguelito Valdés, participaron en los bailes populares y después pudieron llevar esta influencia al mundo.

Los encontronazos entre comparsas llegaron a provocar la suspensión de los carnavales en varias ocasiones, la primera de ellas ocurrió en 1894 entre las potencias abakúas rivales, se conoció como *El carnaval sangriento* y provocó la interrupción de esta festividad, en 1908 volvió a ocurrir lo mismo, en 1912 con un violento enfrentamiento entre El Alacrán y El Gavilán y en el 1916, volvieron a suspenderse pero más que a los hechos violentos que aún acompañan a estas festividades no solo en nuestro país, vinculados sobre todo a su sentido aglomerador y competitivo, hay que subrayar cómo coadyuvó a unir al pueblo cubano en su sentido más amplio. Como afirma Helio Orovio: ...Al ritmo de la conga, que es, de nuestros bailes, el que mejor expresa la identidad cubana...[13]

La mayoría de los estudiosos dan como un fuerte componente étnico en la participación de los carnavales a los congos, de ahí parte el término conga para definir el baile en forma de fila que a decir de Alejo Carpentier que «más que marcha colectiva, eran ballet ambulante». Los abakúas mucho tuvieron que ver en la conformación de varias comparsas, me atrevo a afirmar que su presencia es mayoritaria y vital en este sentido en La Habana, lo cual no es de asombrar si se piensa en que barriadas donde eran mayoría como

37

[12] Argeliers León. *Del canto y del tiempo*. Editorial Letras Cubanas, enero 1, 1984.
[13] Helio Orovio. *El carnaval habanero*. Ediciones Extramuros, La Habana, 2005, p.13.

Atares, Belén, Jesús María, Los Sitios, Pueblo Nuevo, Regla, tenían su comparsa, orgullo de la localidad.

Chano Pozo desfilando con la comparsa Los Dandys (pareja no identificada). Foto: Cortesía de Colección Gladys Palmera, libro Chano Pozo. La vida (1915-1948), autora Rosa Marquetti

Interesa destacar a Los Dandys, surgida en Belén, 1938, donde Chano Pozo fue figura central. La mayoría de sus integrantes eran ñáñigos y se disfrazaban de mujer pintarrajeándose la cara, lo que remueve el concepto de «machismo» de que han sido acusados, como los chinos, no tuvieron a menos utilizar este vestuario para representar diferentes personajes. Las fiestas en el lugar del ensayo eran amenizadas por Arcaño y sus maravillas y posteriormente por Chapottín y sus estrellas. Su tema: «Son los dandys» compuesto por Miguelito, es también un himno del folklor en Cuba que ha cruzado fronteras y a puesto a bailar al mundo entero. Algunos críticos se la adjudican al célebre Chano Pozo, pero además de estar inscrita por Miguelito, tiene esa forma sencilla y pegajosa de otras congas de su inspiración. Si se quiere considerar el verdadero aporte de este colectivo para el patrimonio musical cubano, baste mencionar el elenco de músicos famosos que trabajaron en sus filas. El director durante mucho tiempo fue el destacado trompetista Félix Chapottín, quien a decir de Helio Orovio, en el Carnaval habanero, creó temas para la comparsa. Son memorables los dúos de trompeta entre Félix y su hijo Ángel Chapottín, como también como afirmamos, la presencia de Chano Pozo, uno de los mejores amigos de nuestro Valdés, quien bailó, cantó y tocó en la agrupación durante sus actuaciones en el Paseo del Prado.

Si de conga se trata, era los Componedores de batea, la comparsa típica de Cayo Hueso, identificaba al obrero, a la mujer trabajadora y a los que vivían de un oficio tan humilde como arreglar las bateas. La letra de la canción muy bien podría retratar la infancia del niño Miguelito, criado en ambientes como los que describe la canción, con una madre que seguramente utilizó una batea, constantemente se escapaba detrás del sonido de los tambores, los trombones y trompetas. La comparsa surgió en 1908, inspirada en las bateas que se usaban, hasta hace muy pocos años, sobre todo por la gente pobre para lavar la ropa. Cuentan que una vecina de un solar presta su batea a otra, quien inmediatamente comienza a lavar con ayuda de una amiga. En el afán de demostrar su destreza, una de las dos provoca la ruptura de la batea. Se desata una riña entre las dos vecinas, con la intervención de los demás residentes. Salen en busca del batelero, del componedor de bateas, que muestra su habilidad en la reparación de bateas y la arregla en medio del regocijo de todos. Las vecinas se reconcilian y en un estallido de alegría rompe una rumba.

Miguelito escribiría, años más tarde, su propia conga para esta comparsa.

Nos vamos sin decir adiós
llegaremos hasta la cumbre
sin que la farola nos alumbre
lo que hacemos tú y yo.
Este tambor que resuena
y el cencerro que tú oyes
es que van los componedores
componiendo sus bateas.
Los componedores ya van,
componiendo los tambores
pa gozar pa arrollar.

Si hay una ciudad que se apropió de la conga como ritmo, a pesar de las limitaciones del lenguaje, esa fue París —uno de sus principales embajadores fue Eliseo Grenet— y allí se matrimonió con el tango y otros géneros. Uno de los mayores promotores de la conga en el mundo fue Miguelito Valdés, amigo, de Rafael Ortiz, Mañungo, es saludable evocar la cita poética que hace María del Carmen Mesta en su apasionante libro y valga la redundancia *Pasión de rumberos*:[14]

En una mesa, varios hombres escudriñan la vida, mientras otros intentan ponerles música a los sentimientos. Reunidos hay cantantes, compositores de moda, casi las mismas caras de todos los días: Rafael Ortiz, Mañungo, enfundado en un traje gris; Miguelito Valdés, Mr. Babalú, con el encanto de su sonrisa, Arsenio Rodríguez, El Ciego Maravilloso, y Bienvenido Julián Gutiérrez, autor de famosas guarachas y de un bolero inolvidable: *Convergencia*. La conversación gira sobre los últimos éxitos de Ortiz, interpretados por Arsenio: *Dame un trago, tabernero* y *Madre, no me pidas*. De pronto Bienvenido lanza el amistoso reto: "Oye, Mañungo, no hay quien te gane en los boleros, pero ¿por qué no una conga o una guaracha?... "Cuando oí aquellas palabras me vi en tremendo aprieto, no obstante acepté. El plazo era de una semana. No, no era fácil competir con un Lecuona o el mismo Matamoros que en ese momento sonaba duro con *Alegre conga*, pero, lo hice. Cogí el ritmo y usé la palabra *abakuá chévere*, que le da sabor, y lancé el número, que fue sensación. Se tocó desde Nueva York hasta París, y no solo en los lugares más exclusivos, sino en los más remotos y de difícil acceso, como la cordillera andina, pues hasta en el Pico del Águila se marcaron los pasillos. Varios largometrajes se hicieron con el Uno, *dos y tres* en Hollywood, y se usó también en películas de Cantinflas y Tin Tan.

La pieza dice: *Uno, dos y tres/ que paso más chévere/ el de mi conga es...*

---

[14] María del Carmen Mestas. *Pasión de rumberos*. UnosOtrosEdiciones. Estados Unidos, p. 61.

Miguelito aportó al género las composiciones: «La comparsa», «Los Componedores», «Nueva conga» y «Los Venecianos».

Para recordar, como buen hermano,
las comparsas tan divertidas de mi niñez.
Oigo el sonar del tambor de los Venecianos,
que me alegra dándome vida otra vez.

De San Leopoldo salió
y por Colón ya pasó,
de San Leopoldo salió
y por Colón ya pasó,
y al llegar a Carraguao
el mundo allí se acabó.

Porque gritaron así:
Como buenos cubanos cantáremos así,
como buenos cubanos cantáremos así.
Me voy con los Venecianos y sus tambores,
arrollando. Arrollando (coro).

Así son las cosas, es en San Leopoldo en 1938, donde surge esta comparsa, un barrio tan alejado de la romántica Venencia, pero cuna de uno de los personajes más célebres de La Habana con ascendencia italiana. Albert Yarini, con sus personajes ataviados con el típico *pullover* a rayas blanco y azul, pantalón ceñido a la cintura y sombrero de plato con su larga vara, impulsando una góndola, a ritmo de la conga.

En artículo publicado en Cubarte se afirma:

Miguelito, que había hecho de la conga cubana una de sus más fuertes expresiones escénicas, salía con una tumbadora en bandolera y ya fuera correctamente vestido, con traje, cuello y corbata, o con una camisa "guarachera", actuaba de forma intensa, sin importarle terminar con el pelo sobre sus ojos, lo que al público le encantaba.[15]

---

15. Mr. Babalú: Portal de la Cultura Cubana, Cubarte, del 2012-04-23.

Miguelito Valdés, New York, 1955. Foto: Cortesía de Mayito Valdés

Sería injusto no recordar a la conga santiaguera, y las congas realizadas por Miguel Matamoros. Uno de sus cultores más populares es el amigo de Miguelito; Ñico Saquito, autor de «Voy pa Los Hoyos», «De Los Hoyos pal Tivolí», «La conga del 16», «Dale tumba», «El pulmerón», «Feliciano tá cansá» y «El que para pierde el compás», pero «La negra Leonor» fue su conga más exitosa, un tributo al solar habanero, de la cual Míster Babalú se adueñaría y junto a otras llevaría a Hollywood y a los salones más importantes de Latinoamérica donde se reunían diferentes sectores, entre las imágenes que se conservan, casi siempre se le ve alegre, haciendo arroyar a un público tras de sí, un público que iba desde un obrero hasta el mismísimo presidente de los Estados Unidos, Truman, a quien se le atribuye el haberlo llamado Míster Babalú.

Además de sus propias composiciones, Miguelito interpretó las congas: «José Isabel» y «La Quirina» y «Pá la risueña» de Electo Rosell, «La conga negra» y «Vamos a arrollar», de Margarita Lecuona, «Con quien sabe no se juega», de Julio Gutiérrez, «Así es Cuba» y «Mi África» de Juan Bruno Tarraza, «Tunaré», «El mondonguero» y «Mi conga» de C. Bouza, «Guaira» de Armando Oréfiche, «Mis cinco hijos» de Osvaldo Farrés, «Tumbando caña», Julio Blanco Leonard, «¡Viva Roosevelt!» de Xavier Cugat, «Chupa-chupa», de Marcelino Guerra, entre otras.

Con la siguiente nota del periodista Don Galaor en Revista *Bohemia* se puede resumir lo que significó Miguelito para a conga:

Cuando Miguelito Valdés está en La Habana el ambiente se impregna de conga. (…) Y si se habla de Miguelito Valdés, en La Habana, como en New York o en Los Ángeles, el ruido de tumbadoras marcando una conga nos aturdirá de inmediato, y su alegría contagiosa será en nosotros, como su deseo de cantar y de arrollar.[16]

43

"Lo mismo canta "Babalú" que toca las maracas o los cueros. Como lo demuestra esta foto, Miguelito Valdés en competencia con uno de los grandes de los cueros: Silvestre Méndez".

[16.] Don Galaort . «Con Miguelito Valdés baila todo el Mundo la conga». Revista *Bohemia* año 31 vol 31 no 6 páginas 24, 25, 26 y 50, La Habana 5 de febrero de 1939.

Boxeo y son

La Primera Guerra Mundial 1914-1919, tendría un impacto positivo en la economía cubana, aún en el 1920 se hizo sentir una explosión de dinero que enriqueció a muchos: la llamada «Vacas Gordas o la Danza de los millones», sobre todo a las capas altas, dueñas de centrales azucareros. Una vez más el pueblo ni se enteraría y seguirían buscando miles de formas para ganarse la vida, lo que sí sufrirían en carne propia fue las «Vacas Flacas», el derrumbe de los precios del azúcar arruinó a la banca cubano-española. El 10 de octubre de ese año, Menocal trató de salvar la situación, dictando una moratoria de cincuenta días, cuentan que hubo muchos suicidios, por supuesto entre los que tenían que perder, pero finalmente el banco nacional cayó en las manos norteamericanas.

En este año 1920, hubo elecciones, otra vez liberales contra conservadores, Alfredo Zayas representa al Partido Popular que formaron la Liga Nacional, fueron supervisadas por Enoch Herbert Crowder, enviado por el gobierno de los Estados Unidos a petición de los liberales. El 29 de abril de 1921, el doctor Zayas fue nombrado presidente de la República por el Congreso y Francisco Carrillo para vice. Menocal o Zayas, al pueblo le daba igual o casi igual, en su gran mayoría, seguía refugiándose en la música y el juego para tolerar aquella situación de quitate tú pa ponerme yo, aunque ante tanta corrupción, contra la cual no pudo la moralización administrativa a través de la constitución del Gabinete de la Honradez, impuesta por Enoch, comenzarían muy pronto las luchas sociales para cambiar el vergonzante escenario de una República que había nacido en 1902.

En 20 de mayo de 1925, todo empeoraría con el arribo al poder de quien sería uno de los presidentes que sumiría al pueblo en una miseria incontenible y bañaría de sangre las calles de La Habana y otras regiones del país: Gerardo Machado, las luchas sociales se intensificaron, surgieron figuras como Rubén Martínez Villena y Julio Antonio Mella. En un inicio se destacó por construir obras que cambiarían la imagen de La Habana de aquellos años como el capitolio y la Carretera Central. El panorama cultural cubano ofrecía una nueva cara con la aparición de sociedades, liceos, escuelas públicas y de arte. Pero la vida en los suburbios y los solares continuaba igual o peor.

Viví en Pasaje A en Cayo Hueso. Sería tal vez porque era un niño, pero me encantaba vivir allí. Es cierto que las cuarterías eran pequeñas, que los baños estaban apartados de ellas, en función colectiva. Es decir que la vida no era cómoda, pero a pesar de todo tenía su encanto. Su construcción comprendía varios pisos, sin embargo lo que más me gustaba era su azotea. Tenía, como es habitual en muchos solares, un patio interior. Tal vez no era propiamente un solar, pero allí ocurría más o menos lo que pasaba en cualquier otro lugar habitado por muchas familias. De todas maneras, un solar, desde temprana época, fue la solución para las capas humildes de la población, que comenzaban a poblar la ciudad.

En un solar con todas las de la ley, los pasillos rodean por supuesto a ese patio interior, teniendo cada piso el suyo circunvalando la estructura y ubicando a intervalos las cuartearías, obligando al paso inevitable entre vecinos. En un determinado lugar se situaba la escalera que daba acceso desde la entrada hasta casi la azotea, teniendo esta un acceso más angosto. Pero lo que me llamaba la atención era la ubicación de los pasillos con sus barandas de hierro, alrededor del patio interior.

Pues allí sucedían esas especies de obras teatrales sin nadie proponérselo, con la añadidura de que los espectadores se volvían también actores según la trama de la historia de turno. Una pequeña y humilde fiesta colectiva, recurrente para espantar miserias y asirse a tradiciones vehementes, donde no faltarían los tambores de los negros y las canturrias de españoles humildes, donde también se compartían bebidas, comidas y golosinas originales de un lado y otro, historias y sueños.

Escenario donde se conjugaron de manera evidente esas culturas originarias, donde surgió la rumba y el amor natural entre mujeres y hombres de diferentes credos y razas.

El solar es posiblemente la cuna verdadera del sincretismo social y cultural. Es sin dudas el lugar donde se produce lo que don Fernando Ortiz llamó ajiaco cultural.

Muy pronto con tan solo doce años el adolescente Miguel, se vió obligado a trabajar y empezó a hacerlo en un taller de chapistería y mecánica donde ayudaba a recobrar los automóviles su esplendor.

El primer automóvil había llegado a La Habana en 1898, era un parisienne francés y solo podía recorrer 10 kms por horas, pocos meses después llegó el segundo un Rochet Schneider, este tenía ocho caballos de fuerza y podía recorrer treinta kilómetros por horas, el 3 de septiembre de 1899, llegaría la primera motocicleta, ya en 1903 Dámaso Laine, el primer propietario de un garaje en el país, organizó la primera carrera de automóviles, la cual fue ganada por él con un Darracq francés, se realizó desde el puente la Liza hasta Guanajay en treinta y siete minutos. Ya el 12 de febrero de 1905 se realiza la primera carrera internacional de autos en Cuba, el ganador Ernesto Carricaburo manejaba un Mercedes de sesenta caballos de fuerzas, algo por lo que sentía verdadera pasión, así cuando Miguelito era apenas un adolescente, La Habana era una ciudad bulliciosa en cuyas calles rodaban diferentes tipos de automóviles que eran el orgullo no solo de sus propietarios. A él le fascinaban los autos, en especial el Ford, le encantaba escuchar el motor de cuatro cilindros y el olor de la gasolina, desmontar la culata, dar brillo a la biela de acero de vanadio, su preferido era el Ford T, su madre le contaba cómo eran los carros que en su país eran utilizados por la policía y hasta una anécdota sobre Pancho Villa, uno de los patriotas mexicanos, cuando viajaba junto con sus guardias en un Ford T, debido a que sus brazos y sus piernas sobresalían por todas direcciones, se decía que el vehículo parecía una cucaracha. Por ello, algunos versos de la canción «La cucaracha» hacen referencia a la pandilla y al vehículo de Pancho Villa.

Con las barbas de Carranza
voy a hacer una toquilla,
pa' ponérsela al sombrero
de su padre Pancho Villa.

Una cosa me da risa:

Pancho Villa sin camisa;
ya se van los carrancistas,
porque vienen los villistas.

Los clientes se sentían atraídos por la voz de aquel jovencito que cantaba… La cucaracha

La cucaracha, la cucaracha,
ya no puede caminar
porque no tiene,
porque le falta
las dos patitas de atrás.

Ya murió la cucaracha,
ya la llevan a enterrar,
entre cuatro zopilotes
y un ratón de sacristán.

Ya no podía aguantarse tanta música dentro, en el año 1923, Miguelito junto a otros muchachos del barrio forman el sexteto Habanero Infantil.

Siendo mecánico del taller de automóviles, formamos un sexteto que llamamos Habanero Infantil, algunos de los muchachos que lo integraron conmigo son hoy muy buenos músicos como Guillermo Alan, que tocaba el tres, y «chiquitico», que está ahora en el Sans Sousi…[17]

En ese como en otros muchos sextetos tocaba las maracas, el contrabajo, el tres o la guitarra y cantaba con los demás, los coros de los sones.

Apenas caía la noche el adolescente, sin quitarse la grasa de encima, aguzaba el oído para escuchar el sonido del tambor, no era difícil adivinar la rumba y aun cuando no era en la casa de personas amigas, se acercaba, veía bailar a hombres y mujeres con un ritmo sin igual. Cerca de su casa estaba el solar El África, oscuro, muy oscuro, debido a la escasez de luminarias, apenas se podía

---

[17] Don Galaor: Con Miguelito Valdés baila todo el Mundo la conga. Revista *Bohemia,* vol 31 no 6 La Habana 5 de febrero de 1939, páginas 24, 25, 26 y 50.

adivinar la silueta de los personajes que entraban y salían por una de sus cuatro puertas. La abuela, asustaba a Miguel con aquello de que «todos los negros se parecen y son bandidos», era como estar en uno de los países del lejano continente, la policía jamás entraba allí, así que cuando se formaba una bronca, había que estar a buen resguardo Así lo describió el amigo de Chano, Herminio Sánchez.

> Y el África era un solar de ampanga, mi compadre. Por las noches se alumbraba con un solo bombillo y las tendederas y guindalejos daban más oscuridad todavía. Aquello era una jungla y de contra allí vivían como 200 negros... ¿Se le podía llamar de otra forma mejor? Era el África misma. Y fíjate si era malo, que allí no entraba la policía. No se atrevían. Pero lo mejor que tenía era sus cinco salidas: uno entraba por una puerta y podía salir por donde quiera.[18]

Miguel era uno de los pocos mestizos que visitaba asiduamente el lugar e iba de cuarto en cuarto donde quiera que se escuchara música. Un día de esos en los que se sintió el crujir de la selva y las navajas alumbraban el siniestro sitio, una mano negra, pequeña y regordeta, jaló a Miguel a uno de los cuartos, era la mano de Chano, un niño de unos once años que siempre estaba enredado en trifulcas callejeras, pero cuando sonaba un tambor también lo dejaba todo para seguir la música, pronto se convirtieron en compinches y mientras uno tocaba el cajón, el otro improvisaba con un acople poco común para su juventud. Estaban, como diría Bladimir Zamora «Hermanados por la rumba».[19]

Siendo ya un consagrado del tambor, a Chano solo se le reconocía como intérprete, cuando en realidad en el ejercicio constante de la rumba, siempre andaba tarareando estribillos de su autoría, a los cuales todo parece indicar que el mismo no daba especial importancia. Es Miguelito Valdés, dando prueba de su mantenida amistad, quien le advirtió de ello.

La mayor parte de los testimonios que se han podido recoger sobre la trayectoria de Chano Pozo son contradictorios entre sí,

49

18. Leonardo Padura. «La cumbre y el abismo». *La jiribilla*.cu/2003/n135_12/135_16.html.
19. Bladimir Zamora. *Opus. Cit.*

por las naturales variantes que se originan cuando la principal fuente es la tradición oral y la empedernida vocación de aquel que llamaran *El tambor de Cuba* de moverse en los brumosos terrenos de la marginalidad. Hay, sin embargo, algunos aspectos, algunos hechos o situaciones, que están muy claros. Entre ellos está su larga y fecunda amistad con Miguelito Valdés.

Aunque Chano había nacido en un solar del Vedado llamado Pan con Timba, desde los ocho años comenzó a vivir en el solar África del barrio de Pueblo Nuevo, situado entre las calles Zanja, Soledad, San José y Oquendo. Este barrio linda con Cayo Hueso, donde había venido a vivir la familia de Miguelito Valdés, procedente de Belén. Miguelito vivía en el pasaje Aurora, entre las calles Oquendo y Soledad, a solo cuatro cuadras del solar África, razón por la cual no fue difícil que los dos muchachos caminadores de todos los rincones de Centro Habana se conocieran. Otra cosa bien diferente fue que tuvieran mucha empatía —como la tuvieron— y no tardaran en ser muy amigos.

Hicieron un dúo de rumbeadores. Miguelito cantaba y Chano le acompañaba con el tambor. Y al estilo de tantos y tantos músicos populares de aquella época, iban por bares y cafeterías haciendo su música con la aspiración de poder traer algunas monedas de regreso a la casa.

Ya sabemos por el libro de Rosa Marquetti, sobre Chano Pozo, que no fue en la Timba, donde nació, pero lo que nos interesa es su cercanía desde temprana edad a Miguelito. A ambos los unía también su amor por el boxeo.

La Arena Colón estaba relativamente cerca de Cayo Hueso, en Zulueta, esquina Dragones, los carteles que allí se ofrecían hacían soñar al joven Valdés. Nunca olvidó la vez primera que vio pelear a un negrito de diez años, él lo había visto antes vendiendo periódicos y también detrás de la conga del Alacrán. Desde que lo vio tan flaquito disponer de un contrario mucho mayor, Kid Viejita, en Amistad entre San José y Barcelona: decide seguirlo, así lo hizo en la academia de Mike Castro, en Carlos III, frente al antiguo paradero de los tranvías de Príncipe, donde se realizan varios carteles del campeonato, a Miguelito le gustaba mucho cómo sacaba con rapidez el *jab* desde abajo, era rápido de piernas, tenía gran desplazamiento y su esquiva principal radicaba en la naturalidad con que sabía bloquear los golpes, muchos de los cuales quedaban en sus guantes, para luego meter los suyos.

No era fácil vivir en Cayo Hueso, andar de solar en solar y no enfrentar a puro puño a los que por una razón u otra le tenían envidia al blanquito bonitillo que junto a Chano y Manano, entre otros, mangoneaban en el barrio. La derecha de Miguelito era poderosa y ya empezaba a ser temida.

Animado por su amigo Chano, entre otros, Miguelito probó suerte en el boxeo y participó en carteles como el de *La Noche*, aunque realmente no era vendedor de periódico sino músico, la abuela se desesperó y le repetía una y otra vez: «ese no es tu camino, cuida, tu cara linda para poder triunfar en los escenario y si te dejan tuerto, bueno aún te quedará la voz».

En 1923, combate como peso welter, adscrito a la federación cubana de ese deporte, una aventura boxística que, según el historiador Cristóbal Díaz Ayala, llegó a veinte y tres combates.

El verdadero combate lo libró Miguelito, tratando de decidirse entre el deporte de los puños y la música, por una parte se había ganado fama en el barrio de guapo y muchos de los que antes lo provocaban por envidia, ahora lo respetaban, quizás, hasta podría llamar la atención de Pincho Gutiérrez e irse a New York a probar fortuna. Su madre y su familia, lo alentaba a seguir con la música. Unos de sus primeros ídolos fue el cantante mexicano José Mojica, tenor famoso por esos años en Cuba, que le gustaba mucho a doña América, juntos cantaban sus canciones a dúo.

A La Habana había llegado el son para quedarse y con él, instrumentos que cambiaban el sonido que hasta ahora predominaba, a Miguelito, le encantó el tres, aprendió a tocar la marimbula, las maracas, el cencerro, claves y el bongó. El son se fue urbanizando, mezclándose el canto armonizado por la guitarra española, con el tres, acompañado de la percusión. Así el sonido de los tambores escapó de las cuarterías o solares, almacenes y puertos y muy pronto cruzaría el mar para hacerse escuchar en otras latitudes.

Pero no todos los cantantes eran de la loma, como dice el famoso son de Miguel Matamoros, otros residían en los barrios aledaños adonde nació Miguelito y abonaron el terreno para su preparación «callejera» musical. Ignacio Piñeiro, nacido en 1888 y criado bajo la influencia de los cantos y toques de los cabildos africanos en los barrios de Jesús María y Pueblo Nuevo.

En La Habana el son del campo se hizo más elegante y el mérito de haberlo introducido en los salones y fiestas de la burguesía habanera lo tuvo Ignacio Piñeiro, porqué él hizo una mezcla del son oriental con componentes africanos y otros elementos criollos confiriéndole un nuevo estilo. Al frente del Septeto Nacional, fundado por el afamado músico en 1927, con una agrupación renombrada que grabó numerosos discos y realizado innumerables giras por el mundo.

Piñeiro tomó todos esos elementos, en sus composiciones hizo la fusión de distintos géneros, y a partir de allí comenzó una nueva etapa del son, porque «Piñeiro le puso sombrero, le puso traje, cuello y corbata al son».

Se dice que Piñeiro fue el primero en incorporar una trompeta a un sexteto, aunque los estudiosos no se ponen de acuerdo en ello. Hay quienes dicen que alguien lo hizo, hay quienes dicen que no fue Piñeiro. Eso todavía está en discusión, pero sí se asegura que Piñeiro fue el primero en realizar una grabación de un sexteto más el trompetista.

Su poder creador trabajó en los contornos del son oriental impartiéndole un tratamiento y desarrollo más amplio en lo musical y con una temática literaria más profunda y variada.

Sin dudas el estilo del trompetista del septeto y la independencia brindada al cantante como solista permitió que el Septeto Nacional fuera la referencia obligada para este tipo de agrupación tanto en Cuba como en el Caribe.

Además, fue la agrupación que popularizó el tema de Piñeiro «Échale Salsita», referencia primaria de la palabra «Salsa» en la música del Caribe, según muchos autores.

Ignacio Piñeiro fue autor de 327 sones siendo «Échale salsita» uno de los más populares junto a otros como «Esas no son cubanas» y «Suavecito».

Échale salsita

Salí de casa una noche aventurera
buscando ambiente de placer y de alegría
ay mi Dios, cuanto gocé.

En un sopor, la noche pasé,
paseaba alegre por los lares luminosos
y llegué al bacanal.

En Catalina me encontré lo no pensado,
la voz de aquel que pregonaba así: Salsa
En Catalina me encontré lo no pensado,
a voz de aquel que pregonaba así:

Échale salsita, échale salsita,
Ah, ah, ah, ah...
En este cantar profundo,
lo que dice mi segundo
no hay butifarra en el mundo
como la que hace el congo.

Échale salsita, Échale salsita,
Ah, ah, ah, ah, ah...
Congo miró embullecido
su butifarra olorosa,
son las más ricas, sabrosas,
las que en mi Cuba he comido.

Échale salsita, échale salsita
Ah, ah, ah, ah...

Miguelito no solo creció escuchando esta música sino también que la interpretó, siendo uno de los primeros que se unieron a la urbanización del son, esta experiencia sería vital para su carrera artística y para la conformación muchos años después de su propia orquesta, como si fuera poco, también amplió su cultura y conocimiento musical con otros géneros.

En 1927 integró el Sexteto Habanero Juvenil como cantante, pero según la necesidad, tocaba diferentes instrumentos, como la guitarra, el tres, el contrabajo y las maracas.

Miguelito Valdés, 1934. Foto: Herrerita. Wikimedia Commons

Miguelito, junto a Chano, no se perdía las principales peleas de aquellos años, una de ellas se celebró el 8 de diciembre de 1927 en el nuevo Frontón entre Johnny Cruz, el campeón metropolitano de Nueva York; y Kid Chocolate. El negrito del Cerro le gana y una algarabía que termina en conga se adueña del lugar, entre los que más alborotan están los adolescentes Chano y Miguelito.

En realidad, Leo yo era un boxeador. Yo era un boxeador aficionado combatiendo por la YMCA. Y en esa Academia combatía en la División de peso *Welter*. Estoy muy orgulloso de decirte que en 1929 yo fui el campeón amateur del peso Welter. Cada luchador tenía una manía. La mía era cantando. Así que cada vez que tenía una entrevista en la radio o en lo que fuera, me pedían que cantara. Así que me hice popular como el boxeador que cantaba. Esto fue aceptado de una manera tan hermosa, que hice el cambio. Y creo que tomé la decisión correcta. Esto fue en 1928 0 1929.[20]

Aquella escuela irregular pero nutricia le aporta experiencias y oficio. Ya nunca más pensará en ser boxeador, aunque seguiría de cerca la carrera del ahora reconocido Kid Chocolate.

En 1929, con el apoyo económico de la madre, estudió guitarra con Sol Feggio y se relacionó con la trovadora María Teresa Vera y el Sexteto Occidente, del que había formado parte en el 27, otro vecino y amigo de Cayo Hueso, Abelardo Barroso, Sonero Mayor. La Academia Rialto se encontraba Neptuno entre Prado y Consulado, ensayaba el Cuarteto Occidente y actuaba Ignacio Piñeiro, allí, conoce a Frank Grillo, Machito, quien era la primera voz y nace una amistad y una relación de trabajo que se consolidaría años después en Nueva York. El joven trabajó esporádicamente en las academias de baile Sport Antillano, Rialto y Havana Sport, como voz corista.

María Teresa, mujer sonera, merece un aparte por lo que significó para la música cubana y en la carrera de Miguelito, al que acogió como una verdadera madrina.

Nació en Guanajay en 1895, su madre era sirvienta. Ya jovencita comenzó a reunirse con cantadores y conoció a Manuel Corona con él se presentó por primera vez en el Teatro Politeama Grande y cantó la canción «Mercedes», con mucho éxito, tanto que en varias ocasiones se unió a otros cantadores para constituir un dúo en el que casi siempre ella tocaba la segunda guitarra y la guitarra prima. Fue una de las pocas mujeres cantadoras de aquel momento. Grabó 183 obras, incluyendo los dúos con Manuel Corona, Rosendo Ruiz e Ignacio Piñeiro, y entre los géneros que incursionó, se cuentan

[20]. Entrevista para la radio realizada por el doctor Ken Leo Rosa, transmitida en 8 de marzo de 1975 en la Ciudad de New York.

el capricho cubano, la guaracha, la rumba, el son la habanera y el bolero. Jamás varió su estilo, siendo joven su voz era aguda, en los finales nasalizados, se expresaba usando apoyaturas y con tendencia a portar la voz en intervalos cortos como intención enfática. Era muy afinada y respetuosa de la obra que le entregaba el autor. La trova cubana alcanzó en María Teresa Vera los más destacados valores y fue mayor el mérito de hacerlo en una etapa en la que el auge del son golpeó rudamente a los trovadores que cantaban en fiestas particulares, cafés y cines.

Miguelito Valdés. Foto: Cortesía de Mayito Valdés

Entre sus interpretaciones más conocidas por el gran público y que han llegado hasta hoy, está «Veinte años».

Que te importa que te ame
si tú no me quieres ya
el amor que ya ha pasado
no se puede recordar.

Fui la ilusión de tu vida
un día lejano ya
hoy represento el pasado
no me puedo conformar.

Si las cosas que uno quiere
se pudieran alcanzar
tú me quisiera lo mismo
que veinte años atrás.

Con que tristeza miramos
un amor que se nos va
es un pedazo del alma
que se arranca sin piedad.

Otros cantantes habían llegado como Manuel Corona y Sindo Garay de la loma para quedarse y pululaban en los bares y cantinas de aquella Habana, destaca Miguel Matamoros, nacido en Santiago de Cuba en 1894. Como guitarrista y voz prima, tenía gran seguridad en el punteo, buen gusto y singular sentido del ritmo y el fraseo, a quien le tocó la gloria de fundar y dirigir un famoso conjunto musical que llevó su nombre y recorrió todas las latitudes, convertidos en embajadores musicales, con su entrañable estilo cubano, criollísimo, y sus voces solo acompañadas por guitarras y maracas. Fueron sin duda los reyes del son pero también incursionaron en el bolero. Desde niño Matamoros tocaba la armónica y la guitarra; luego viajó a La Habana para actuar en dos conocidos teatros con el Trío Oriental, junto a Rafael Cueto y Miguel Bisté. Cuando regresaron a Santiago de Cuba, Matamoros incorporó en el Trío Oriental a Siro Rodríguez como segunda voz, siendo esta la génesis de lo que sería luego el famoso Trío Matamoros que aportó a sus interpretaciones un inigualable sabor cubano que nadie ha podido alcanzar y con sus contagiosos éxitos musicales recorrieron la América toda y muchos países de Europa: «Lágrimas negras», «Juramento», «Reclamo místico», «Mariposita de primavera», conforman su extenso repertorio.

Sobre la canción «Son de la Loma», solía narrar: en una ocasión, cuando fue a dar una serenata en Trocha y San Pedro, frente al sanatorio La Colonia Española, al entrar a una casa para afinar la guitarra, se pusieron a cantar, y una señora llegó y les dijo: yo he entrado aquí porque mi hija se ha vuelto loca con las canciones de ustedes, y le preguntó, ¿Yo quiero saber de dónde son los cantantes? …y solamente la niña al decir de dónde son los cantantes, yo le dije, son de la loma y la chiquita dijo, mamá son de la loma. De ahí que yo cogí el título, «Mamá son de la loma», eso quiere decir que somos de Santiago y al referirnos, que cantan en el llano, es que cantan en La Habana. Esta criollísima melodía, aunque en realidad fue inscripta como, «Mamá», se conoció mundialmente como «Son de la Loma» y tuvo como un primer título: «El Son de la Loma».

Son de la Loma

Mamá yo quiero saber
de dónde son los cantantes
que los encuentro muy galantes
y los quiero conocer
con su trova fascinante
que me la quiero aprender.

¿De dónde serán? Ay, mamá
¿Serán de La Habana?
¿Serán de Santiago,
tierra soberana?

Son de la loma, y cantan en llano…
Tú vera, tú vera
Mamá ello son de la loma

Mamá ello cantan en llano
Mamá son de la loma...
Mira mamá ello cantan en llano
Mamá ello son de la loma...

No es por azar que en el futuro, Miguel interpretaría y grabaría en su amplio catálogo canciones de Sindo Garay, Ignacio Piñeiro, Gonzalo Roig y Miguel Matamoros.

Apenas veinte años tenía y ya había bebido de lo mejor de la música cubana: son, trova tradicional, bolero, danzón. La rumba y la conga las tenía adentro, había nacido oyéndolas como canciones de cuna, le gustaba el baile, tocaba la tumbadora y cuanto instrumento producía música, además era hermano de Chano...

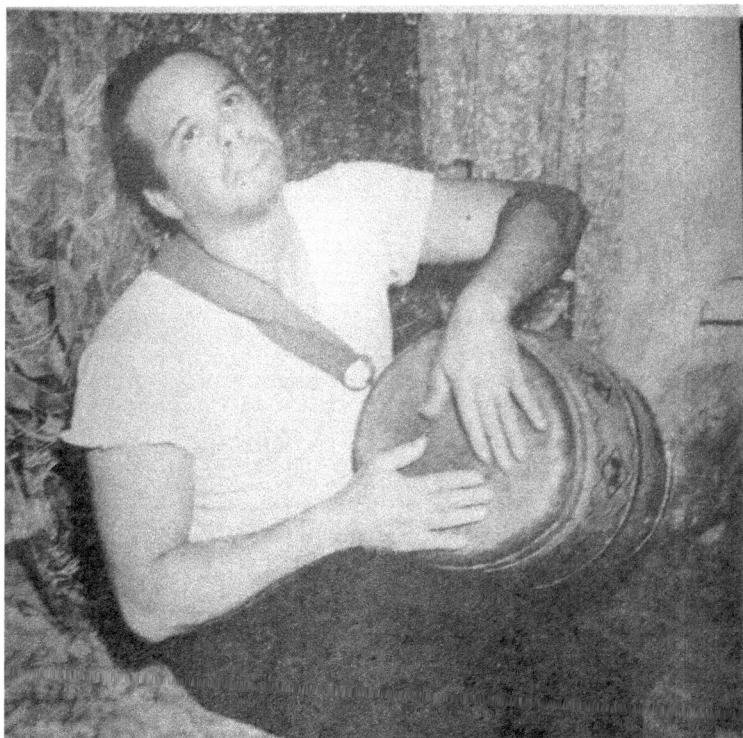

Miguelito Valdés. Foto: Eva. Revista Bohemia

¿Africanía en la música cubana?

*Como un personaje de leyenda o mejor aún,
como el orisha de un pataquín de la religión yoruba,
ha llegado hasta nuestros días
el recuerdo de Míster Babalú.*

Lino Betancourt Molina

Y quién lo duda a estas alturas que de África vino junto al tambor, los ingredientes sustanciales de una música buena, alegre, que hoy le da la vuelta al mundo. Todos los países adonde fueron traídos los negros como esclavos dejaron su impronta musical, así sucedió en Panamá, Estados Unidos, Colombia, Puerto Rico, Brasil, Santo Domingo, Venezuela, Jamaica, Haití, etcétera.

Uno de los olvidos más imperdonables que se han cometido por los musicólogos y periodistas cubanos, salvo honrosas excepciones, es el no mencionar a Miguelito Valdés cuando se habla de música afrocubana, Lázaro Ross y Merceditas Valdés, son los que más se destacan justamente y más aún cuando se refieren a los cantos propiamente religiosos pero el aporte y el accionar de Míster Babalú, no solo en la música popular, sino también religiosa, fue muy importante para su difusión dentro y fuera del país, sobre todo a través del cine y sus giras, además de su labor como promotor cultural y compositor, como veremos posteriormente.

En las primeras décadas del siglo xix cuando se va conformando la nacionalidad cubana, la población negra constituía más de la mitad de los habitantes de la Isla. Ya a finales de este siglo se destacan los músicos populares negros y pardos, se compone contradanzas y danzas y de ahí años más tarde surgiría el danzón, nuestro Baile Nacional.

Fue en los cabildos donde se unió la música de los esclavos de diferentes regiones, allí se adoraron a los orishas, surgió la rumba y la conga. Como diría Fernando Ortiz en «El Día de reyes» «En los antiguos cabildos, los esclavos trataban de revivir en sus fiestas la vida de la patria ausente». Se hacían fiestas en las que los tambores jugaban un papel primordial relacionado con su carácter religioso. Pero esta historia comenzó mucho más atrás.

La música y la poesía desempeñan un importante papel en las sociedades africanas son un medio de transmisión de conocimiento y valores, cada pueblo tenía su propia música, su propio baile. En el inhumano traslado de los negros africanos a Cuba, el negro no perdió su apego a la música y a la poesía oral que están hermanadas para manifestar sus sentimientos. La tristeza viajaba en los barcos negreros y era a través de los cantos, la única libertad que tenían los prisioneros de quejarse con lamentos, oraciones etcétera. También evocaban y mantenían vivo el mundo del que fueron arrancados de una manera tan violenta.

Con los negros africanos llegó también su religión. La de origen yoruba nombrada Ocha o Santería donde se incluye el sistema adivinatorio de Ifá, es la más popular y extendida de las practicadas en Cuba, presenta variedad de deidades aunque el centro de su cosmogonía es Olofi; posee alto contenido mítico ritual, participación de hombres y mujeres en sus diferentes niveles: los simples, que adoran a su Dios o tienen fe en alguna deidad sin ningún tipo de ceremonia que los avale al no ser sus creencias; quienes reciben algún santo a través de los procedimientos establecidos mediante santeros o babalawos, pudiendo ser: Olokún, Guerreros, Mano o Kofá de Orula, de estos últimos el primero se le entrega a hombres, el segundo a mujeres y los consagrados en la Ocha e Ifá, a través de procedimientos rituales más profundos, pudiendo luego alcanzar distintas categorías en dependencia del tiempo, sabiduría o cantidad de poderes que logren obtener dentro de esos campos. Este complejo religioso ofrece protección contra males naturales y espirituales, mediante predicciones guía el camino, da a conocer el orisha o santo rector y también con la adivinación muestra el pasado, presente, y futuro. Sin el tambor, maracas, bailes no se conciben estas fiestas, la posesión se realiza en las ceremonias religiosas, cada orisha se llama con un canto determinado. El santo baja a bailar, porque los santos son muy fiesteros, se les provoca, a medida que el toque se hace más fuerte, es que escucha y acude al llamado del tambor. En los bembés bailan los hombres junto a los dioses es como si de pronto la línea que los separa no existiera, baila Shango con Oshún, Oggum y Ochosi, baila hasta el respetado Babalú ayé. No es difícil, como afirmamos.

identificar en las dramatizaciones de Miguelito, coincidencias con el baile de este orisha que se joroba, dobla la espalda y engarrota las manos como lo hace un anciano que muestra dolor y el peso de los años, se cae y cojea, algunas veces parece frágil, pero es muy viril. Trata de limpiar el aire de las malas influencias, los bailadores lo rodean y como él bailan cojeando y doblados.

Volviendo a los patronímicos y a nuestra creencia en musas que reparten dotes artísticas como hadas madrinas, no es casual que el mejor cantante de música afrocubana religiosa se llame Lázaro Ross y entre las mujeres sea una Valdés, Merceditas, la Pequeña Aché de Cuba, quien durante muchos años defendió y promovió estos cantos. Miguelito tiene de Lázaro y de Valdés.

Y es precisamente San Lázaro, uno de los santos más cantados en Cuba. Tal vez el hecho de celebrar, cada 17 de diciembre su día, y la peregrinación a la iglesia conocida por El Ricón que ha perdurado y ha resistido hasta la época actual.

Babalú Ayé significa «padre del mundo». Algunos afirman que nació directamente de Obatalá. Es orisha que no se asienta en el culto yoruba; sin embargo, en el culto Arará, se le toca el tambor asojín y si se asienta. Su color es el morado obispo. Sus atributos son un perro y el aja o manojo de varetas de palma de corojo o de coco atadas, en su extremo inferior, por un pedazo de tela de yute adornada con cuentas y cauris. Cuando se recibe a Babalú Ayé por el ritual lucumí, se le añade un Elegguá con su respectivo osun de perro. Si se recibe por el ritual arará, este Elegguá recibe el nombre de Afrá. Se le ofrenda, en todos los casos, miniestras, granos, pan quemado, mazorcas de maíz tostadas, cocos de agua verdes, ajo, cebolla, vino seco, corojo, pescado ahumado, jutía ahumada, cogote de res y se le sacrifican chivos con barba, gallos grifos y jabaos.

En Cuba el que no tiene de Congo tiene de Carabalí, sin embargo buscar el término de carabalíes puede ser un asunto complicado si acudes a Ecured, donde por razones incomprensibles no hay alusión a esta palabra, a pesar del aporte innegable en la conformación de nuestra nacionalidad que aportaron los negros traídos de esa región africana ubicada en África Occidental, entre el sureste del delta del río Niger hasta el Camerún. Estudiosos como Fernando Ortiz refieren que es una corrupción de la lengua inglesa Kalbary.

El nombre de las potencias viene dado por eventos ocurridos en aquella tierra o posiciones territoriales de la región, lo que se refleja en los cantos, rezos, tratados que se manifiestan. EFÓ, EFÍ y ORÚ son los tres territorios establecidos en Cuba en los que se agruparon las tierras de acuerdo a la distribución en África geográficamente o el linaje de sus patrocinadores, estos se hacen corresponder con los grupos étnicos Efut, Efik y otro menor, quizás Oron, según Ivor Miller, aunque otros autores lo denominan como Orumbos.

No es difícil concordar con los que afirman que José Antonio Aponte y Ulabarra, el líder de la primera conspiración nacional registrada en Cuba, en 1812, además de miembro del cabildo Changó Tedún y de los Batallones de Pardos y Morenos, lo era de también alguna organización de Ekpe o juego. Si se piensa en la forma secreta en que se fraguó el movimiento, además de supuestos atributos y documentos que fueron incautados al fracasar el movimiento. No obstante, la fecha oficial del primer Ekoriatan baroco (iniciación) se mantiene en 1836, en Itiá Ororó Kandé en Regla, cerca del mar, por esa relación con los espíritus que allí habitaban.

La política de puerto único o autorización para comercial por un solo puerto implementada por España, ayudó al desarrollo en la capital y propició plazas de trabajo para negros, mulatos y blancos, que tenían como denominador común la pobreza y necesariamente encontraron una forma para agruparse, una cofradía para ayudarse como familia. La mayoría de los braceros, que vivían casi todos en solares alrededor del puerto, eran miembros de alguna de estas potencias, que como tantas otras surgieron con la finalidad de ayudarse y confraternizar en un medio social que era bastante hostil.

Miguelito Valdés nació como se ha dicho, en Belén y creció en Cayo Hueso, la presencia de los abakúas en ambos territorios es casi mayoritaria. Sus amigos y familiares eran practicante de la santería e integrantes de la sociedad secreta abakuá, hay quienes aseguran que tenía hecho santo, Oshún, pero no se ha podido probar que el perteneciera a una secta abakuá específica, mas es evidente su conocimiento sobre esta materia, si observamos la cantidad de palabras ñáñigas que utiliza en sus composiciones y actuaciones y sobre todo a partir de su relación como ya vimos con la música y músicos que participaban en los carnavales. Su relación con Ignacio Piñeiro, quien desde muy pequeño estuvo en contacto con los preceptos de los abakuás y sobre todo con su música, creo la clave ñáñiga una fusión de la rumba con el son urbano, y fue uno de los primeros en introducir en la letra de sus canciones, la lengua abakua, pero resulta interesante ver cómo este legado se mantiene gracias a las grabaciones que realizara María Teresa Vera a dúo con Hierrezuelo.

Roberto Oropeza afirma en *La Habana tiene su son*, que la difusión de estas obras por la radio en voz de una mujer significó una provocación para la sociedad abakuá, pero a pesar de la vergüenza y el alejamiento que sufrió Piñeiro por parte de sus ekobios, sin proponérselo, rompió el cerco difusivo para las expresiones folklóricas de origen afrocubano y aun incomprendido, se adelantó a su época. Miguelito, quien fue su admirador y «ahijado» de María Teresa Vera, pudo grabarle algunos números a Ignacio Piñeiro, en el período en la que era cantante del Casino de la playa y así «ayudar» a este insigne compositor cuando pasaba por una situación difícil, se portó como un verdadero ekobio.

También Miguelito utiliza en sus presentaciones, específicamente en la conga y la rumba, instrumentos típicos usados por los ñáñigos en sus ceremonias.

La influencia de los abakúas en la música del carnaval, también se nota por la utilización de estos instrumentos. Así lo aclara Helio Orovio en el *Carnaval habanero* [21]

> **Cencerro**: Imitación criolla del ekón ñáñigo, que se suele tocar en algunas orquestas populares. Es el cencerro que se utiliza para el ganado, al que se le quita el badajo, y se percute desde el exterior con baquetilla de metal o de madera dura. Con el tiempo se ha fabricado en talleres de instrumentos musicales, de tamaños diversos, que emiten dos sonidos básicos: alto si se percute en su parte más estrecha, y bajo si se percute en su borde ancho.
>
> **Jimaguas**: Idiófono de percusión, metálico, doble, compuesto por cencerros de diferente tamaño, con un mango común. Se ejecuta, como dice Ana Casanova, de forma similar al ekón simple, pero combinando los toques en ambas campanas.

---

[21] Helio Orovio. *El carnaval habanero*. Ediciones Extramuros, La Habana, 2005

¡Cuántas veces Miguelito no tocó estos instrumentos arrollando por las calles de La Habana!

Abakúa dejó su impronta en los mejor de nuestro patrimonio musical, si de la llamada música culta se trata, ahí está la obra de Amadeo Roldán, Ernesto Lecuona, Alejandro García Caturla, Chucho Valdés, solo por citar algunos. Abakúa fue el sustento que alimentó el son de Arsenio Rodríguez que tanto ayudó a divulgar Miguelito y luego la música de Félix Chapottín. Abakúa fue Chano Pozo que hizo parar a un gran auditorio, en Nueva York, más adelante hablaremos de la participación de Miguelito Valdés en esa historia que cambió la música en los Estados Unidos para siempre. Y es que decir abakúa es decir Cuba, el carnaval con las comparsas del Alacrán, los Dandy de Belén, los Marqueses de Atarés, los Componedores de batea, los Moros Azules y hasta los Guaracheros de Regla. Y es decir Miguelito Valdés porque, aunque no se haya «jurado», ayudó a muchos de sus integrantes como Ignacio Piñera, Chano Pozo y promocionó su música.

La rumba surge durante la colonia. Los esclavos negros tuvieron sus rumbas de protesta; entre las cantadas en el siglo XIX figuraba la que decía: «ambere, mayorá, ambere»; es decir, hambre, mayoral, hambre. Según investigadores de nuestro folklor, en el baile de la yuka, cultivado por los congos, está uno de los antecedentes fundamentales de la rumba: también es indudable el acento español; ya el poeta Federico García Lorca, durante su visita a Cuba en 1930, ante una rumba en el barrio de Belén, hacía notar: «Salen los negros con los ritmos que yo descubro típicos del gran pueblo andaluz». Y es cierto que es fácil de apreciar en el lalaleo, llorao, característico de los andaluces. Al contacto con la cultura colonial, el negro asimiló rimas, giros melódicos…

Las rumbas de solar, se improvisaban en un patio o en una calle cualquiera. En San Isidro y el Callejón de Velazco, donde nace Miguel se destacaron músicos y bailadores, en su mayoría trabajadores del puerto, muy cercano a este lugar donde tuvo su génesis las sociedades secretas abakúas. El complejo de la rumba, profundamente cubano en su esencia y proyección, reconoce algunas variantes, aunque las vigentes son el yambú, la columbia y el guaguancó.

El guaguancó es un tipo de rumba que tipifica el arte de ser cubano, surgió en 1886, al abolirse la esclavitud en Cuba. Según Mongo Santamaría, cuando fue entrevistado por María del Carmen Mesta, «cuando los afrocubanos intentaron cantar flamenco».[22] A ritmo de tambores se realiza un baile muy erótico y machista en el que el hombre constantemente va en busca de la mujer para dominarla.

En el artículo «La rumba en la filatelia cubana», Juan Hernández nos da una buena noticia en cuanto a la relación de la rumba con Miguelito:

> Como la filatelia no es ajena a ninguno de los componentes culturales en Cuba, la rumba se encuentra también reflejada en sellos y elementos postales del país.
>
> En las primeras cuatro etapas de la filatelia cubana --prefilatelia, colonia, intervención estadounidense y república--, no se encuentra ninguno de estos elementos. [...]
>
> También contribuyó con otros músicos: Chico O'Farrill, Luis González Pérez, Fajardo y sus Estrellas, Rafael de Paz, Los Hermanos Palau, Mario Ruiz Armengol, Tito Puente y la Sonora Mexicana. [...]

---

22. María del Carmen Mesta. *Ob.cit.*

Vuelve la rumba a estar representada en los sellos cubanos en 1999, con una emisión de seis para correo ordinario dedicada a músicos cubanos. El valor de cinco centavos muestra a Dámaso Pérez Prado tocando una tumbadora, instrumento muy utilizado en la rumba; y los valores restantes distinguen a Benny Moré (Bartolomé Maximiliano Moré Gutiérrez), Miguelito Valdés, Bola de Nieve, Rita Montaner y Chano Pozo.[23]

El Palo Monte, religión conga, posee también un sistema adivinatorio, se basa en los conocimientos del monte en lo referido a los palos y las hierbas. Por lo recelosos que eran sus sacerdotes a la hora de trasmitir enseñanzas y develar secretos, muchos de los elementos rituales se fueron a la tumba con los ancestros. La Prenda, que puede habitar en un receptáculo que varía de tamaño y que va desde un simple recipiente metálico de unos centímetros hasta pequeñas habitaciones que guardan todo ese simbolismo, es el elemento principal y de su potencia depende el poder del practicante. La misma, se carga de elementos, entre ellos: metales, polvos, pólvora, huesos y cráneos humanos. En ella pueden apresar espíritus que dominan para utilizarlos en cumplir determinados propósitos, aunque un buen número de los integrantes de las otras denominaciones lo practican, se dice que generalmente oficia para el mal. La fiesta profana de los congós se denomina bángala y difiere de la lucumí en asuntos como la posesión del santo, no se cae en trance, pero la música si juega el mismo papel porque es a través de ella que se llama a las deidades.

Es muy parecido a la letra de las canciones de carnaval de los Dandy, esta historia que cuenta Lydia Cabrera en *El Monte*.

«María G. se hallaba en la habitación de una casa de huéspedes, recién llegada de su pueblo. No conocía a nadie en La Habana. No se hubiera atrevido a andar sola por las calles de la ciudad. El marido salió a comprar cigarros en algún café cercano, y al volver, no la encontró. En su corta ausencia, María, por primera

---

[23.] Juan Hernández Machado. «La rumba en la filatelia cubana» Prensa Latina, Cultura, publicado 14 de junio del 2018.

vez, había "caído en santo", y el santo la había llevado a un toque en honor de la virgen de Regla —Yemayá—, su orisha, en una casa distante de la posada. Una hora después un negrito llegó a avisarle a su marido "de parte de Yemayá", que fuese a buscar a su mujer a un tambor que se estaba celebrando en la calle de Figuras, adonde la santa "subida" la había llevado».

«Carmelina, la hija de Rosa, le dice de repente a su madre: "¡Mamá, oiga el tambor!" "¿Qué tambor, hija?" "¿Usted no lo está oyendo? ¡Mamá, llévame allá, que me están llamando! ¡Ay, que me llaman y que tengo que ir! —Rosa estaba lavando su arroz—. "¡Pero, niña, si no están tocando!"». Carmelina salió corriendo. Rosa y dos vecinas la siguieron, pero la chiquita corría tan de prisa, que se les perdió de vista. Muy lejos, lejísimo, de verdad que había un batá. La niña no tenía santo, ni collares puestos, y a pesar de eso, desde los tres años le venía santo. Cuando llegaron a la fiesta, la niña estaba con Yemayá. ¡Donde ella vivía era imposible que nadie hubiese podido oír los tambores!».[24]

Tanto Miguelito como Chano, lo que hacen es recoger la tradición oral, los patakines y sus propios testimonios y llevarlo a la música de las comparsas de los barrios.

Lo cierto es que estas fiestas religiosas, ya fueran lucumíes o congas, alcanzaron relevancia y se fueron afianzando en el contexto cultural. Lejos de conseguir una aceptación incondicional del negro por la vía religiosa, fue revirtiéndose en oportunidad para revelar a todos el poder de su propia fe y de manera bastante notable influir en el sentir popular.

Con el tiempo, las culturas y creencias de origen africano se emanciparon a través de sus manifestaciones artísticas. En vez de ser sometidas se impusieron tenuemente y formaron parte importante de ese sincretismo, tal vez con mayor peso.

[24] Lydia Cabrera. *El Monte*, Ediciones Cubanas, 2020. p 42.

Miguelito Valdés y Chano junto a Alfredito León y Silvestre Méndez. Ecos RHC, abril 1941.
Foto: Cortesía Rosa Marquetti

Los tambores batá, iyesá, yuca, se utilizaron en la música popular y conformaron lo que hoy se conoce como cantos afrocubanos, pero no se puede olvidar, la influencia española sobre todo en la música popular y me atrevería afirmar que hasta en la religiosa con la asimilación de instrumentos como el violín, piénsese por ejemplo en la utilización del tabaco, un producto originario de estas tierras en los rituales africanos.

Ernesto Lecuona, (1895-1963), fue pionero en la composición de obras con temas afrocubanos, fue él mismo quien calificó a «La Comparsa», estrenada en el teatro Sauto de Matanzas en 1912, de danza afrocubana y se convierte en el primero en extrapolar este término acuñado por Fernando Ortiz, afirma Lecuona:

> «Creo justo señalar […] que mis danzas negras inician lo afrocubano. Yo llevé por primera vez el tambor de la conga al pentagrama y al teclado. Es mucho después, mucho después, que lo afrocubano se convierte en veta para los compositores cubanos».[25]

---

[25] Arturo Ramírez: «Ernesto Lecuona (I)». *Carteles*. La Habana, 22 de marzo de 1942, pp. 70-73.

Otros títulos enriquecerían su catálogo, «Danza ñáñiga», «Danza lucumí», «Danza negra». En 1929 realiza la música de *El cafetal* donde estrena «Lamento africano», «Tango del negro lindo», «Triste es ser esclavo», «Canto negro». En 1930, publicó su tercer álbum de danzas, en el que agrupó algunas de las más conocidas. En el Teatro Payret debuta la Compañía de Zarzuelas y Revistas Cubanas, que dirige, se estrena *María de la O*, donde aparecen títulos que enriquecen ese catálogo de música afrocubana como: «Un Día de Reyes en La Habana», «En el Barrio del Manglar», «El Cabildo», «Los curros del Manglar», «Canto a la mulata», «El negro curro», «La conga de media noche», ¡Aé!... ¡Aé!...

Cómo se puede apreciar la influencia de Fernando Ortiz está presente en la obra de Lecuona, uno de los primeros embajadores de la música afrocubana en el mundo, que quedó inmortalizada no solo en su amplia discografía sino también en las películas en la que se utilizó, algunas de ellas en la meca del cine para firmas como la Paramount: «Lamento africano», «Canto Karabalí», entre otras. También fue pionero Lecuona en unir el *jazz* con nuestra música cubana y aunque tambores u otros instrumentos de percusión solo trompetas, violines, batería, es este un hecho a tomar en cuenta.

A Miguelito Valdés y al autor de «La Malagueña» los une ese acendrado amor por Cuba y los ritmos afrocubanos, ambos tuvieron que vivir en el exilio y pasearon la música cubana por el mundo, comparten amistades en común como: Rita Montaner, Bola de Nieve, René Cabell, Manolo Castro. Durante años se prodigaron un respeto que está avalado por los homenajes mutuos que se prodigaron. En el 1939, se realiza un evento de bienvenida a la orquesta Casino de la Playa, después de su gira triunfal por varios países de Latinoamérica en el Teatro Nacional, presidido por Lecuona, donde actúan Rita Montaner, tríos Matamoros, entre otros.[26] Varias veces coincidieron en programas de radio y televisión. Su admiración quedó perpetuada en el disco que graba Miguel Valdés con su orquesta para homenajearlo en los años cincuenta. Hay que señalar que es un instrumental, lo que refuerza aún más su respeto hacia ese grande de nuestra música, varias veces interpretó Miguel, «Siboney», «La Comparsa» y «Para Vigo me voy», entre otras. También la amistad que mantuvo con un músico muy cercano a Lecuona,

[26.] *¡Alerta!* La Habana, 6 de septiembre 1939.

Armando Oréfiche director de la orquesta creada por el maestro, Lecuona, Cuban Boys, que después sería la Havana Cuban Boy y la participación de Miguelito, según también el diario *Alerta* en el programa *Jueves de Partagás* del Canal 6 cuando se le realiza un homenaje al autor de «La Malagueña», en 1958, la dirección musical de la Orquesta de la CMQ fue el maestro Valdés Roberto Arnau .[27]

Miguelito Valdés y Armando Oréfiche. Foto: Cortesía de Ramón Fajardo

[27.] *Ibidem*. La Habana, 11 de noviembre de 1958.

Siboney

Zarzuela
(Letra y música de Ernesto Lecuona)

Siboney'...
yo te quiero, yo me muero
por tu amor.
Siboney'...En tu boca
la miel puso su dulzor.

Ven a mí, que te quiero
y que todo tesoro, eres tú para mí.
Siboney'...al arrullo
de tus palmas, pienso en ti.

Siboney, de mis sueños
si no oyes la queja de mi voz.
Siboney, si no vienes
me moriré de amor...

Siboney, de mis sueños,
te espero con ansia en mi caney.
porque tú eres el dueño
de mi amor, Siboney.
Oye el eco de mi canto de cristal'...

Recordemos también el gusto de Miguelito por la ópera, zarzuelas y el *bell canto* que pudo saciar cantando a Lecuona.

En 1950 entre las primeras grabaciones que realiza con su orquesta está la de un disco en el que sus maravillosos músicos interpretan la música de Lecuona, fue un instrumental que evidencia y sella su respeto por el Maestro.

Miguelito Valdés And His Orchestra, Miguelito Valdés Plays *Ernesto Lecuona For Dancing*. Label: RCA Victor –WP 276, Formato: 3 Discos en Vinylo, 7", 45 RPM. Country: US. Año 1950 (Formato 78 RPM).

A. The Breeze And I («Andalucía») B. La Comparsa C. Malaguena D. Say Si, Si E. Always In My Heart F. Jungle Drums (Canto Karabali)

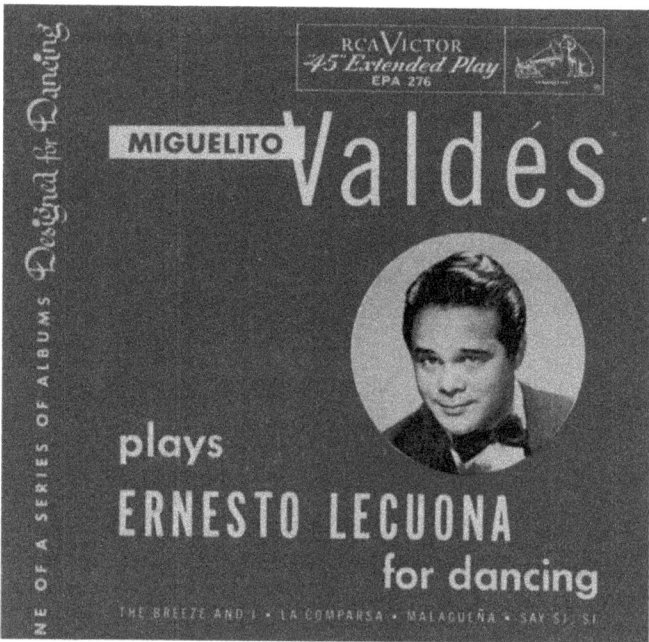

Fernando Ortiz, supo muy bien condensar en su amplia obra, el aporte de los negros en la música cubana, fue a los orígenes no solo en la Isla sino también en África, la dividió según los diferentes grupos que fueron traídos de ese continente. *Los Negros Brujos*, fue su primer libro, se publicó en Madrid, en 1906, como ya afirmamos, allí menciona por vez primera su concepto de afrocubano que luego sería también utilizado en la música por figuras como Ernesto Lecuona quien fue el primero en asimilarlo. El concepto de transculturación, ya es fruto de una maduración intelectual, aparece en 1940, cuando publica su obra *Contrapunteo cubano del tabaco y el azúcar*. En 1951 se condensa sus estudios afrocubanos musicales con la publicación de *Africanía de la música folklórica de Cuba*.

La llegada de los negros esclavos a Cuba significó el arribo de una forma de decir en la que la música definiría la idiosincrasia del cubano: la síncopa es el ritmo natural del negro, la risa de su música, su elogio vivo, que no se encuentra en la música europea ni siquiera en la negra de Haití, ni en los afroangloamericanos, sino en Cuba y

Brasil y en alguna que otra zona es un elemento fundamental, una de las características principales de la música negra, según explicaba Fernando Ortiz.

Tuvo la suerte de conocer a Merceditas en el año 1944, ella contaría que le dijo: «Quiero hacer de ti —me dijo— mi intérprete por excelencia, quien ilustre mis conferencias sobre música folclórica. Vamos a trabajar juntos».

Así que, al Aula Magna de la Universidad de La Habana, y la Sociedad Pro Arte Musical llegaron los tambores y la voz de África por medio de esta mujer a la que Ortiz bautizó como Pequeña Aché, y en «un documento etnográfico vivo».

Al igual que el de nuestro Miguelito Valdés, el origen de Merceditas es muy humilde, como él nació en La Habana, esquina Hospital, en el mencionado barrio de Cayo Hueso, el 24 de septiembre de 1922, el día de Obbatala, las Mercedes, de ahí su nombre. Su padre fue otro destacado Valdés, Ángel, El Dichoso, era cantante del coro Los Roncos, que dirigía Ignacio Piñeiro, así que bebió de las mismas fuentes musicales que nuestro biografiado. También como Miguel empezó muy joven su carrera artística casi a la misma edad, doce años, en el Programa *La Corte Suprema del Arte*, precisamente uno de sus triunfos en este programa sería con la canción «Babalú». Los cantos yoruba y palo monte los incorporó prontamente e interpretó en la que fue su primera incursión como artista profesional, a través de las ondas de Radio Suarito, acompañada por la orquesta del maestro Obdulio Morales, por este músico supo de ella don Fernando Ortiz. De 1946 es su primer disco de larga duración, para la firma Panart: *Toques de santos*. Cuatro años después aparece *Santero*; más adelante, *Mongo en La Habana*, de 1959, acompañada por el percusionista Mongo Santamaría; y luego, Merceditas (*Cantos y Rezos*), en que canta con la orquesta dirigida por los maestros Adolfo Guzmán y Rafael Somavilla. Trabajó en clubes y cabarets de la Playa de Marianao, junto al percusionista Silvano Sheug, El Chori, con quien aprendió mucho sobre la percusión, actuó en radio, televisión y cabaret. En este último, por la década del cincuenta, en la producción *Zum-Zum-dambaé*, presentada en Sans Souci; pero también Tropicana la acogió en los espectáculos Karabalí y Tambó. Compartió escenarios con su ídolo Rita Montaner, con Nat King Cole, Sarah Vaugham, Tito Puente y otras celebridades, y se le pudo escuchar en el filme *Yamba-O*, del director Emilio El Indio Fernández, así como en el corto musical *Zamba*. Hizo giras por Europa y América, incluido el Caribe. Merceditas Valdés fue, pues, de las primeras intérpretes en incorporar a las grabaciones los toques y rezos yorubas, con percusión batá, tumbadora y chekeré, desvelando al público los cantos y ritos identificativos del folclore de los pueblos de África.

Como una vez hizo con Chano Pozo, Miguelito fue fundamental para su viaje a Las Vegas, Estados Unidos. En el Hotel Flamingo, de Nevada, la secundó con su orquesta. El guaguancó, la guaracha, los pregones y cantos de cuna nutrieron su repertorio. Viajó también con la compañía de Ernesto Lecuona, con Eliseo Grenet al exigente Carnegie Hall, de Nueva York, junto a los tambores batá acompañada por una orquesta de ochenta músicos bajo la dirección de Gilberto Valdés, en lo que significó el primer concierto de música yoruba en ese auditorio. Era aquella una confirmación de las dotes extraordinarias de la artista. Y otra prueba de la colaboración entre los Valdés de la que hablábamos al inicio de este libro.

Su muerte ocurrió a los sesenta y ocho años, el 13 de junio de 1996.

Si de Valdés y Africanía se trata, cómo olvidar a Gilberto, autor de «Ogguere», una de las canciones de cuna más bellas interpretadas entre otras por Merceditas Valdés y la soprano Berta Villa con la Orquesta Filarmónica de La Habana dirigida Wilhelm Steinberg.

Nace en Matanza, un 21 de mayo de 1905, en la Atenas de Cuba, realiza sus primeros estudios, luego en Cárdenas ingresa en la filial del Conservatorio Payrellade donde estudia instrumentos de vientos, a la par de esta formación profesional, se va formando con la influencia de las religiones africanas que tanta influencia tienen en esta zona.

En La Habana inicia su carrera como músico profesional con en la orquesta de Alfredo Brito y luego pasa a la orquesta Hermanos Lebatard y dirige por un tiempo la orquesta del cabaret La Verbena. Completa su formación musical en Estados Unidos con David Saperton.

En la década del treinta compuso varias obras para orquesta «Danza de los braceros», «Liko tá tumbé» y «Guaguancó», se destaca «Evocación negra». Rita Montaner, la Única, en 1935, en el teatro Principal de la Comedia, estrena un grupo de composiciones de Gilberto Valdés para voz y piano: «Baró», «Tambó», «Sangre africana» y «Bembé». «Danza de los braceros», «Rumba abierta», «Suite cubana», «Ballet cubano», «Liko tá tumbé» y «Guaguancó» Y otra vez aparece el quehacer de Fernando Ortiz, Presidente del Instituto Hispano-Cubano de Cultura, como auspiciador de conciertos, conferencias y hasta proyecciones fílmicas, cuando el 15 de noviembre de 1936 Gilberto Valdés dirige a una pequeña orquesta y a Alfredo Valdés en el Principal de la Comedia, después que el profesor negro Salvador García Agüero, impartiera la conferencia *Presencia africana en la música nacional*, esto sería apenas el inicio de una relación entre el maestro Ortiz y el maestro Valdés, ya en febrero de 1937 en un espectáculo público se presenta con su orquesta y se deja escuchar los tambores judíos. Gracias a la popularidad que logra se le conceden recursos para fundar un coro de veinte voces y una orquesta sinfónica con setenta profesores, así del 18 de febrero de 1937, Gilberto Valdés se presenta en el Anfiteatro de La Habana con la obra «Tambó en negro mayor» donde puede condensar su sueño de unir la música de concierto a la popular. Los conciertos fueron financiados por la Alcaldía de La Habana con el apoyo de don Fernando Ortiz, quien puso como única condición que uno de esos conciertos —serían tres— fuera gratuito para que asista el pueblo humilde, se destaca la participación de otra Valdés, la reconocida rumbera Manuela Alonso junto a Chano Pozo y como «plato fuerte», quien mejor que Rita Montaner, quien estrenaría el pregón «Eco», que Valdés compuso para ella.

El 6 de julio de 1938 se estrena la película *Sucedió en La Habana* cuya banda sonora constituye hoy su mayor aporte, la música es de los compositores Moisés Simons, Ignacio Villa, José White, pero sobre todo se destaca la participación de la Orquesta Sinfónica dirigida por Roig interpretando las canciones del maestro Gilberto Valdés, como cancioneros se destacan: Ubaldo Catasús, Margot Alvariño, Osvaldo Escobar, el Septeto Nacional, el Trío Pinareño y Vicente González Rubiera-Guyún, María de los Ángeles Santana, Rita Montaner y nuestro Miguelito Valdés con la orquesta Casino de la Playa, quien sería también uno de sus principales intérpretes

También brilló este Valdés en la música popular con guarachas, pregones, danzones, congas, rumbas, mambos e incluso boleros, repertorio que alcanzó gran difusión dentro y fuera de Cuba y que fueron interpretadas por: Celia Cruz, Isolina Carrillo, Bola de Nieve, Toña la Negra, Machito y sus afrocubans con la sin par voz de Miguelito Valdés, quien en 1948 fue contratado por la RHC Cadena Azul para cantar con la orquesta de Gilberto Valdés, «El botellero» y «Rumba abierta».

En la década de 1940, Valdés fundó la primera orquesta tipo charanga en Nueva York, grabó para RCA Víctor: «Tambó» (danza-afrocubana), «Rumba abierta» (rumba), «Sangre africana» (danza-afrocubana), y «La conga viene ya» (conga). Miguelito Valdés populariza, con la Orquesta Casino de la Playa, «Ecó».

Miguelito Valdés en su interpretación del «Botellero». Fotográfo: Caesar Gonzalez. Hollywood, California, 1942. Cortesía de Marvin Jui-Pérez

Luego, Miguel, interpretaría con la orquesta de Machito «Que vengan los rumberos»; ya había grabado con Xavier Cugat «Ecó» y «El botellero», lo que motivó una polémica grande por los derechos de autor del primero. Entre 1946 y 1956 Gilberto Valdés fue director musical de la compañía de ballet de Katherine Dunham con la cual recorrió varios países de Europa, con esta compañía también actuaría Chano acompañado de Cacha. En ese periodo, cuando lo permitían los contratos, visitaba La Habana y hacía presentaciones esporádicas. Fueron muy publicitadas sus actuaciones en 1948. Fallece en Nueva York en 1971. Y quien mejor que otro africanista como nuestro Alejo Carpentier, para recordarlo:

A él debemos la exploración de un sector de nuestra música popular, menospreciado durante demasiado tiempo y demasiado explotado ahora por "escribidores de notas" sin vigencia ni responsabilidad. Para Gilberto Valdés, lo afrocubano no es materia cocida desde la infancia, en virtud de felices casualidades. Llevado por su sincera devoción a esos ritmos se ha adentrado en ellos, entregándonos sin la menor vanidad, el resultado de sus búsquedas. Por ello constituye un caso dentro de nuestra música.

[...]

Cuando lo afrocubano haya perdido con el tiempo, la actual vitalidad, los cubanos del futuro que quieran estudiar las raíces de los ritmos entonces existentes y aun desconocidos por nosotros, tendrán que volverse forzosamente, hacia la obra de Gilberto Valdés. En ella se encontrarán el perfecto sabor, la atmósfera, el color, de una etapa vinculada con nuestra era colonial, y que habrá de hacerse clásica en nuestra música...[28]

Los cubanos del futuro somos nosotros y desgraciadamente nombres como el de los Valdés, Miguelito y Gilberto se han olvidado, aun cuando la rumba fue declarada Patrimonio Inmaterial Sonoro de la humanidad, pero como el novelista vaticinó forzosamente y

---

[28] Alejo Carpentier. «Gilberto Valdés». *El Mundo*, La Habana, 29 de febrero de 1944, p. 4.

placenteramente en este libro volveremos una y otra vez a recordarlo, con mucha admiración y respeto, como también recordamos al maestro Obdulio Morales.

El nombre de Obdulio Morales, se destaca en la biografía de Merceditas Valdés y es justo, si se habla de música afrocubana mencionar a este director de orquesta, compositor, pianista y arreglista que nació en La Habana, 7 de abril de 1910, en 1938 fundó el Coro Folklórico de Cuba y su compañía Batamú con la que realizó temporadas en el teatro Martí. Introdujo los tambores en las orquestas populares y comenzaron a conocerse sus canciones afrocubanas en las voces de Rita Montaner, Oscar López, Cándita Batista y otros intérpretes. Entre ellas el tango congo *Chismoso*, la rumbas *Bangán carretón* y *La rumbatela*, el pregón *Ecué* y los afro *Ciriaco* (la primera de sus composiciones), *Parábola negra* y *Emlloró*, las que muy pronto trascendieron fronteras, pues por 1941 las habían grabado Xavier Cugat, Carmen Cavallaro, Machito y Augusto Coen, entre otros. Al iniciarse los años cuarenta era uno de los más grandes representantes de la música afrocubana, por lo que era llamado para impartir conferencias en el Instituto Hispano-Cubano de Cultura, la Sociedad de Estudios Afrocubanos y otras instituciones. Con su coro participó en conciertos sinfónicos y con la orquesta que fundó, y que durante años se mantuvo en la emisora Radio Cadena Suaritos, realizó importantes grabaciones junto a notables intérpretes. La orquesta debutó en 1943 interpretando sus poemas negros para coro y orquesta, inspirados en deidades lucumíes como Yemayá, Ochún, Obatalá y Eleguá. Para ese importante empeño contó con el asesoramiento del gran tamborero y cantante Trinidad Torregrosa. Otras composiciones suyas por entonces fueron Yeyo, Va llové, Guabina, Mamberen-Berenbo, El sol enamorado, Habana y Almendares, pero sobre todo su guaracha afro La culebra que desde 1948 en que la grabó Daniel Santos ha tenido decenas de versiones, convirtiéndose en una pieza antológica de la música cubana. Al frente de su orquesta y contando con intérpretes como Celia Cruz y Merceditas Valdés realizó actuaciones en Radio Suaritos y otros escenarios. En 1946 la ACRI seleccionó su orquesta la mejor del año. En los años cincuenta continuó su intenso trabajo en radio y centros nocturnos, además de la TV y el cine. Para este último medio realizó partituras y arreglos para filmes como *Rincón criollo*, *Qué suerte tiene el cubano*, *Tin Tan en La Habana*, *Yo soy el hombre*, *Siete muertes a plazo fijo*, *Yambaó* y el corto *Misión al norte de Seúl* o *Cuando la tarde muere*. De esa etapa son sus piezas *Los feos pa´ la cocina* (guaracha), *Deshojando margarita* (bolero). *Ritmo cordonero*, *Día de reyes*, *Mambo en fa*, *Hoy es muy tarde* (bolero), *Sube espuma* y el afro mambo *Juana Bacallao*, este último se convirtió en el nombre artístico de Neris Amelia Martínez, cantante que debutó con su compañía en la revista musical *El milagro de Ochún*. En esa década realizó importantes discos, entre ellos tres álbumes titulados *Ay caramba*, *Día de reyes* y *Mango mangüé* para el sello London. En 1959 grabó con su orquesta y la cantante Ruth Fernández el disco *Ñáñigo* con piezas suyas como *Ecué*, *Mi Ochún* y *Macondo* junto a otras de Lecuona, Grenet y Gilberto Valdés. En los sesenta Obdulio dirigió la Orquesta del Circo INIT y posteriormente la del Conjunto Folklórico Nacional con el que realizó giras internacionales. En su amplio catálogo también sobresalen obras de concierto, entre ellas *El reloj de mi casa,* para cuarteto de viento y Ritmos, para quinteto de viento. Entre los que han interpretado o grabado sus composiciones están, Xavier Cugat, Fernando Albuerne, Celina y Reutilio, Merceditas Valdés y Rosita Fornés. Su catálogo abarca unas 300 piezas.[29]

No hemos encontrado una prueba que vincule en lo personal a Miguelito Valdés y el maestro Ortiz, quien fuera uno de los primeros en reconocer la importancia de Chano Pozo en el desarrollo del *jazz*

[29.] Zenovio Hernández. *Diccionario de compositores cubanos.* (Inédito).

cuando escribió su artículo «Chano Pozo en Nueva York influye al jazz»[30] en el que afirma:

> Por el tambor de Chano hablaban sus abuelos, pero también hablaba toda Cuba; pues el músico Chano, que injertó en el jazz de Norteamérica una nueva y vigorizadora energía rítmica, fue cubano cien por cien...

De alguna manera su vinculación con su alumna Merceditas, con Gilberto y Alfredito Valdés, une a Ortiz con Miguelito: dos hombres que desde «blancura» supieron defender nuestras raíces negras.

Si hacemos un recorrido por la amplia discografía de Miguelito Valdés es fácil constatar que es uno de los cantantes que más música afro interpretó y a lo anterior lo acompañó la promoción y el éxito, como veremos en estas páginas:

«Ben acá Tomá», «Yo soy macuá», «Funfuñando», «Yo soy ganga», «Adiós África», «Yo tá namorá», «Yo saludá», «África canta y llora» de Arsenio Rodríguez, «Negro de sociedad» de Arturo R. Ojea, «Negro mandinga» de Facundo Rivero, «Batamú» de M. Guerra y J. B. Leonard, «Elube Changó» de A. Rivera, «Yo son moruá» de Osvaldo Estivil e Ignacio Piñeiro, «Blen, blen», «Muna sanganfimba», «Guaguina yerabo», «Anana baracotinde», «Zarabanda», «Nagüe», «Ya no se puede rumbear», «Abasí», «Tambombararana», «Placetas», de Chano Pozo, «Tu jijo serán jabá» de Ladislao Martínez y Anselmo Sacasas, «El brujo de Guanabacoa» de Hermenegildo Cárdenas, «In Africa» de E. Cosme, «En lloró» de Obdulio Morales, «Babalú» y «Tabú» de Margarita Lecuona, «Ecó» de Gilberto Valdés, «Carambú» de P. Berríos-C. Valdés-E. Chávez, «Drume negrita», «Facundo», «Mamá Dolores», y «Señor todo pasa», de Eliseo Grenet, «Tierra va temblá» de Mariano Mercerón, «Lacho» de Facundo Rivero, «Kon kun mabó» de P. Becke, «Summertime» de George Gershwin, «Lucumí» de Juárez, «Negra Leonó» de Ñico Saquito, «Tambó» de Silvestre Méndez,entre otras.

A todos ellos homenajeamos en estas páginas con especial destaque para Margarita Lecuona, Eliseo Grenet, Chano Pozo y Arsenio

---

[30.] Fernando Ortiz. «Chano Pozo en Nueva York influye al jazz». Revista *Signos*, mayo-diciembre del 1975.

Rodríguez, pero no podríamos concluir este capítulo sin mencionar a Rita Montaner.

Siguiendo el sendero de nuestras musas tropicales y con la ayuda del citado libro de Ramón Fajardo, encontramos que Rita es descendiente también del apellido Valdés por vía paterna, su abuelo fue el notario eclesiástico don José de Jesús Montaner Valdés. Rita es mulata y desde pequeña a pesar de la esmerada educación que recibe de sus padres, siente en carne propia lo que significa ser mestiza a la par que se alimenta de la herencia africana que se asienta en la Villa de Guanabacoa y la distingue.

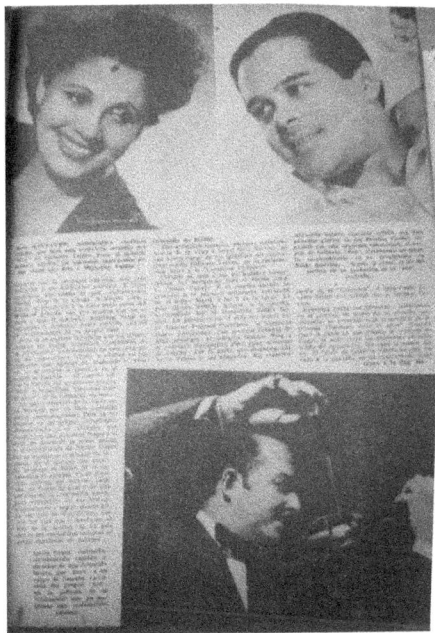

Rita Montaner, Miguelito Valdés. Xavier Cugat.
Foto: Bohemia. *Cortesía de Ramón Fajardo*

En 1927 con el estreno de lo que se considera la primera zarzuela cubana *Niña Rita* o *La Habana en 1830*, con música de Eliseo Grenet y Ernesto Lecuona, Rita Montaner interpretaría el personaje del negrito calesero, el cual sería su primer papel como profesional. Lo cierto es que así travestida y pintada de negro a la usanza del teatro bufo, La Única, cantaría una de las canciones que le darían fama internacional y que aún hoy la distinguen, «Ay Mamá Iné» de Eliseo Grenet, en la letra se imita con maestría , tal como lo ideó el compositor, el lenguaje de los negros bozales, se come las letras y se acentúa la última : metiá, encontrá, buscá, también se alude a la costumbre de los negros de perderse atrás de la música: *Aquí ta todo lo negro que venimo a rogá que nos concedan permiso para cantá y bailá*, si Rita no hubiese sido mestiza, por su calidad vocal, juventud y belleza, hubiese interpretado el protagónico que lleva su nombre, en Niña Rita, pero era algo impensable para la época y Lecuona, nos cuenta Ramón Fajardo, con esa maestría que lo caracterizó, conociendo los problemas raciales, concibe este personaje para la Montaner, que en un inicio no está muy segura de lograrlo, al final, el mayor éxito de esta obra es la interpretación que hace del calesero en este papel secundario.

Mamá Inés
(autor, Eliseo Grenet)

Aquí ́ Tan todó ló negró
que venimó a rogá
que nos concedan permiso
para cantá y bailá.

Ay mama Inés, ay mama Inés
todos los negros tomamos café.

Ay mama Inés, ay mama Inés
todos los negros tomamos café.

Belén, Belén, Belén,
adonde étá tú meti á
que pó tó Jesús María
yo te buscá y no te encontrá.

Yo étaba en casa é madrina,
que ayer me mandó a buscá
en el solá de la esquina,
ella vive en el Manglar.

Ay mama Inés, ay mama Inés
todos los negros tomamos café.

Ay mama Inés, ay mama Inés
todos los negros tomamos café.

Nos vamos pá la solar
adonde e tán lo's los negritó
bailando el cangrejito
taitica, vamó al manglar.

Ay mama Inés, ay mama Inés
todos los negros tomamos café.

Nos vamos pa la solana
donde van to's los negritos
a bailar el cangrejito
tal pica vamos al manglar.

Ay mama Inés, ay mama Inés
todos los negros tomamos café

Las palabras de Alejo Carpentier resumen lo antes expuesto:

Rita Montaner, en los dominios de lo afrocubano, resulta
insuperable.
[...]
nos grita a voz abierta, con un formidable sentido del
ritmo, canciones arrabaleras, escritas por un Simons o
un Grenet, que saben según los casos a patio de solar,
batey de ingenio, puesto de chino, fiesta ñáñiga y pirulí
premiado.
[...]
Tiene personalidad y se ha creado un género. Cuando canta
una melodía afrocubana, nos convence, como nos convencía
Aida Ward, cuando vocaliza las frases de sus *blues*.[31]

---

[31] Ramón Fajardo. Rita *Montaner. Testimonio de una época.* UnosOtrosEdiciones, p. 90.

A partir de abierta, su participación en *El Cafetal*, Rita se convierte en la principal intérprete de la música afro en Cuba, si se hace un recorrido por *Rita Montanere. Testimonio de una época*, podríamos mencionar muchos momentos estelares en el que se luce y dignifica la música afrocubana pero por la importancia que tiene para esta historia recordaremos su interpretación de «Babalú», de Margarita Lecuona que según testimonia Fajardo se había estrenado tiempo atrás sin el debido éxito.

Caracterizada como una negra conga, fumando tabaco y sosteniendo a ratos entre sus manos un pequeño jarro con aguardiente, Rita representa en el escenario un ritual en la santería dedicado a Babalú Ayé, mientras interpreta este afro, secundada por bailarines negros.

Espectadores del estreno de esa edición de *La revista maravillosa* recuerdan la ilimitada aprobación dada por el público a la Montaner y cómo antes de llegar a su clímax Margarita Lecuona, la autora de Babalú, sube al escenario para abrazarla, emocionada, y decirle con los ojos llenos de lágrimas: «Rita tú lo estrenaste».

Ramón Fajardo destaca que: Después de cantarlo Rita, Babalú Ayé alcanza gran popularidad en Estados Unidos en la voz de Miguelito Valdés, al extremo de que en ese país lo llaman Míster Babalú. La interpretación de Rita fue en enero de 1940, aún Miguelito se encuentra en Cuba, había trabajado junto a la Única en la película *Sucedió en La Habana*, y su popularidad era incuestionable, así que lo más probable es que ella lo haya visto interpretar este tema y se sintiera atraída por la forma en que dramatizaba la misma.

Sangre son colorá

Aunque mi pellejo es prieto,
y el tuyo blanco, verdad!
No hay ninguna diferencia,
que tú son blanco, que yo son negro,
Sangre son colorá (coro)

Dipue de muerto,
Sangre son colorá (coro)
En la tumba fría,
Sangre son colorá (coro)
Para la eleccione,
pa toda la cosa en la vida.

Tu nombre será Urbino,
el mío Miguelito Valdé, ¡uh!
La diferiencia e la misma,
Que tú son blanco, que yo son negro,
Sangre son colorá (coro)
Dipue de muerto,
Sangre son colorá (coro)
En la tumba fría,
Sangre son colorá (coro)
Para la eleccione,
Pa toda la cosa en la vida.

Cuando lleguen la elecciones,
Tu voto será como el mío,
haga calor o haga frio,
que tú son blanco, que yo son negro,
Sangre son colorá (coro)
Dipue de muerto,
Sangre son colorá (coro)
En la tumba fría,
Sangre son colorá (coro)
Para la eleccione,
pa toda la cosa en la vida.

Yo va lante tú me sige, yo va lante tú va tra,
Pero sangre son colorá,
negrona Ocha! (hablado)

Acostumbra Miguelito a mencionar a personajes de la vida
real, en este caso Urbino, el locutor de las Mil Diez. Esta letra nos
recuerda los poemas sones de Nicolás Guillén, pero más adelante,

trataremos este asunto, al igual que la vinculación de Miguelito con Arsenio Rodríguez que merece un capítulo aparte.

Como resumen quiero evocar las composiciones que realizó el propio Miguelito de este género, donde dejó testimonio de su sentir ante los problemas raciales: «Tristezas», «Chirimbolo», «Cabildo», «Negro», «Sangre son colorá», «Yo soy macua», «Mondongo», y «Africanerías», este último en coautoría con Mariano Rivera Conde.

Miguel Valdés fue fundamental para la promoción de los ritmos afrocubanos en el mundo. Además, inspiró a otros cantantes a interpretar esta música. Hoy en día nadie ha podido superar su interpretación de «Babalú Ayé» que fue por la que se le puso el nombre artístico de Míster Babalú.

Bobby Collazo en «Anécdotas de los 50». *La última noche que pasé contigo. 40 años de farándula cubana.* Nos cuenta de la amistad entre Mr. Babalú y Rita Montaner.

Cuentan que cuando Miguelito Váldes debutó en Lima, Perú. Rita Montaner estaba descansando en el país, pero días antes un conocido columnista incaico de pequeña estatura, había publicado en su leída sección diaria un chisme criticando destructivamente a nuestra cantante, sin conocerla siquiera. & En esos mismos días el reportero se daba un homenaje en el teatro Principal de Lima. Miguelito tenía que actuar en el homenaje al chismoso reportero y cuando Miguel su actuación se dirigió al publico anunciando a la Sra. Rita Montaner, que estaba sentada con su esposo peruano, en la última fila de una luneta del teatro. & "Aunque el enano éste al que se da el homenaje esta noche, puso en su columna de chismes que yo ya no soplaba, le voy a demostrar ahora que todavía hay mucha Rita". Comenzó a cantar El Manisero de Moisés Simons, haciendo brotar del público una tremenda ovación, a la vez que el columnista chismoso se convertía en un "Titicaca" lleno de lágrimas entre las bambalinas del teatro. Fue la última actuación en público de nuestra Rita Montaner.[32]

---

[32]. Bobby Collazo. «Anécdotas de los 50». *La última noche que pasé contigo. 40 años de farándula cubana.* Pag. 438. Ed. Cubanacan, Puerto Rico.

«Comida para los Santos» es el título de un artículo del periodista José Pacheco Silva quien entrevistó a Miguelito Valdés en Nueva york:

En 1940 el mulatón cubano Miguelito Valdés conquistó Nueva York con su voz ronca, su bongó poderoso y sus primitivos ritmos afrocubanos. A la sazón, yo me estrenaba como reportero de la United Press y me mandaron a entrevistar a "Mr. Babalú", como todo el mundo lo llamaba por la canción que le dio fama. Actuaba en esos momentos en un cabaret de lujo de Broadway y un periodista cubano especializado en la farándula me sirvió de intermediario, no sin advertirme antes: «Para la entrevista tenemos que pescarlo a solas, chico. Cuando esté cenando. Entonces te lo presento».

Como Luis XIV, "El Rey Sol", de Francia, Miguelito solía cenar solo en un restaurantico hispano, lejos de las acechanzas de admiradoras y cazadores de autógrafos. Allí lo conocí, sentado ante el bar, cual un King Kong de bolsillo, con su cuerpazo de estibador, facciones de mulato achinado y apetito voraz que consumía bandejada tras bandejada de comida típica cubana.

Como a todos sus paisanos, le encantaba la publicidad personal y consintió con gusto al reportaje. Y mientras yo lo entrevistaba, el me iba introduciendo a los sabores y texturas de la mesa de su patria: picadillo de carne con aceitunas y pasas, tamalitos de maíz casi rosado, boliche mechado ("muchacho claveteado para los colombianos y "pecheto" al horno para los argentinos) tierno y jugoso, arroz blanco graneado con tostones de plátano frito a punto encajes crocantes, flan de leche deliciosamente jugoso.

Su apetito era legendario entre los meseros del lugar, todavía más asombrados porque el cantante invariablemente les pedía que le pusieran la sobra de su cena en una bolsa para llevar al hotel. ¿acaso tendría allí algún perro o gato?, me pregunté. Pero mi colega cubano me explicaría después que sus motivos eran bien distintos. "En Cuba se practica mucho la santería", me dijo. Ósea cultos de deidades traídas del África por los esclavos negros y sincretizadas con los santos de los católicos. Po ejemplo, Babalú-Ayé, uno de los dioses más temidos y respetados, se convirtió en San Lázaro. Y para tenerlo del buen lado, sus ahijados como Miguelito le hacen toda clase toda clase de ofrendas: ron, tabaco, dinero… y comida. Y según la tradición a Babalú-Ayé le encantan los frijoles negros".

Explicación tan curiosa despertó mi interés en la santería a tal punto que muchos años después escribí una novela con ese tema. Y a Miguelito Valdés le debo el haberme iniciado en los ritos de la cocina cubana, sabrosona y sin perendengues.[33]

Miguelito Valdés en Conga Club, 28 de junio de 1941, New York
Foto: Paul D. Perez

---

[33] José Pacheco Silva. «Comida para los Santos». *El Nuevo Herald, octubre de 1995.*

Principio de los años Treinta

La crisis económica capitalista comienza con la quiebra del mercado de valores de Nueva York, el nombrado *Crack* del veinte y nueve. El gobierno de Machado trata de mostrar que puede con la situación creada en la Isla y prepara los juegos centroamericanos. Kid Chocolate regresa convertido en una estrella del boxeo y el recibimiento paraliza el país, tanto Chano como Miguelito se muestran orgullosos de que alguien de abajo, otro que también se criara en solares y ciudadelas, haya conquistado el mundo a puro puños, sobre todo New York, Miguelito sueña también con conquistar un día la ciudad donde está el Madison, pero con su voz.

En 1930, Antonio Machín, uno de los principales embajadores de la música cubana, graba «El Manisero», son-pregón de Moisés Simons, con la orquesta de Don Aspiazu, en los Estados Unidos, vendió más de un millón de copias en ese país, convirtiéndose en el primer *hit* discográfico de la música latina en el mundo.

Pero…

> *Oh, Cuba hermosa,*
> *primorosa,*
> *¿por qué sufres*
> *tanto quebranto?*
> *Oh, patria mía,*
> *quién diría*
> *que tu cielo azul*
> *nublara el llanto…*

Se escucha el «Lamento cubano» de Eliseo Grenet, quien en 1931, al regresar de una gira por Suramérica se encontró al país en una terrible crisis y bajo la represión de Machado.

El ambiente musical cubano, no obstante, se mantiene activo, José Mojica, el cantante preferido de Miguel y de doña América, su madre, visita La Habana, invitado por Lecuona y ofrece varios conciertos en el teatro Nacional. Mario Bauza parte en 1931 para los Estados Unidos, el trompetista y arreglista mucho tendría que ver con la difusión de la música cubana en este país.

No había permiso para reunirse los grupos en las calles sin levantar sospechas, hasta el café escaseaba, pero lo negro, ya no estaría confinado a los solares, era muy buena la rumba, el son y la conga para solo ser escuchada entre cuatro paredes. Medio en broma, medio en serio, sacábamos partido al nombre de Zacarías entre los que se le adjudican a Miguelito, recordábamos al poeta José Zacarías Tallet y su poema *La Rumba* que lo interpretó la argentina, Berta Singerman, y lo llevó al cine sonoro con su peculiar manera de decir. Se trata del filme *Nada más que una mujer*. Pero realmente el interés por los temas negros viene de la Europa de la postguerra. Sirva lo anterior para introducir un asunto que también marcaría la obra de Miguelito en un futuro, la poesía negra, súmesele a el nombre de Zacarías, el de Ramón Guirao, con *Bailadora de rumba*, publicado en 1928, en el *Diario de la Marina* y Emilio Ballagas y encontraremos la génesis de la poesía afrocubana que se coronaría en 1930 con la aparición de *Motivos de son* de Nicolás Guillén. Son es una palabra clave en el título del libro como su nombre lo indica por su musicalidad, la palabra suena, baila a ritmo del tambor, invita, evoca los cantos africanos, pero también los cantos del solar:

¡Yambambó, yambambé!
Repica el congo solongo,
repica el negro bien negro;
congo solongo del Songo
baila yambó sobre un pie.

Mamatomba,
serembe cuserembá.

El negro canta y se ajuma,
el negro se ajuma y canta,
el negro canta y se va.

Acuememe serembó,
aé,
yambó,
aé.

Tamba, tamba, tamba, tamba,
tamba del negro que tumba;
tumba del negro, caramba,
caramba, que el negro tumba;
¡yamba, yambó, yambambé!

Al camagüeyano Nicolás Guillén lo inspiraría a escribir con una nueva métrica, los sones del trío Matamoros y el Sexteto Habanero, allí había mucha lírica, que le da la posibilidad al poeta de introducir una nueva forma métrica en la poesía cubana. Gracias a Guillén el son se adueñó de la letra escrita, se embelleció, lo que antes era motivo de risa en el teatro cubano, como la forma de hablar de los negros bozales, se convirtió en motivos de son, aparece la forma de decir y hacer de hombres y mujeres de los solares y casas de vecindad, ahora son sujetos líricos al mismo nivel de un Don Juan Tenorio, algo que siempre estuvo ahí, pero se condesaba en una poesía nueva a la que la música le asentaba como anillo al dedo. García Caturla, tan amante al tema negro, que se casó con una mujer afrodescendiente, lleva al pentagrama, algunos de los *Motivos de son*, Amadeo Roldán los musicaliza casi todos, los que con más ímpetu se volcaron a esta tarea y los preferidos de Guillén, serían los hermanos Grenet, Emilio y Eliseo, este último sería uno de los autores preferidos por Miguelito al que le encantaba cantar su «Drume negrita».

Es precisamente la musicalidad y el apego al son, una manifestación tan nuestra que ubica a Cuba en un lugar privilegiado en el mundo, lo que hizo a Guillén convertirse en un poeta popular querido y cantado por su pueblo. Ha sido el poeta iberoamericano más difundido a través de la música. Como poeta nació para ser musicalizado, tal es así que cuando aún no existían los *Motivos de son* publicados en la página «Ideales de una raza»,1930 de la edición

dominical del *Diario de la Marina*. Ya en 1923 se musicaliza su poema «El» por el músico dominicano Juan Pancho García.[34]
A la rumba, Nicolás Guillén, la hizo suya:

> *La rumba*
> *revuelve su música espesa,*
> *con un palo.*
> *Jengibre y canela...*
> *¡Malo!*
> *Malo, porque ahora vendrá el negro chulo*
> *con Fela.*
>
> *Pimienta de la cadera,*
> *grupa flexible y dorada:*
> *rumbera buena,*
> *rumbera mala.*
> *En el agua de tu bata*
> *todas mis ansias navegan:*
> *rumbera buena*
> *rumbera mala.*
>
> *Anhelo el de naufragar*
> *en ese mar tibio y hondo:*
> *¡fondo*
> *del mar!*
>
> *Trenza tu pie con la música*
> *el nudo que más aprieta;*
> *resaca de tela blanca*
> *sobre tu carne trigueña.*
>
> *Locura del bajo vientre,*
> *aliento de boca seca;*
> *el ron que se te ha espantado,*
> *y el pañuelo como riendas.*

94

---

[34] Luis César Núñez. *Canta tu son Nicolás*. (Inédito).

Ya te cogeré domada,
ya te veré bien sujeta,
cuando como ahora huyes,
hacia mi ternura vengas,
rumbera
buena;
o hacia mi ternura vayas,
rumbera
mala.

No ha de ser larga la espera,
rumbera
buena;
ni será eterna la bacha,
rumbera
mala;
te dolerá la cadera,
rumbera
buena;
cadera dura y sudada,
rumbera
mala…
¡Último
trago!
Quítate, córrete, vámonos…
¡Vamos!

A Miguelito Valdés aquello no le era ajeno, y también cantó los poemas musicalizados de Guillén, él se crió oyendo son del bueno y siempre supo valorar la belleza de las canciones de la trova santiaguera y la de los soneros como Piñeiro, a los cuales conoció y tanto admiró, de momento, no se sumaría al carro de la negritud en la música, seguiría con sus sones, danzones y guarachas, para él, lo negro no era moda, sino un modo de vivir que había aprendido junto a su hermano Chano, *además a qué tanto jaleo, no hay como la rumba de solar o el son cantado en el bar a pura guitarra con maraca y una buena botella de ron.*

Los Jóvenes del Cayo surgen como lo indica su nombre en la barriada de Cayo Hueso en 1926, en la calle San Rafael No. 224, entre San Francisco e Infanta, Domingo Vargas, fue su fundador, cantante, claves y director, junto a Andrés Abraldes, cantante y maracas; Armando Torriente, guitarra; Armando Díaz, tresista; Vilches, contrabajo y Blanco, bongosero, en 1931 sustituye a Vilches Miguelito Valdés, con dieciocho años de edad, en el contrabajo y haciendo la tercera voz hasta el año de 1933. Y es de admirar como mientras otros como el mismísimo Chano Pozo, les cuesta trabajo sobrevivir en el ambiente marginal sin una y otra vez violar la ley con trifulcas callejeras, drogas, etcétera; otros a través de la música, buscan una forma «decente» de ganarse la vida y mucho más en esos años tan convulsos del gobierno de Machado, algunas de las canciones que interpretan, se relacionan con el momento en que vive el país, tal cual lo hizo Grenet en su «Lamento cubano».

Por esa época, 1931 vivir en Cayo Hueso y ser conocido como cantante y músico le posibilita que su amigo Domingo Vargas, el director de este grupo le pide que sustituya al contrabajista Vilches en Los jóvenes del Cayo, también allí aprovechan sus cualidades como cantante, solía vérsele con el trabajoso instrumento al joven delgaducho. Y qué pasó con Chano, según Zamora:

(…) Chano tuvo que buscarse otras parejas para rumbear. Hay quien dice que en ese momento se fracturó la amistad entre ellos. En mi opinión Miguelito no lo incorporó a esa agrupación por la manera intranquila y al margen de la ley, que Chano manifestaba de continuo. Tanto es así que no tardó el adolescente en ser confinado en un reformatorio llamado Torrent, allá por Guanajay.

A los dieciocho años salió Chano del reformatorio y se puso a trabajar en lo que apareciera, lo mismo repartía periódicos que limpiaba zapatos como su padre, pero su obsesión seguía siendo la rumba. Eran los inicios de la década del 30 del siglo pasado y su figura comenzó a hacerse legendaria tocando su tambor quinto, al frente de las más connotadas comparsas de la capital cubana: la de su propio barrio Pueblo Nuevo, llamada El Barracón; La Sultana, de Colón; El Alacrán, del Cerro y La Jardinera, de Jesús María. También tocaba en solares y fiestas particulares. Tal fama había conseguido, que en 1937 fue llamado por el compositor y director Gilberto Valdés, para que se integrara a una orquesta sinfónica con la cual ofrecería unos conciertos en el Anfiteatro de La Habana. Poco después lo llamó Obdulio Morales para que formara parte de su orquesta Los Melódicos, que se presentaba en el Hotel Presidente y este mismo compositor y director lo llamó para que en 1938 fuera uno de los tamboreros de su revista musical llamada Batamú, presentada con mucho éxito en el Teatro Martí.[35]

97

Trabajó también Miguelito, con La Charanga de Ismael Díaz, la Orquesta Gris de Armando Valdés Torres, donde cantaba danzonetes y La Habana de Estanislao Serviá, con este músico matancero, seguiría cantando danzones, danzonetes y guarachas. En Entrevista concedida a Don Galaor, Miguelito;

Mi verdadera carrera de cantante empezó con la orquesta de Ismael Díaz, famoso, allá por el año 30.

---

35. Bladimir Zamora. *Ob.cit.*

Con esta Orquesta empecé a cantar también por radio. (…) Déjame recordar. Dejé a Ismael Díaz e ingresé en la orquesta "Habana". Después fundé con Armando Valdés Torres la orquesta "Gris". Después canté con María Teresa Vera… En el año 34 me fui a Panamá con una guerrilla de músicos cubanos. De regreso, me pasé tres años con Los Hermanos Castro… Y después… –Don Galaor interrumpe a Miguelito y le apunta: y después fundó usted con Pórtela y Sacasas la "Habana Casino".[36]

Como es lógico, el propio Miguelito se confunde y a veces no coinciden sus declaraciones con las fechas reales en las que participó en estas agrupaciones, lo cierto es la experiencia que fue ganando en cada una de ellas.

Orquesta Hermanos Castro. Miguelito Valdés (de derecha a izquierda, tercero en la linea) Foto: Archivo personal de Manolo Castro(libro Orquesta Hermanos Castro. La escuelita*)*

Pero la situación era insostenible, la mayoría de los artistas, entre ellos el propio Eliseo Grenet, tienen que abandonar el país. En el 1931, Ernesto Lecuona, quien sería el compositor más universal nuestro, regresa a México, lo acompañan entre otros, su hermana

---

[36.] Don Galaor. «Miguelito Valdés va a filmar con Cantinflas». *Bohemia*, abril de 1943.

Ernestina. En el treinta y tres saldrían hacia ese hermano país, Rita Montaner, tal vez la artista más famosa de esos momentos e Ignacio Villa, Bola de Nieve.

El 12 de agosto de 1933, cae Machado, pero Cuba estaba maltrecha y muchos de sus mejores hijos estaban en el extranjero, ofreciendo su arte y ganándose la vida.

99

Orquesta Hermanos Castro. Miguelito Valdés (con tumbadora). Foto: Archivo personal de Manolo Castro (libro Orquesta Hermanos Castro. La escuelita*)*

Miguelito Valdés con la Casino de la Playa. Foto: Cortesía de Jaime Jaramillo

PANAMÁ, DESPERTAR DE TAMBORES

El Hombre Aparecido
Víctor Cava

Allá en el camino real
Hay un hombre aparecido.
En el camino se aparece
Ese hombre es tu marido.

Allá en el camino real
Hay un hombre aparecido
En las montañas de las flores
Hay un hombre aparecido

Cuando Miguel Ángel aparece en Panamá en 1933, ya mostraba el centroamericano país el canal interoceánico que lo haría famoso, Francia lo había empezado a construir en 1879 y Estados Unidos lo concluyó en 1914, con el aporte doloroso de mano de obra barata, como la de los barbadenses, entre ellos mi abuelo Juan Carrington, pero esa es una historia que algún día escribiré.

Mucho antes, el lugar era utilizado por España como ruta comercial y era conocido por el Camino real de Panamá, hasta 1851, año en el que se abolió la esclavitud. Panamá tiene mucha semejanza con Cuba, su lengua oficial es el español y su población está compuesta por indios, blancos y negros.

En el año 1934 Miguelito fue invitado a participar en los carnavales, el origen de esta festividad se remonta a la época de la colonia. Los habitantes se disfrazaban de soldados, conquistadores, esclavos e indios. Como en todo carnaval que se respete además de los disfraces, existen la reina del carnaval y comparsas callejeras. La música una vez más actúa como vaso comunicante y hermana a este país centroamericano con nuestra isla. Hoy uno de los exponentes más respetados en la cultura panameña es Rubén Blades, cuyo apellido materno es Bellido Luna, descendiente del periodista cubano Juan Bellido Luna,[37] de quien heredó esa forma de hacer crónica social convertida en canciones. Blades es hijo de una cubana, Anoland Bellido de Luna, en un artículo Rosa Marquetti, en su *blog Desmemoriados*, escribe:

Breves años cubanos de Anoland Díaz

[…]

Acerca de su nacimiento y familia, el musicógrafo e investigador colombiano Sergio Santana aporta los siguientes datos: nacida Anolan Bellido de Luna y Caramés, en el ultramarino pueblo de Regla, en La Habana, en 1927, su padre Louis Bellido de Luna Reinee, de Nueva Orleans marchó a Cuba, a luchar en la Guerra Hispano-Cubano-Americana a finales del siglo XIX (Le gustó el país y decidió quedarse),[38]casándose en terceras nupcias con Carmen Caramés, natural de Galicia y con quien tendría 22 hijos, entre ellos, Anoland.

102

El padre de Anoland nació en los Estados Unidos porque como se explica en la anterior nota al pie, su familia se encontraba en el exilio a causa de su lucha por la independencia de Cuba, era hijo de Antonio, el hermano de Juan y como casi toda la familia, estaba comprometido con la causa revolucionaria, no fue que le gustó el país, sino que era de origen cubano. Seguimos con la cita de Rosa Marquetti.
[…]
Cuando Amado Trinidad Velazco decide crear la RHC Cadena Azul e irrumpe en el medio radial cubano el 1 de abril de 1940 con un empuje no visto, con prisa y sin pausa va a por los mejores músicos y artistas, y entre los

[37] Juan Bellido Luna escribió una hoja clandestina llamada La voz del pueblo cubano, y en él ridiculizó al gobernador de la Isla Don Valentín Cañedo, a quien el pueblo le decía El General Salchicha, pues una de las primeras medidas que tomó: "Que en lo sucesivo se mataran los perros con salchichas envenenadas". Publicar aquel artículo en aquellos tiempos de censura era una tarea bien difícil. Un amigo de Bellido, Jon S. Thrasher, que estaba preso en el Castillo de La Punta, le recomendó que fuera a Regla a ver al periodista Eduardo Facciolo. Durante cincuenta años se mantuvo apoyando la independencia de Cuba, aunque en un inicio perteneció al partido anexionista.
[38] Nota de la autora del libro.

emergentes, los más prometedores, la mayoría de ellos con contratos con otras radioemisoras como CMQ. Les ofrece jugosos contratos y logra llevarlos al cuadro artístico-musical de la RHC Cadena Azul. Entre ellos está Anoland Díaz, hasta ese momento, artista de CMQ.

(…)

Para diciembre de 1941, Anoland junto a su hermana Lina era anunciada como el Dúo Cuba, artista exclusivo de los programas auspiciados por Trinidad y Hermanos e integrando la extravagante caravana de Amado Trinidad y la RHC Cadena Azul que se presentaría durante ese mes en los teatros Iriondo (Ciego de Avila), Principal (Camagüey), Infante (Holguín) y Oriente (Santiago de Cuba como parte de un elenco encabezado por la orquesta Havana Casino dirigida en esta ocasión por Gilberto Valdés, el Conjunto Vocal Siboney (con Isolina Carrillo, Olga Guillot, Marcelino Guerra Rapindey y Facundo Rivero, entre otros), Las Marvel Sisters, Reynaldo Henríquez, Rita María Rivero, Tomasita Núñez, Alfredito Valdés, Joseíto Núñez, Alfredito León, Chano Pozo, Adolfo Guzmán y la orquesta típica argentina Los Románticos Gauchos, la norteamericana Eleanor House, entre muchos otros.

(….)

No encontramos más noticias sobre Anoland y su vida musical hasta que el 10 de marzo de 1943 y tras la compra por el Partido Socialista Popular de la veterana Radio Lavín, se produce la inauguración de otra radioemisora que hizo mucho por la cultura nacional y por la cual pasaron la mayoría de los más prominentes nombres en la música y el arte en Cuba: la Mil Diez. Según refiere Oscar Luis López, historiador de la radio cubana, en su obra *La radio en Cuba*, Anoland Díaz fue una de las cantantes de planta, junto a nombres rotundos como los de Celia Cruz, Olga Guillot, Elena Burke, María Cervantes, Aurora Lincheta, Tomasita Núñez, Matilde Camejo, Estela Rodríguez —la hermana de Arsenio—, Alba Marina, Zoila Gálvez, Chiquita Serrano, Margarita

Díaz; y entre los hombres, Miguelito Valdés, Miguel de Gonzalo, Bienvenido León, Alfredo León, Orlado Guerra Cascarita, Zephir Palma y muchos otros.

(…)

Según el periodista Daniel Domínguez, Anoland llegó a Panamá en 1947, tenía entonces 19 años. Aunque algunas fuentes indican que Anoland viajó con su familia para radicarse en Panamá, Domínguez pone en boca de Rubén Blades lo siguiente, referido a este hecho: «Abandonó su hogar porque no soportaba la situación familiar que vivía allá». Y es muy probable que así haya sido, teniendo en cuenta la numerosísima familia que habían creado los padres de Anoland.

La anterior cita nos ayuda a corroborar el ambiente artístico de aquellos años, donde imperaban figuras muy cercanas a Miguelito como Chano Pozo, Olga Guillot, y Rita Montaner, Miguelito venía a Cuba esporádicamente, ya fuera invitado por Amado Trinidad o más tarde por la emisora Mil Diez, así que debió coincidir con Anoland durante sus visitas a La Habana, lo que sí es seguro es del gusto de la madre de Blades por la música de la orquesta Casino de la playa, el cantante panameño ha afirmado que se crió oyendo los discos de esta orquesta, siendo Miguelito Valdés, el cantante de más fama entre los que pasaron por esta agrupación y su éxito en muchos países, entre ellos Panamá, se puede afirmar que creció oyendo a Miguelito Valdés.

Es importante resaltar la influencia que ejerce la música panameña en Míster Babalú, destacándose la de origen africano como el tamborito, una de las más representativas para los panameños, donde el cantante sale acompañado de tambores y de un coro que alegraba las fiestas patronales de los pueblos de provincia —esta imagen nos recuerda a un Miguelito, tocando su tambor y cantando entre el público, unos años más tarde.

Ya por aquellos años, creadores como Ernesto Lecuona habían visitado el país, los ritmos cubanos se escuchaba mucho en Panamá, el bolero, los danzones y el son tuvieron mucho éxito y esto fue otro motivo que ayudó a aclimatarse al muchacho de Cayo Hueso. Como si fueran pocas las semejanzas con la cultura musical de

Cuba, también a Panamá fueron llevados los congos, concentrados fundamentalmente en Costa Arriba y Costa Debajo de la provincia de Colón, su baile *congo* es el ritmo más antiguo del país y su danza es erótica y violenta, algo teatral como nuestro guaguancó. De Panamá es también el *bullerengue* donde el hombre trata de dominar a la mujer besándola pero sin dudas el que más se acerca a nuestras raíces es la: *tamborera* creado por el músico panameño Ricardo Fábrega durante la primera mitad del siglo xx, nacido del tamborito y la cumbia panameña mezclado con el son y danzón cubano: baste nombrar estos tres clásicos: «Guararé», «La Cocaleca» y el «Tambor de la alegría», conocidos por nosotros los cubanos.

En la difusión de estos géneros cubanos que plantaron la semilla para el surgimiento de la *tamborera*, está la labor de Ernesto Lecuona, Miguelito Valdés y muchos otros que durante años aportaron y asimilaron elementos rítmicos de ese hermoso país.

Es justo señalar que en esta época comienza a formarse la génesis estilística que caracterizaría a nuestro Miguelito Valdés.

El Tambor de La Alegría

Panameño, panameño,
panameño de mi vida,
yo quiero que tú me lleves
al tambor de la alegría.
De una parte mar de espejos,
de otra, serranía,
y partiéndonos la noche
el tambor de la alegría
Donde es bosque de quebracho,
panamá y especiería,
apuñala de pasión
el tambor de la alegría
Emboscado silbador,
cebo de la hechicería,
guiño de la media noche,
panameña idolatría

Los muñones son caoba
y la piel venadería,
y más loco a cada tumbo
el tambor de la alegría
Jadeante como pecho
que las sierras subiría.
¡Y la noche que se funde
el tambor de la alegría!
Vamos donde tú nos quieres,
que era donde nos querías,
embozado de las greñas,
tamborito de alegría
Danza de la gente roja,
fiebre de la panamería,
vamos como quien se acuerda
al tambor de la alegría
Como el niño que en el sueño
a su madre encontraría,
vamos a la leche roja
del tambor de la alegría
Mar pirata, mar fenício
nos robó a la paganía,
y nos roba al robador
el tambor de la alegría
¡Vamos por ningún sendero,
que el sendero sobraría,
por el tumbo y el jadeo
del tambor de la alegría!

El son y el danzón con nuevos ropajes y nuevas voces, nos entregan esta antológica tamborera, historia que debe ser estudiada con profundidad, como también en ese proceso de asimilación cultural se encuentra la creación a mitad de siglo de la murga más asociada a nuestra conga, la cual era ejecutada por músicos callejeros y fue creada por el músico Manuel Consuegra Gómez, mucho después vendría el reconocimiento internacional con el tema «La murga de Panamá», de la autoría de Héctor Lavoe y Willie Colón, Rubén Blades y Oscar De León y la salsa.

Por aquellos años, nuestro ídolo canta durante una temporada entre 1933 y 1936 con el trompetista Remberto Lara, el chino quien hiciera parte de la orquesta de Julio Cueva, trompetista y compositor cubano, actuando inicialmente ambos en los carnavales, con la orquesta de los Hermanos Fernández creada para la ocasión. Terminado el contrato, trabajó en el restaurante El Moderno Cubano, luego actuó durante una temporada con la orquesta del pianista panameño Luis Enrique Azcárraga Deliot, Lucho Azcárraga, con la cual logra darse a conocer en varios escenarios panameños y costearse su regreso a Cuba.

Miguelito era aún muy joven cuando conoció a Vera Elizabeht Eskildsen, tenía una de esa belleza singulares en la que se unen los rasgos europeos a los indígenas, era hija de un diplomático Belga y por ende pertenecía a la alta burguesía en Panamá, solo exponer estos datos fríos dicen mucho de esta unión , por supuesto que los padres de la muchacha no la aceptaron, cómo dejar que la refinada dama, criada para casarse con un norteño de piel clara o con un panameño pudiente se comprometiera con un músico cubano buscavidas. Pero pudo más el amor y cuando en 1936, Miguel regresa a Cuba, trae consigo a la novia con la que se casaría, según Oropesa el 17 de octubre de 1936: «ante el notario del Registro Civil del Este, Licenciado Ricardo Ernesto Viurrum Roca, bajo el Acta número 158 del Tomo 52 y Folio 163 de la sección segunda».[39] Tuvieron un hijo a quien llamaron Juan Miguel.

El amor de Miguelito por el país centroamericano quedaría tatuado en un disco que realizó bajo el título:

Miguelito canta a Panamá. Miguelito Valdés, vocals; Orquesta 11 de Octubre de la Guardia nacional Panameña; Víctor Paz, director. Mericana Record Corp. XMX-145, Año 1977.

Lado A: 1. *Pot-pourri panameño* / p.d. (4:13) 2. *Taboga* / Ricardo Fabrega (3:06) 3. *Guarare* / Ricardo Fábrega 4. *Sonar* / Chino Hassan (2:25) Lado B: 5. *Mi cholo no quiere chola* / *Chino Hassan* (2:41) 6. *Panamá viejo* / Ricardo Fábrega (3:27) 7. *Cocaleca* / Víctor Cavalli, Marlu Cajar (2:49) 8. *Mi último bolero* / Chino Hassan (2:53) 9. *Historia de un amor* / Carlos Eleta Alamarán (2:42).

[39.] Ricardo Oropesa. *Ob.Cit.*

Miguelito Valdés. Diario, *15 de febrero, 1965. Panamá*

En Panamá, una bisnieta de Miguelito sigue los pasos en la música:

Sofía Valdés, una cantante y compositora de 20 años nacida y criada en Panamá, crea el tipo de música pop emocionalmente honesta y hermosamente original que solo podría provenir de años de exploración. Después de aprender a tocar la guitarra a los ocho años y escribir su primera canción a los 13, la artista de mentalidad independiente perfeccionó su oficio al estudiar en escuelas de bellas artes en los EE. UU. Y el Reino Unido, y al construir un vocabulario sónico ecléctico basado en todo Folk británico y bossa nova a Motown de los sesenta y soul de los setenta. En su EP debut Ventura, Valdés alquimiza esas inspiraciones en un sonido propio, adornando cada pista con su composición indeleble y su voz seductora.
Con sus melodías trascendentes y ritmos cambiantes, Ventura es una elegante introducción a la vibrante musicalidad que muy bien puede estar en la sangre de Valdés: su bisabuelo fue el legendario músico cubano Miguelito Valdés, y su tatarabuela fue Silvia De Grasse (una afamada Cantante panameña que alguna vez actuó con Louis Armstrong). Cuando era niña, Valdés descubrió su talento musical después de que un terapeuta le sugirió que tomara la guitarra para ayudar con su coordinación y concentración (...). [40]

[40.] https://americansongwriter.com/bringin-it-backwards-interview-with-sofia-valdes/

CASINO DE LA PLAYA ALGO PARA RECORDAR...

El 8 de agosto de 1919, Mario García Menocal, promulgó la Ley del Turismo, la cual legaliza el juego en Cuba. En el recién construido Casino de la Playa, sitio ideal para el divertimento de las clases adineradas, se puede disfrutar de restaurantes, baile, juego, las mujeres y el alcohol, etcétera. Este palacete se construyó con paredes de maderas, revestidas en su interior con yeso, macilla y cubierta ligera de tejas planas, el nombre del arquitecto es Rafael Goyeneche. En 1921 se le agrega la escultura *La danza de las horas,* conocida después como *La fuente de las musas,* destaca la sensualidad de las ocho bailarinas que danzan alrededor de la fuente, una obra del italiano Aldo Gamba que se convertiría con el tiempo en símbolo del que a la larga sería el cabaret más famoso de Cuba y uno de los mejores del mundo: Tropicana.

En 1922, reabre sus puertas el Casino de la Playa, después de haber sido cerrado para realizar tareas de mantenimiento y reformas por sus solventes dueños norteamericanos, lo convierten en uno de los sitios más lujosos del país. No obstante, en 1929, se vuelve a remodelar el suntuoso lugar, al que esta vez se le agrega un gran arco palladiano, el que le da un toque clasicista.

Como afirmamos en un inicio, la Primera Guerra Mundial, a pesar de desarrollarse en lugares muy lejanos de Cuba, tuvo gran repercusión en el país, no solo en la economía. Nos interesa comentar el surgimiento de zonas de entretenimiento como casinos y cabarets a partir de la implementación en los Estados Unidos, allá por los años veinte de la controvertida Ley Seca que ilegalizaba las bebidas alcohólicas en ese país, esta prohibición, que se extendió hasta el 1939, permitió el desarrollo y fortalecimiento de la mafia. Cuba era el lugar ideal, por su cercanía geográfica para el contrabando de este producto y también para que los que buscaban diversiones.

En los primeros años del treinta, la bohemia habanera se había trasladado a las playas de Marianao, allí existían bares, cabarets de poca monta, kioscos, donde no faltaba la música durante toda la noche; La Choricera, El Niche, Rumba Palace, Los tres Hermanos. Muchos artistas, entre ellos Miguelito, Chano, Benny Moré… frecuentaron estos sitios donde reinaban la rumba y el son.

Otros cabarets que existen en la «divertida» Habana son: El Infierno, Chateau Madrid, el Jiggs, Tokio, Miami, Kursal, Royal, Edén Concert (luego Zombie Club), Ali Bar, Las Vegas, El Sierra, Pennsylvania, el Jockey Club, Country Club Park, Summer Casino, o el Montmartre (antes Molino Rojo) sumados a fastuosos salones habilitados en Hoteles como el Nacional o el Presidente, en el centro del Vedado pero queremos destacar el Sans Souci que se encontraba en el Marianao de aquellos años, una quinta colonial entre la Lisa y Arroyo Arenas. Tenía como novedad su vegetación exuberante que permitía presentar *show* al aire libre, antecedente de lo que sucedería en Tropicana, un centro donde brillarían artistas como: Ernesto Lecuona y Rolando Laserie. Miguelito y la música afrocubana estarían siempre de fiesta. Se inauguró poco después de finalizada la Primera Guerra Mundial. Su arquitectura no tenía las pretensiones del Casino de la playa, era un lugar mucho más práctico para su propósito: brindar música y juego.

Miguelito regresó a La Habana de Panamá revitalizado, con esa energía positiva que solo da el amor. Había vivido casi cuatro años en Panamá, bebido de su música, compartió con su gente. Ya no era un adolescente, pronto sería padre.

Pero esto no detendría su andar bohemio, sus reiteradas visitas a la Playa de Marianao, así lo prueban, allí conocería a un excéntrico musical Silvano Sheug, el Chory, toda una institución de la percusión. Aquel músico tenía el poder de trasladar al auditorio a África, solía decir «se armó la choricera», y «*Se acabó la choricera /Bongó camará/Un chorizo solo queda/Bongó camará*». Su extravagante firma, estampada en las paredes habaneras, lo convierte en uno de los primeros grafiteros del país. Nadie sabe dónde hubiese llegado de haber aceptado la invitación de figuras como Marlon Brando que lo convidaron a irse a los Estados Unidos. Su forma de actuar, era algo alocada, como quien está poseso, saca el ritmo de sartenes y botellas a medio rellenar, su sangre santiaguera y sus manos hacen malabares con el timbal, su estilo influyó en músicos como Tito Puentes, Willy Rosario y El niño Rivera, también vemos esa influencia en el *showman* que se convertiría nuestro Valdés, quien años más tarde trabajó en el *show* del cabaret Sans Souci, junto a este virtuoso de la percusión y a la sin par Merceditas Valdés, acaparando cintillos de elogio en los periódicos de la época.

De vuelta al barrio Miguel Ángel converge con sus amigos Marcelino Guerra, Rapindey y Julio Blanco Leonar y forman el trío Occidente, otra vez Prado, el deambular por diversos bares y cantinas de la ciudad propició el contacto con otras orquestas y músicos, todo esto provoca un cambio en su vida muy grande y sería por supuesto a través de la música.

113

Manolo Castro con algunos integrantes de la Orquesta Hermanos Castro. Miguelito Valdés (segundo de derecha a izquierda). Foto: Archivo personal de Manolo Castro (libro Orquesta Hermanos Castro. La escuelita*)*

Se incorpora a la Orquesta Hermanos Castro —fundada por Manuel y sus hermanos Antonio, Juan y Andrés—, una del más solicitado *jazz bands* cubanas de la época.

La agrupación de los Hermanos estaba integrada por Manolo (saxo y dirección) Antonio (trombón) Juan (piano) Andrés (trompeta); incluyó en su repertorio temas de Arsenio de corte afro, por la insistencia del propio Miguelito, quien conoció al Maravilloso, en su barrio de Cayo Hueso y quedó impresionado por sus composiciones que siempre quiso interpretar y ahora lo facilitaban, los arreglos del pianista Anselmo Sacasas a la orquesta. Es muy provechoso este periodo para él, ya que compartiría escenario con lo mejor del mundo del espectáculo en Cuba, acompañado del tenor René Cabell y visitaría espacios como el elegante Casino de la Playa, alternaban sus presentaciones allí con los salones del Hotel Nacional, las reuniones vespertinas del Casino Deportivo, en el residencial Palatino, cualquier sociedad española que solicitara sus servicios, además, la agrupación le dio la oportunidad a nuestro joven de darse a conocer en la radio pero esta unión musical duraría hasta 1936. El Casino de la playa necesitaba una orquesta exclusiva para satisfacer su exquisita clientela y algunos integrantes de Los Hermanos Castro como: Guillermo Portela, Liduvino Pereira y Walfredo de los Reyes, ven una oportunidad única y fundan la orquesta Casino de la Playa.

Miguelito Valdés con la Casino de la Playa, 1938. Cortesía de Mayito Valdés

Junto a Sacasas forman la espectacular: Alfredo Sáenz, saxofón tenor solista, Evelio González y Liduvino Pereira en los saxos, Luis Rubio en la trompeta, Ernesto Vega en las cuerdas y percusión menor, Antonio Unésimo González en el contrabajo y José Manuel Peña en el trombón. Ernesto de la Vega, maracas y guitarra, Luis Suao, *drums* Miguelito Valdés, cantante; Anselmo Sacasas, pianista; quedando designado como director Guillermo Pórtela y como administrador económico Miguelito Valdés.

La agrupación, entró en el panorama de la música cubana con el pie derecho, aunque en realidad parte de esa suerte se le debe además de a los arreglos de Sacasas al piano, a las interpretaciones de Miguelito, que ya despunta como un *showman* con todas las características del hombre que además de tocar varios instrumentos es capaz de levantar al público a ritmo de tambor y hacerse seguir por los bailadores. Todo esto formó parte de un proceso de sedimentación y apropiación estilística, el cual se inició en Cayo Hueso, donde asimiló todo un legado cultural popular, que fue agrandando a través de su paso por diversos escenarios y que ya anuncia con Los Hermanos Castro.

Hay un antes y un después de Miguelito en cuanto a espectáculo artístico en cabaret y eso empezó con la orquesta Casino de la playa. Se puede afirmar también que el joven se ha refinado y se convierte en uno de esos músicos de traje y chaqueta a los que se les abre las puertas de la alta sociedad habanera. El Casino de la Playa era un centro nocturno exclusivo adonde no podrían entrar sus amigos negros de Cayo Hueso.

A pesar del cambio operado en su vida y aunque estaba un poco alejado de su amigo Chano, quien no salía de una trifulca para entrar en otra, su mente, de vez en cuando volaba al solar de África y de nuevo compartía una rumba de cajón con su hermano.

Miguelito Valdés con la Casino de la Playa,La Habana 1940's. Cortesía de Mayito Valdés

Corría el año 1936 y la Orquesta Casino de la Playa llegaba a Panamá procedente de la Habana. Recordemos los lazos creados por nuestro Valdés, su administrador, en el país Centroamericano, donde incorpora elementos autóctonos de su cultura. La llegada de la orquesta, acapara cintillos en la prensa. Ya era conocida allí la música de Ernesto Lecuona. Años más tarde, la Orquesta Aragón, también haría su primera presentación fuera de Cuba, en 1956 en Panamá.

Miguel se sintió realizado cuando por vez primera puede grabar en 1937, una composición suya, «Dolor Cobarde»:

> *El ocaso llega, el agua dormita,*
> *hay en el ambiente silencio de Ermita,*
> *la tarde esta triste porque estoy sin ti,*
> *y llora mi alma porque te perdí.*
> *Toda la tristeza flota en mi existir,*
> *dándole a mi vida ansias de morir,*
> *y apura la droga del dolor cobarde,*
> *para seguir soñando con la tarde,*
> *para seguir soñando con la tarde.*
> *La tristeza flota en mi existir,*
> *llora mi alma porque te perdí (coro)*

A pesar de la sencillez de la letra, hay momentos de un lirismo destacable como cuando dice: *y apura la droga del dolor cobarde, para seguir soñando con la tarde.* Miguelito Valdés confesó a Don Galaor, periodista de la Revista *Bohemia*, en febrero de 1939.[41]

"–¿Cómo compone usted sus números?"
"–Muy fácil. Primero hago la letra. Yo me inspiro en la letra y después en mi guitarra voy buscándole la melodía. Procuro sea una melodía pegajosa. Ahí está el secreto de que se popularice pronto".

Sabía que muchos lo trataban con hipocresía por considerarlo un mulato y en el barrio pensaron que por su matrimonio con la blanca y fina panameña y su nuevo trabajo, ya no sería el mismo de

---

[41] Don Galaor: «Con Miguelito Valdés baila todo el Mundo la Conga». *Bohemia*, Año 31, vol. 31, No. 6, pp. 24-25-26 y 50, La Habana, 5 de febrero de 1939.

antes. Nada más alejado de la verdad, Miguel tenía un plan y estaba ligado a su hermano Chano, a su época de comparseros, a Arsenio, Ignacio Piñeiro, los amigos del barrio, tenía un compromiso con la música que había crecido, que hacía fluir su sangre a ritmo de tambor, una venganza musical.

El 6 de junio de 1938, se produce el preestreno de la película *Sucedió en La Habana* en la radio y el cine, estrenada exactamente un mes después, el 6 de julio de 1938, en la hoy llamada Casa de la Música de La Habana, en Galiano y Neptuno, con la presencia de los actores y músicos participantes. El periodista Ramón Fajardo Estrada, describe así el encuentro de Miguelito y Rita: «Imposible olvidar los abrazos de Miguelito Valdés, el cantante que desde los primeros pasos que lo conducen a la fama en Cuba y los Estados Unidos siente una desmedida admiración hacia ella». Resaltar que Miguelito Valdés, en ese momento, todavía no había visitado los Estados Unidos, tuvo el privilegio de que su composición musical «Loco de amor», dedicada a su esposa Vera Elizabeth Eskildsen Tejada, fuera grabada por la orquesta Casino de la Playa e incluida entre los temas interpretados en la película.

Loco de amor (bolero)
(Miguelito Valdés, 1938)

Es tan grande mi amor, que tengo celos,
tengo celos de quererte y adorarte,
y de pensar en lo mucho que te quiero.
En vez de quererte quisiera odiarte,
quisiera odiarte para entonces quererte,
y no tener celos de tanto adorarte,
para que fuera tan sólo la muerte,
la que me impida o pudiera separarte.

Ya había conocido en su Cayo Hueso a un músico extraordinario, quien sería en el futuro considerado padre del son y la salsa y hasta creador del mambo: Arsenio Rodríguez, con la Orquesta de Los Hermanos Castro, le había grabado los primeros números pero es en 1937, cuando en realidad nace una colaboración musical que durará para siempre y esto sería con la grabación para el sello RCA Victor en junio, de varias piensas, entre ellas «Bruca maniguá», que se convirtió en una de sus preferidas que cantaría a lo largo de toda su carrera.

Matanzas la tierra del *danzón* y el *guaguancó*, sería también la cuna de Arsenio Rodríguez, quien nace un 30 de agosto de 1911. Su origen campesino lo acercaría a un instrumento, rey de los campos cubanos: el tres y su sangre africana al tambor, el cual aprendería a tocar escuchando a Cesáreo, Malanga, Mulence, Roncona, Tanganica o Andrea Baró, el son lo llevaría a aprender a tocar marimbula, botija, guitarra y bajo.

En busca de mejor fortuna, la familia abandona el campo y viene a la ciudad. Llegaría a La Habana con el ciclón de 1926, que azotara la parte occidental de Cuba. Se traslada, a Marianao, al barrio de Los Quemaos y Arsenio comienza a tocar en pequeños grupos, junto algunos de sus hermanos. Muy joven aún forma el Sexteto Boston, donde actuaban, Serafín Terry, el Mapi, vecino suyo de Güines, su primo Jacinto Scull, como voz líder y su hermano mayor Julio, tocando el bajo, pero era muy difícil en esa época mantener un grupo musical con todo el aparataje que representan los ensayos, buscar localidades para actuar, la compra y mantenimiento de instrumento y el lidiar con caracteres diferentes, pronto se disuelve y pasa al Septeto Bellamar donde era trompetista y director su tío político José Interian, el resto lo componían, su primo Esteban Regueira (guitarra y voz 2da) Luís Regatillo (bajo) Mario Carballo (bongó) y en las voces Manuel Manrique, Moro y José Ramón Ortiz.

José Interian ya había grabado con el Septeto Habanero, recordemos la relación de Miguelito en este grupo y conocía a personas muy influyentes en la industria del disco y a principios de la década del treinta, su obra llegó al acetato a través de figuras como Antonio Machín quien, en 1935, en New York grabó sus temas «Flor perfumada», «No te he mentido Aida», «Amargos sufrimientos», «No vuelvas por aquí» y «Pobre mi Cuba».

No es hasta 1937, que Miguelito graba ya junto a la orquesta Casino de la Playa, el son/afro «Bruca Maniguá» de inmediato se convierte en un éxito y ya para diciembre del propio año es llevada al acetato también por Alfredito Valdés, en New York, junto a la orquesta del maestro Xavier Cugat, lo que imitaría Panchito Rizet acompañado por el cuarteto Caney. Destaca la letra de este tema, por su profundidad en cuanto a reflejar la condición del negro, la cual no había cambiado mucho en la república. Habla de la libertad y solapadamente como lo indica su título, incita a un cambio.

Bruca maniguá (afro)

Soy carabalí negro de nación
Sin la liberta no pueo vivi
Mundele caba, con mi corazón
Tanto maltrata cuerpo va ufilí
Coro. Tundele cundá mundé
Siempre ta maltrata
Eta po mucho que lon dinga
Siempre ta gurucha
Ya neme caba la fió te guirí
(Estribillo). Chechele bruca maniguá ae...

Muchos años después, dos meses antes de morir, el Ciego Maravilloso dialoga con el periodista barranquillero José Luis Logreyra, para la cadena radial colombiana Caracol y aporta datos muy esclarecedores sobre su relación con Miguelito en estos años.[42]

[...]
José Luis Logreyra: (risas). Muy bien Arsenio. Bueno, yo quisiera que empezáramos la entrevista por aquella temporada maravillosa de los discos que se grababan antes de que existiera la magia del *Long play*. Cuando se grababan los discos en 78, Arsenio.
Arsenio Rodríguez: Oh, sí, yo puedo hablarte mucho de eso porque llevo tiempo grabando ¿No? Yo empecé a grabar en la Victor como en el 39, así que yo hice, o séase con mi orquesta empecé en el 39, porque con

42. Jairo Grijalba. *El corsario negro de La Chambelona*. Editorial UnosOtrosEdiciones. Miami.

Miguel grabé en el 36, un disco que se llamaba "Se va el caramelo", y otro que se llamaba…" Se va el caramelo", ¿y qué otra cosa hermano, hice con Miguel?... Y "Se va el manguero".

José Luis Logreyra: Oh, "Se va en manguero", si me acuerdo. ¿Bueno, eso no fue grabado con la Casino de la Playa?

Arsenio Rodríguez: Con la Casino de la Playa.

José Luis Logreyra: Cuando era Sacasas el pianista de la Casino la Playa…

Arsenio Rodríguez: Y el arreglista…

José Luis Logreyra: Y también era otro de los arreglistas Guillermo Portela ¿No?

Arsenio Rodríguez: Si, no, Guillermo Portela era el director, pero el que hacía todos los arreglos era Sacasas.

José Luis Logreyra: Ah, Sacasas…

Arsenio Rodríguez: Precisamente cuando yo empecé a enseñarle a Miguelito…, porque yo me enamoré de la voz de Miguel. Miguel era cantante de una música que se llamaba danzonete… Y yo oí esa voz y dije: -Esta voz me sirve para el afro cubano eh.

José Luis Logreyra: Así fue que me entró Miguelito Valdés a la interpretación de "Bruca maniguá", ¿Es cierto?

Arsenio Rodríguez: Si, él no cantaba esas cosas. Yo tuve que enseñarle a él eso para que él lo dijera, porque él lo que tenía es, como es natural la madera ¿No? Él tenía muy buena voz. Que la tiene todavía.

José Luis Logreyra: Si, la tiene, sigue teniendo. Miguelito sigue siendo el hombre grande todo el tiempo.

Arsenio Rodríguez: Si, y cuando yo oí esa voz cantando…, precisamente el día que me enamoré de su voz estaba cantando una cosa de Agustín Lara que decía: "Noche tibia y callada de Veracruz…

José Luis Logreyra: Risas.

Arsenio Rodríguez: Yo oí esa voz así y dije: -esta es la voz que necesito yo…

José Luis Logreyra: Ajá.

En abril de 1938 haciendo honor a las comparsas de su infancia, Miguelito graba las congas «Mi comparsa» y «Los componedores», tema musical de «Los componedores de batea». Otras piezas suyas que se graban ese año son la guaracha «Mi tambó», difundido en 1938, con la RCA Víctor.

Oh! Mi tambor (guaguancó)

A la negrita Cachita, yo no sé qué le dá,
que ella sola se invita, cuando yo salgo a bailar.

Es que mi rumba sabrosa, no tiene comparación,
esa rumba es una cosa, mira mamá, que me arranca
el corazón.
Hay que llevarlo en la sangre, como la llevo yo señores,
Ya mi cuerpo está que arde, porque suenen los
tambores.
Hay que llevarlo en la sangre, como la llevo yo señores,
Ya mi cuerpo está que arde, porque suene los
tambores,
tambó! Oh! Mi tambó, oh! Mi tambó. (Coro)
Que tátó mundo llorando, como resuena el bongó.

Oh! Mi tambó, oh! Mi tambó. (Coro)
La negrona de mi vida, que resuene el tambor.

Oh! Mi tambó, oh! Mi tambó. (Coro)
Como suena, mamá linda!, como resuena el bongó.
Oh! Mi tambó, oh! Mi tambó. (Coro)
Ah la rinda!, Ah la rinda! Tambor!

El bolero «Loco de amor» y la conga «Los venecianos». Recordemos el capítulo de La conga y sirvan estas grabaciones para reafirmar lo anunciado, Miguelito dio importancia trascendental a este género que era del gusto de la aristocracia cubana a los que le gustaba arrollar en sus salones de lujo, una moda que primero se impuso en París y después en La Habana, como pasaría con otros géneros como el mambo que primero se impuso en México.

En mi 1938 se crea la comparsa de los Dandy que desfila por Prado y allí estaban muchos de sus amigos del barrio Belén y de Cayo Hueso como sus iniciadores Julio Lastra y Miguel Chappottín, Miguelito fue uno de los contribuyentes que ayudó a recolectar dinero para el vestuario.

Una vez más la radio, permite la magia de que la voz de Miguelito se escuche no solo en todo el país. La Casino de la Playa de lunes a sábado a las 12 y 30 tenía un espacio fijo de una hora de duración en la emisora radial Cadena Crusellas.

La RCV solamente en el año 1938, difunde treinta grabaciones, entre las que se destacan pregones, guaguancós, congas, afrosones, boleros, guarachas, en las que se evidencia la versatilidad de nuestro Valdés.

El binomio Miguelito-Arsenio, seguiría produciendo números que interpretados por la Orquesta Casino de la Playa cultivaron muchos éxitos, casi todos ellos aludiendo a la música afrocubana, en 1938, «Adiós África» y en 1940,«Como le gusta el chismecito a Caridad», «Junto al bambú», «Yo ta namorá».

Adiós África

Ahora mismo yo tá llorá
Pó que me tá recordá como neyo me trae de África

Generemaronca sangran de la má
Ay Dio, ay Dio, y pega tocá la tambó

Monona trae mi taro, cabildo ta guelé bilongo
Así yo cantá
Y cuando yo tá poné contento
Ay que tá bailá, ay que tá gozá
É dice la mundele a drumí
Entoncé tooooo mi carabela
Desti llorando ¿A dónde yo va?
Y neyo contesta: a trambajá
Que malo pie que tengo yo

Eh, son las horá
Coro: que malo pie que tengo yo
Escucha cuento por eso mismo bis

Que rabo mono, marra mono
Coro: que malo pie que tengo yo
Por eso que leca, leca, leca,
Nunca llega
Coro: que malo pie que tengo yo
Escucha cuento, por eso mismo
Coro: que malo pie que tengo yo
Que arriba palo no se juega
Coro: que malo pie que tengo yo
Por eso mismo, que arriba palo
Ya no hay mare, que
Coro: que malo pie que tengo yo
Ya son las horá
Coro: que malo pie que tengo yo
Ahora sí que casi van gara coronise

Coro: que malo pie que tengo yo
Por eso mismo tinye, tingui, tingue, comarioca
Coro: que malo pie que tengo yo
Escucha cuento, muchacho mira
Coro: que malo pie que tengo yo
Pasaó mañana yo van fuirí caramba
Coro: que malo pie que tengo yo
Guiri, guiri, guiri, cabeza pá kiñumba
Coro: que malo pie que tengo yo
Escucha cuento, que
Coro: que malo pie que tengo yo
Muchacho mira
Que yo me llama Kidibiola
Coro: que malo pie que tengo yo
Caramba mira, yo en tierra vibvo
Saca muerto
Coro: que malo pie que tengo yo
Escucha cuento
Coro: que malo pie que tengo yo

No es «Adiós África», una canción facilista, hecha para empatar y que pueda cantar cualquiera. Cuenta la historia de cómo fueron traídos los negros, el sufrimiento que significó para ellos, tanto desde el punto de vista moral como físico, el dolor, un dolor que Miguelito supo hacer suyo a la hora de interpretar la canción, el mismo dolor del inmigrante, de los más desposeídos, el dolor de Arsenio. Así el lugar que le ocupa tanto a Miguelito como a Arsenio dentro de los cultivadores de la música afro, es un sitio privilegiado, son los iniciadores de haber llevado los temas africanos a la música popular en un estado digamos más natural porque tanto Amadeo Roldán como Alejandro García Caturla eran concertistas y aunque tienen un antecedente de lujo en Ernesto Lecuona y Eliseo Grenet quienes llevaron la música afro a la zarzuela y fueron los primeros en universalizarla y ya en 1934, Gilberto Valdés, uñía la música culta a lo popular, nadie como Arsenio, negro, pobre y ciego para reproducir el dolor de su clase.

Le faltaba por realizar un sueño, ayudar a su amigo Chano, se acuerda de su «Parampampím» de su «Blen Blen blen» y sus juegos de palabras, él también era un poeta de la rumba y había imágenes bellas en las canciones que le tarareaba. Miguelito lo lleva a la casa de Sacasas, para que el pianista las transcriba, luego fueron a ver a Ernesto Roca, representante de la Editorial Peer Internacional, para registrar sus obras y en octubre de 1939, grabó la primera rumba de Chano con la Casino de la Playa: «Blen, Blen, Blen».

Blen, Blen, Blen
Guaguancó: Chano Pozo

Blen, blen, blen, blen
Blen, blen, blen, blen
Blen, blen, blen, blen
Blém, blém, blém, blém
O mi o blém, blém, blém
Okete mi o mo ba le
O mi o blen, blen, blen
(bis)

Gbogbo yaré, yaré
Gbogbo yaré, yaré

Iyá mí, gbo nkuare, iyá mi
Iyá mi, gbo nkuare, iyá mi
O mi o blen, blen, blen
Okete mi o mo ba le
O mi o blen, blen, blen
Coro:
Yaré, yaré, gbo mbo wini, yaré, yaré.

Chano a pesar de ser ya un experto con la tumbadora, no participó en la grabación, lo que nos recuerda un estribillo de la conga del Tío Tom, *a la fiesta de los caramelos no pueden ir los bombones*, pero su música hizo bailar hasta a los más reconocidos aristócratas de aquel entonces. Luego le seguirían «Arriñañara», «Guagüina Yerabo» y «Sangafimba», basten estos nombres para saber que se trata de música afrocubana. Y después de salir de la Casino y poco antes de partir hacia los Estados Unidos en 1940, Miguelito aprovechó para grabar con la Orquesta Riverside otra rumba de Pozo: «Anana Boroco».

El mundo comienza a sonreír para el compositor Chano, al fin el esmoquin dejó de ser un disfraz de comparsero, como lo soñó durante tantos años, sería un Barón, aunque en alpargata.

En el libro que Rosa Marquetti le dedica a Chano Pozo, hay varias páginas que describen la relación de Miguelito con él:

A finales de los años treinta, Miguelito —quien ya había triunfado como cantante de la orquesta Casino de la Playa— confiaba en el talento musical de Chano como compositor, y en la fuerza de algunos de sus temas para «pegarse» en el gusto popular, pero entendió que debían organizarse con rapidez: ni Chano ni él escribían música, así que el único modo era pedir ayuda. Miguelito instó a Chano a que le acompañara a casa de Anselmo Sacasas…
Fue Sacasas quien realizó las primeras transcripciones de piezas compuestas por Chano Pozo. Con los papeles pautados en mano, Miguelito llevó a Chano a entrevistarse con Ernesto Roca, entonces representante en La Habana de la casa editorial Peer Music, quien a instancias de Miguelito, accedió a extender un contrato editorial a Chano…[43]

[43] Rosa Marquetti. *Chano Pozo. La vida (1915-1948)*. Ed. UnosOtrosEdiciones, 2019. P. 49.

Es contratado como conserje de la emisora RHC - Cadena Azul, lo cual parece un hecho discriminatorio, para la época fue un gran avance, teniendo en cuenta su origen social y sus «antecedentes penales», esto en realidad le abre las puertas de la fama, allí se codearía con lo mejor del mundo artístico cubano y aunque continuaría viviendo en un solar, su época de limpiabotas quedaría atrás para siempre… y luego era llamado por Leonardo Timor (padre), para que participara en la Orquesta Havana Casino, llegando a componerle piezas especialmente para él.

Pero no hay cómo una gira para constatar la popularidad de una orquesta. En el mes de abril de 1939 la Casino de Playa debuta en el Escambrón Beach Club , de Puerto Rico. Se abren las puertas de una América Latina que ya conocía su música por la onda corta de la radio y por los discos que habían grabado con la RCA Victor.

El musicólogo Radamés Giro recoge en su *Diccionario Enciclopédico de la Música Cubana*:

> En 1939 realiza una gira por América Latina, inicia su contrato en Puerto Rico, donde se presentó en el Escambrón Beach Club, de San Juan, alternando con la orquesta de Rafael Muñoz. En esta ocasión llevó un repertorio de boleros, como el de Anselmo Sacasas, En el reino de tus ojos. Esta agrupación pasó una larga temporada en Puerto Rico. Sin embargo, Enrique C. Betancourt, amigo de Miguelito y Anselmo Sacasas, en su libro *Apuntes para la historia. Radio, Televisión y Farándula de la Cuba de ayer,* publicado en San Juan, Puerto Rico, febrero 1986, ha esclarecido detalladamente el suceso: «Este recorrido, que se inició el 27 de marzo de 1939, luego de un homenaje de despedida auspiciado por la RCA Víctor –en la CMQ– de la cual los músicos eran artistas exclusivos. Los llevó a partir en barco desde Santiago de Cuba, para recorrer Santo Domingo, Puerto Rico, Venezuela, Curazao, Colombia y terminar en Panamá, desde donde retornaron a Cuba (…). » Cuando arribaron a Santo Domingo (entonces Ciudad Trujillo), que era la primera parada de la agenda, fueron recibidos clamorosamente, y, después de presentarse en varias

provincias, actuaron en un fastuoso baile, organizado en su honor, en el Palacio Presidencial. El triunfo logrado en la tierra quisqueyana era el resultado del perfecto acoplamiento del grupo, de su selecto repertorio y de "Miguelito", quien era poseedor de un extraordinario magnetismo. Este especialísimo carisma habría de llevarlo a la cumbre de los escogidos, y a señalarlo como el más espontáneo y consumado interprete del ritmo afrocubano. Los integrantes de la "Casino de la Playa", rebosantes de satisfacción, se trasladaron a San Juan, Puerto Rico.[44]

Miguelito Valdés con Rafael Hernández en una emisora de Puerto Rico
Foto. Cortesía Jaime Jaramillo

En Colombia actuaron en Cartagena y Barranquilla, dos ciudades muy caribeñas donde adoraron a la orquesta. También en la Emisora Fuentes y en los teatros Rex, Quintas, Caldas y Sanroke; en el Country Club, el club La Popa y el Circo Teatro. Comenzaría una relación de nuestro Valdés con este país donde muchos años después, lo sorprendería la muerte.

Una de las canciones que más se escuchó en aquella gira fue precisamente, «La negra Leonor», de Ñico Saquito. Miguel, toca la tumbadora, se mezcla con el público que lo sigue en la conga, lo idolatran.

Domina el escenario, lleva a él la mística de las posesiones africanas en los bembés, el sabor de la rumba y los bailes solariegos. La negra Leonor se convirtió en su pareja musical, la esposa que lo esperaba en el solar de su infancia, le permitió lucirse mediante la combinación de palabras dichas rápidas, como si fuese una ametralladora, lo cual era del gusto popular. Leonor es Cuba. Con la interpretación de esta pieza surgió una bella amistad entre Miguelito y Ñico Saquito, él continuó cantando guarachas y otros géneros de este autor y así posibilitó que ganara dinero por derecho de autor, le grabó «Atízame el bastidor» y la conga «No te vistas que no vas», pero numéricamente hablando, si repasamos su amplia discografía es «La negra Leonor», la que más interpretó en países como Puerto Rico, Estados Unidos, México, Colombia, Venezuela entre otros, también la llevó al cine en 1945, con Panamericana, protagonizada por Phillip Ferry y Autrey Long, rodado por los estudios de la RKO. En 27 de febrero de 1939, ya con toda la experiencia de cantar música afro, de la que hablamos antes, graba de Margarita Lecuona, el afro «Babalú Ayé», que lo marcaría para siempre.

Hay canciones que no pertenecen a sus autores, vuelan, se escapan, son robadas, se escabullen y aún hoy muchos atribuyen a Miguelito esta creación por la que fue bautizado como Míster Babalú. Al referirnos a Rita Montaner, hablábamos de su interpretación original de la misma, en la que hacía todo un performance que incluía un escenario donde había un altar de la religión yoruba, aparecía hasta fumando un tabaco, lo cierto es que La Montaner, también caería hechizada ante aquel mulato lindo que era en aquel momento el cantante más popular cubano.

Margarita Lecuona, nació el 6 de mayo de 1910, según afirmó a la revista *Carteles*.[45]

Por vía paterna está emparentada con Ernesto Lecuona, su padre era diplomático, por lo que desde pequeña viajó constantemente al extranjero. Además de estudiar guitarra en la Sociedad Pro-Arte Musical, estudió *ballet*. Fundó el grupo femenino Lecuona Cuban Girls, con el que se presentó en teatros, sociedades y emisoras de radio. A inicios de la década de 1930, comenzó a componer canciones y boleros como «Soñadora» y «Boca que miente». Pero después incursionó con

---

[45] *Carteles.* 7 de junio de 1942.

mucho acierto en la canción afro con «Tabú» que fue grabada por la Orquesta de Oscar de la Rosa y el Cuarteto Machín. También la interpretaron Miguelito, Rita Montaner, las orquestas Lecuona Cuban Boys, Xavier Cugat, Stan Getz, que la dieron a conocer fuera de la Isla. En la entrevista, antes mencionada, afirmó que acumulaba más de 200 piezas entre cantos indios, afros, boleros, guarachas, y canciones: «Tokú», «Amor Caribe» y «Noche sin estrellas», «Recordando mi cuartico», «Borracho y bohemio», «El cangrejo» y «Canción de las palmas», son algunos de los títulos grabados por Pedro Vargas, Lucha Reyes, Enric Madriguera, Bola de Nieve, Rolando Laserie, René Cabel, Gina León, Carlos Ramírez, Luis Arcaraz, Percy Faith, Stan Kenton, Cuarteto Hatuey, Nelson Pinedo, Sonora Matancera, la Riverside, entre otros.

Otra de las grandes Valdés, de la música cubana, Marta, afirmaría sobre Margarita:

> Abrirse al mundo de la música popular cubana en el momento en que esta expresión trascendía los bordes de la isla a partir de la conjunción de compositores, obras e intérpretes que se encargaron de esparcir el gusto por lo cubano tanto en Europa como en el continente americano; hacerlo desde una guitarra y una voz de mujer y lanzar obras que se caracterizarían por auxiliar a cada intérprete a poner de manifiesto los rasgos más definidos de su personalidad, resultó —a mi juicio— un hecho admirable. Baste recordar que Miguelito Valdés llegó a conocerse, durante algún tiempo, con el sobrenombre de Míster Babalú; baste aproximarse a la interpretación de Bola de Nieve. Cualquiera diría que la obra no fue concebida antes de conocerlos sino hecha a la medida indistintamente, para cualquiera de esos dos grandes de nuestro universo musical.[46]

En este libro le rendimos homenaje a esta autora que tanto ayudó a promover la música a afro.

[46.] Marta Valdés. «El centenario de Margarita Lecuona». Publicado en Palabras. 18 de abril del 2010.

Miguelito Valdés también grabó por aquellos años el tema «Timbero, la timba es mía», de Chano Pozo con la Orquesta de los Hermanos Castro, demostrando su amistad con Manolo y sus otros integrantes.

Del 1937 al 1940, no van muchos años, sin embargo fueron más que suficientes para multiplicar la popularidad de Miguelito Valdés, con la Casino de la Playa cimentó su fama dentro y fuera de Cuba, ayudó a promover ritmos como: El bolero, afro, son, rumba, guajira, pregón, conga y canciones, esto unido a sus condiciones histriónicas, simpatía, dominio de varios instrumentos y relaciones en el ambiente musical hizo de él un artista que marcó un hito en su época. Otro binomio célebre es el de Miguel–Sacasas. Según Miguelito Valdés: «antes que Sacasas, los treseros no hacían solos en los conjuntos». La primera vez que un tresero hizo un solo con una orquesta tipo *jazz band* en Cuba fue cuando Miguelito grabó el pregón de Arsenio Rodríguez «Se va el caramelero» precisamente con la Casino de la Playa.

Los arreglos de Sacasas dejaban espacio a los talentosos músicos de la orquesta para desplegar sus habilidades. El hacía que la banda sonara típicamente afrocubana cuando tocaban un son afro, como una comparsa cuando hacían una conga y como una orquesta filarmónica cuando interpretaban un bolero.

Disfrutemos de la dramatización de una de esas canciones que más disfrutaba cantar, Miguelito. «Elube Changó»

M.V: — He! Qué pasa?, vamos a ver, vamos a seguir siempre en lo mismo, parece mentira, Chiquitico? No te das cuenta en la vida de nada?

W: —De qué? Compadre, vamos a meter un tijeretazo a esto y ya!

M.V: —Un tijeretazo no!, lo que tiene, que tiene que darte cuenta de las cosas como son...

W: -—Bueno! Chauchao, que esto es como tú quieras, te puede fajar conmigo a la hora que te dé la gana, ¡no enseñe ese puñito, ni na…

M.V: —Ah! No me haga eso Renacuajo, que ahorita te doy una mano de pata pá divertir a Dios y a tó el mundo aquí…

W: — Ah! Eso como tú quieras…

M.V: —Cómo, cómo?... Se forma la disputa y cantan: Elube, ElubeIfala.
Es curioso que la manera de hablar de Miguelito, tal como se proyecta en el arte, era la misma en la vida cotidiana, muestra de su carisma y espontaneidad como se evidencian en las entrevistas que dejó grabada en la radio. Era un cubano cien por ciento que supo también utilizar un humor fino y respetuoso. Por otra parte, habría que investigar, si también fue uno de los primeros cantantes de orquestas que dialogaron con el público, haciendo posible esa empatía de la que hizo gala.

Otro compositor villaclareño que tuvo la suerte de enriquecer el catálogo de la Casino es René Márquez, en 1939, se estrenó el bolero «No te importe saber», que marcó un hito en la historia del género por el novedoso trabajo melódico-armónico. Con la grabación para RCA Víctor por Miguelito Valdés con la Orquesta Casino de la Playa, el número obtuvo inmediata repercusión en otros países latinoamericanos y en Estados Unidos.

La Casino grabó, además de Chano Pozo y Arsenio Rodríguez, a Ignacio Piñeiro y Rafael Hernández. La situación de los compositores en esos momentos era muy difícil, no podían vivir de los derechos de autor, así, además de por su indudable calidad como artista, Miguelito graba a sus amigos, mostrando respeto y solidaridad hacia ellos.

Ya desde un inicio nos referíamos a la vinculación entre los Valdés en la música cubana, aunque no fueran familia, Miguelito próximo a abandonar la orquesta Casino de la playa, busca un sustituto y lo encuentra en Alfredito Valdés, Miguelito lo utilizó en los coros al igual que al pianista Julio Gutiérrez, de su autoría son «Ya te olvidé mujer» y «Sé bastante».

En lo particular, hay una interpretación de Miguelito con la Casino de la Playa que disfruto mucho por la facilidad del cantante, al jugar con las palabras; rumbea con la voz, se divierte y divierte al oyente.

Miguelito Valdés con la orquesta Casino de la Playa
Foto. Bohemia. Cortesía Ramón Fajardo

Rumba, rumbero (rumba)

Ah! Ah! Ah! Rumba rumbero
(coro) No me llore mamacita de mi vida,
Mira nene de mi alma, Puchunga de mi vida que
muero.

Rumba rumbero
(coro) Oye el sonar de los cueros,
Que tocan repiqueteando,
Y las maracas cantando,
El alma del sonero,
No nonono!
Mira mamacita de mi vida que muero.

No nonono!
No me llores puchunga de mi vida,

Ni me digas Miguelito de mi vida,
Mira Nene que me muero,
No me llore que bueno esta.

Rumba rumbero
(coro) Y así termina diciendo,
De forma muy singular,
Acaso no está aprendiendo Esta rumbita a bailar.

Rumba rumbero (coro).

En cuanto a Chano nos dice Rosa Marquetti:

> Miguelito Valdés siguió siendo quien más hizo por difundir las obras de Chano y quien más se preocupó porque el talento del tamborero aflorara y lo compensara. Durante el año 1940 Miguelito grabó además otros tres temas de Chano Pozo: «Ariñáñara», (25 de marzo); «Muna Sangafimba»,16 de octubre y «Guaguina Yerabo» 21 de octubre. La revista *Radio–Guía* anunció la salida al mercado del disco con la rumba «Ariñáñara» en julio. La orquesta Casino de la Playa, con el cantante Alfredito Valdés, grabó el 13 de septiembre del mismo año el afro«Tun Arañara» ¿Quién son?...[47]

Además de con la Casino, Miguelito grabaría con otras orquestas como con la Enrique Bryon, composiciones de este danzonero que siguen la línea que tanto le gusta a nuestro biografiado, como es el tema «Mujer Negra», el son «El negro del solar» y el bolero-son «Isabel pienso en ti».

También reafirman las palabras del capítulo dedicado a la contribución de Miguelito a la música afro, el lamento «Tristeza» que grabaría con la Riverside, en 1940.

¡Eh! ma´llegó con pala Negro provocápa que ma lloré tampoco pa que piensé (rezado en Bozal) *¡Eh! ¡Eh! ¡Eh!, ¡Uh! ¡Uh! ¡Uh!* (susurrado) 3 veces (coro) *Sufriendo todas mis penas, Por e´ta vida camino,*

[47.] Rosa Marquetti. *Op. cit. pp. 51-52.*

Conociendo mi condena, E'te dolo que he fingido (solista) ¡Eh! ¡Eh! ¡Eh!, ¡Uh! ¡Uh! ¡Uh! (susurrado) 3 veces (coro) Qué *bueno pa compaña yo a mismo Ramoncito que director ya ya ya...* (rezado en Bozal).[48]

Todos me dejan bien solo, Como cuepo desalmado, Pa que viva mi vida, Como si muera un malvado (solista) ¡Ah! Ah Ah Ah... (susurrado) (solista-coro) ¡Eh! ¡Eh! ¡Eh!, ¡Uh! ¡Uh! ¡Uh! (susurrado) 3 veces (coro) ¡Eh! ¡Eh! *mi moncolorau mi a como manda un viaje que mi se cuela el mulatónpa que no den paso no vaya mundo se cabatoo son mentira...* (rezado en Bozal) (parlotea el solista). *La rarararirara, La rarararirara, Quiere cantar, Hoy mi canción.* ¡Eh! ¡Eh! ¡Eh!, ¡Uh! ¡Uh! ¡Uh! (susurrado) 3 veces (coro) ¡Y, Eh! ¡Y, Eh! *tu no e' ta cuerdo que este yo rodando allá totirnao como si yo fuera un pato po'que si Yemaya manda un pato...* ¡Eh! ¡Eh! *que diga a todo lo mundele que yo e'ta aquí pa paga too lo malo que cuando yo llegue a cielo paga como si fuere malo...* (parlotea el solista rezando en Bozal).

A la loma de Belén de Belén nos vamos y Miguelito regresa a sus raíces en su barrio natal con esta grabación de Juana González de Cabrera, los temas comercializados por el Septeto Nacional en junio de 1940, fueron «Alma Guajira», «Allá en el Monte», «Bururúm Bararám», «La cachimba de San Juan», de Ignacio Piñeiro, «Me han quemao», de Lázaro Herrera y «A la loma de Belén», fueron realizadas en la CMQ, en la calle Monte.

La primera oportunidad en que Miguelito Valdés grabó acompañado del Septeto Nacional, del maestro Ignacio Piñeiro y dirigido por Lázaro Herrera, El Pecoso —apuntó éste— se refieren a 1939 para el sello MM en La Habana, al parecer una placa de aluminio utilizada para las transmisiones de los programas de radio, no se tienen más referencias ni argumentos sobre los motivos que expliquen por qué fueron grabados los dos temas de la autoría de Alberto Villalón y Bienvenido León, *Descanso* y *No me perturbes*, al menos que sea por gestión de Villalón, reconocidísimo músico y compositor, por demás fundador del Septeto Nacional en

---

48. Ricardo Oropesa. *Ob.cit.*

1927 junto a Bienvenido León e Ignacio Piñeiro, y ahora integrado además por Ignacio Piñeiro (contrabajo); Francisco González Solares (tres); Alfredo Valdés (voz prima y claves), Bienvenido León Chacón (2. voz y maracas), Eutimio Constantín Guilarte (guitarra); Ramón Castro (bongosero), Lázaro Herrera (trompeta) e invitado Miguelito Valdés (voz guía y claves).[49] Desde aquel entonces lo rondaba un "pirata":

(…) en 1938 estábamos trabajando, y cada vez que Xavier Cugat llegaba a La Habana, siempre me preguntaba: ¿cuándo vas a venir conmigo?, te quiero en New York. Yo dije: Bueno, yo no soy sólo un miembro de esta organización, que soy un propietario de esta empresa, esta es una sociedad y, por cierto, soy el administrador de la Casino de la Playa Orquesta, yo soy el cantante y yo soy el baterista. Así que ya ves, yo no creo que pueda ser posible. Y después de eso, la idea era como un pequeño insecto, pasando por mi cabeza todo el tiempo. Así que después de cuatro años con la orquesta Casino de la Playa, quería hacer algo más grande. Así que me vine a New York el 16 de mayo de 1940. Un mes después estaba con la orquesta de Xavier Cugat en el Waldorf Astoria.[50]

En abril de 1940, Miguelito Valdés y Anselmo Sacasas renunciaron a la orquesta, siendo sustituido por Orlando Guerra, Cascarita, y Sacasas por Dámaso Pérez Prado, respectivamente. Hoy se discute sobre la calidad o no de mucho de los músicos que pasaron por esta agrupación, hasta su disolución en 1960, lo cierto es que un solo árbol, no hace el bosque y valga este libro para homenajear a todos los que integraron sus filas y llevaron la música cubana más allá de nuestras fronteras.

---

[49] *Ibid, p. 111.*
[50] Dr. Ken *Leo* Rosa: Miguelito Valdés. Entrevista en la radio. New York el 8 de marzo de 1975.

New York, New York

Si las calles de la Gran Manzana hablaran y a veces hablan, nos contarían historias como esta que Rafael Lam publicó.
[...]
En la década de 1920, en pleno *boom* del son, Nueva York era un hogar para creciente números de latinos. Un número de músicos cubanos llegó a Nueva York en los intermedios de las guerras mundiales. En 1927, uno de esos músicos fue el flautista Alberto Socarras, llamado el Duke Ellington cubano. En aquella época comienzan a visitar Nueva York muchos sextetos con el objetivo de tocar en teatros, salones y grabar el son cubano.
En 1930, la Orquesta de Don Azpiazu, con el cantante Antonio Machín graban *El manisero*, iniciando con esa grabación y sus presentaciones, el primer *boom* de la música latina, abriendo el camino a la industria musical de todo el continente. Hasta el gran Louis Armstrong llegó a grabar una versión de *El manisero*.
Alberto Iznaga llegó desde Cuba a Nueva York, en 1939, donde tocó en varias orquestas y fundó la Orquesta Siboney. En la década de 1940 se destacan en Nueva York: Xavier Cugat, Miguelito Valdés, Desi Arnaz, Vicentico Valdés, Panchito Riset.[51]

Pero vayamos con calma, como pasó en la urbanización del son en Cuba, Miguelito estaba destinado a vivir en ese escenario la expansión y la fusión de la música cubana con el *jazz*. Por el amor que siempre profesó a la Isla es de suponer el dolor que le causó abandonar a sus seres queridos. En 1939, aun joven muere su madre Norberta América, mientras se encontraba en Venezuela de gira con la Casino de la playa, lo cual sin duda lo marcó, recordemos

---

[51.] Rafael Lam. «Historia del jazz. El jazz tiene mucho de Cuba». *La Jiribilla*.

como lo ayudó a estudiar guitarra y lo alentó a seguir su carrera musical, además, aunque con ya ganada fama, nuestro Valdés apenas tiene veinte y siete años y necesita mucho de ella, porque a decir de Lezama Lima: «Cuando muere una madre, se rompe la cuerda más alegre del corazón». Tenía un hijo, Juan Miguel, pero su matrimonio, ya no iba muy bien, cómo podría funcionar, si su esposa, casi siempre estaba sola, en un país extraño, donde a pesar del salario que ganaba su marido en La Casino de la playa, que tampoco era suficiente, tenía que aguantar sus constantes viajes y sus infidelidades y escándalos. Había abandonado la alta burguesía panameña, los salones importantes, las recepciones a altos mandatarios para vivir en una tierra ajena donde mucho la miraban con ojerizas por el origen «oscuro» de su esposo que, aunque «pasaba por blanco», vivía entre negros y trabajaba para entretener a una burguesía que la miraba con desdén. Y entre las negras y mulatas, tampoco se encontraba a gusto, eran demasiado atrevidas y a decir verdad también la miraban con ojeriza. Era reclamada una y otra vez por su padre en Panamá. Miguelito la convence para que lo espere y no lo acompañe a un futuro incierto en los Estados Unidos, ya que finalmente cede ante la petición de Ben Marden, propietario del Riviera, de seguirlo junto a Sacasas para formar parte de su orquesta. Atrás quedaba Chano, el hermano, el amigo, el barrio, su familia, sus santos, Oshún, Yemayá, Las Mercedes, San Lázaro, los ekobios, llevaría sus collares de religión como única protección y su inmenso talento. ¿Quién detendría sus pasos?

Desde 1938 se habían legalizado los partidos políticos, en el 1940, en Cuba se vive un período de estabilidad, Fulgencio Batista había llegado a la silla presidencial por el triunfo de la Alianza Socialista-Republicana, se escuchan ecos de democracias. Es el año donde estaba abonado el camino para la aprobación de la avanzada y simbólica Constitución de 1940, donde al igual que la de Guáimaro, se reconocería, el voto femenino, pero sobre todo el principio de igualdad que fue resguardado con la declaración de ilegal de toda discriminación por motivos sexo, raza, color o clase… elecciones nacionales cada cuatro años. Miguelito puede marcharse con algo de tranquilidad, no había peligro evidente, como en el machadato, las calles estaban relativamente tranquilas. Los partidos comunistas,

ABC, Auténtico, Social demócrata, Agrario Nacional, Liberal, están de acuerdo en que es preciso avanzar hacia una democracia.

Pero fuera de Cuba la Segunda Guerra Mundial, hace estragos en Europa. La Alemania fascista pretende apoderarse del mundo e implantar sus ideas xenofóbicas y racistas donde no hay lugar para judíos, ni latinos, ni negros. La muerte y el enclaustramiento de civiles llenan de luto a una Europa en la que no había tiempo para rumbas y ritmos exóticos de otros países, a pesar de la fuerte oposición de las tropas soviéticas, Hitler se cree invencible. En los Estados Unidos, por vez primera en la historia, un presidente logra reelegirse por cuarta vez al frente del Partido Demócrata: Franklin D. Roosevelt.

La llegada a Fort Lee, New Jersey fue a finales de abril, el frío señoreaba en las calles de Missouri, la nieve les da la bienvenida, que no fue como esperaban. Los sindicatos de músicos norteamericanos, protestaron la misma noche del estreno de la orquesta, que dirigiría Miguelito, ante el American Federation of Musicians, porque cómo los extranjeros recién llegados iban a trabajar, si ellos estaban desempleados. Ben Marden, el dueño del night club Riviera, no puede cumplir con lo acordado con Miguel y Anselmo Sacasas para hacer allí un espectáculo con la orquesta del local. Entonces, a pesar del contratiempo, Miguelito va a Nueva York donde conocía a muchos compatriotas como a Mario Bauzá. En la Gran Metrópoli comenzó a trabajar con la orquesta Siboney de Alberto Iznaga donde otra vez se encontró con su amigo Machito.

El catalán Xavier Cugat, ve una oportunidad única y lo contrata rápidamente. Debuta el 12 de mayo en el Sert Room del Hotel Waldorf Astoria. Este español, busca talentos, le había echado el ojo al cantante, para quien ya había trabajado con La Montaner, era el complemento que necesitaba; explotaba los ritmos latinos para difundirlos con un toque de exotismo en un país ávido por los ritmos foráneos. Miguelito tenía una voz convincente, cantaba con ese sabor cubano contagioso y su figura era elegante y varonil. Pronto encantó al público del legendario hotel, como lo hacía en el Casino de la playa, se sentía como en casa. El trabajo no escaseaba, en las tardes, actuaba en el Paramount Theater y cada noche en el Waldorf-Astoria, Starlight Roof y la Camel Cigarette, Show Rumba Revue. Era una de las orquestas más solicitadas. El español Cugat, había aprovechado bien los ritmos cubanos para sacarle partido como algo excéntrico, de él afirmó María del Carmen Mestas:

> Es cierto que se hizo música sin valor, etiquetada bajo el nombre de rumba. Por la década del veinte, el violinista español Xavier Cugat, quien vivió su juventud en La Habana, llevó a Nueva York, tanto la conga como la rumba dentro de una fórmula puramente comercial, con lo que contribuyó a falsear nuestros ritmos.[52]

Miguelito Valdés con Xavier Cugat en NBC
Foto. Cortesía de Ramón Fajardo

En un fragmento que conservamos de una vieja *Bohemia*, un artículo se refiere de la siguiente manera al músico español:

[52.] María del Carmen Mestas. *Ob.cit*,p,16.

Proclaman Rey de la conga a Xavier Cugat quien se enriquece y se hace gran señor del Wadort Astoria con una música que no es suya y que él maltrata, adultera, llena de caprichos y desfigura hasta lograr que no la reconozcamos en su propia casa, se le demandó por 35000 pesos por utilizar la música Eco de Gilberto Valdés en la película *Bailando nace el amor*...

De alguna manera, estos comentarios peyorativos sobre el catalán que había llegado a Cuba siendo un niño y rápidamente asumió la cultura del país caribeño, perjudicó también a nuestro Valdés. María del Carmen Mesta, no lo considera entre los rumberos legítimos en su libro *Pasión de rumberos* y cuando se habla de rumba y música afrocubana en Cuba, los estudiosos apenas lo mencionan.

Pero lo que ahora «perjudica» a nuestro biografiado, al no ser considerado como un rumbero puro, como por ejemplo Chano, que también en ocasiones tuvo que «ceder» ante las leyes del espectáculo, porque no se toca una rumba en el solar, como se toca en el teatro, en aquellos momentos lo elevó a la fama. Ya en mayo y junio de 1940, grabó por primera vez con la orquesta de Cugat versiones de números que había popularizado poco antes con la Casino de la Playa, entre ellos «Blen blen blen» de Chano Pozo, «Mis cinco hijos», de Osvaldo Farrés y «Elube Changó», de Alberto Rivera.

En 1940, cuando Miguelito entra en su orquesta, logra un exitazo con la versión que grabaron de *Perfidia*, del mexicano Abel Domínguez, lo que asienta a Miguelito en el medio artístico. Miguelito Valdés, que aprendía rápido, aprovechó muy bien el tiempo con Cugat, que tocaba los más diversos ritmos de moda, sobre todo los de origen cubano, aunque hacía sambas y todo lo que pudiera llamar la atención, logrando así llegar a la gran pantalla, donde trabajó en varias películas, siempre al frente de su orquesta –a veces con un perrito chihuahua en sus brazos mientras dirigia la banda– y colaborando con las anormalidades del cine norteamericano de poner un número cubano en pantalla con los bailarines con sombreros cordobeses o mexicanos tocando maracas y otras estupideces gringas por el estilo de un cine lastimosamente ignorante, aunque Cugat –al menos– admitió en una entrevista: "Para triunfar en Estados Unidos le di a los norteamericanos música latina que no tenía nada de auténtica".[53]

Miguelito Valdés con Xavier Cugart. Madison Square Garden, New York, 1941
Foto. Cortesía de Mayito Valdés

No obstante, el catalán, que bien se había «aplatanado» en Cuba, ya que había llegado a la isla muy pequeño y estudió en el conservatorio Peyrellade —donde mismo lo hizo Ernesto Lecuona y tantas otras figuras, en La Habana— si de algo aprendió en su juventud, fue de negocios, supo ver y asimilar el gran acervo cultural cubano como una mina de oro, la conga y la rumba, eran ritmos muy contagiosos solo había que disfrazarlos de salón para sacarle partido.

[53.] Mr. Babalú. Portal de la Cultura Cubana, Cubarte, del 2012-04-23.

Ya a los doce años era el Primer Violín de la Orquesta Sinfónica Nacional de La Habana. Cuando Caruso, viene a Cuba, hace amistad con él y este lo invita Nueva York, con Enrico hizo una gira durante 18 meses y actúa entre otras ciudades como en Berlín. Más de una ocasión en el Broadway, acompañó a Rita Montaner. En 1924 de regreso a Nueva York, toca con la orquesta de Vicent López. Pero el ambicioso español, sabía que no era con el violín que conquistaría la fama. Era un hábil caricaturista, por esa vía fue que intimó con Caruso y gracias a una exposición de sus caricaturas sobre estrellas de Hollywood, fue contratado en la meca del cine, y llega a conocer al genio Charles Chaplin. Y conoce a la cantante Carmen Castillo, con quien se casa. Vuelve a la música, ahora con el terreno abonado por el éxito «El manisero», grabada por Antonio Machín con la orquesta de Justo Don Azpiazu. Ya en 1932 es considerado El rey de la rumba y del tango, tal fue su habilidad en utilizar bailarines y acomodar esos ritmos foráneos al gusto de los angloparlantes, se convierte en un hombre de éxito, la RCA Victor, le graba una y otra vez. Cuando conoció las grabaciones de Miguelito y su versatilidad para cantar ritmos afros vio una piedra en bruto a la que había que pulir poco para hacerla brillar hasta encandilar al público, Miguelito era la consagración de un sueño, nadie como él para levantar al auditorio, para hacerlos repetir a su modo palabras que respondían a lenguaje universal como el «Blen blen blen» de Chano, pero no contó con la rebeldía de aquel que había sido boxeador y no estaba dispuesto a ser explotado por nadie.

En 1941 ya Miguelito, había superado la fama del Casino de la playa con las interpretaciones de «Ecó» de Gilberto Valdés, «La negra Leonó» de Ñico Saquito, «Anna Boroco», y «Tinde» de Chano Pozo, «Los hijos de Buda» de Rafael Hernández, «Yo tá namorá» de Arsenio Rodríguez y «Babalú», de Margarita Lecuona, que en Estados Unidos había dado a conocer Deysi Arnaz pero al ser interpretada por él con todo el arsenal afrocubano que poseía se convertiría en su sello de presentación. Para el público anglosajón el sonido baba que significa padre, es irresistible por lo exótico que resulta su pronunciación, aunque la mayoría de las veces no lograban ni tan siquiera acercarse al nombre del orisha y mucho menos supieran quién era, bastaba ver aquel mulato bello contorsionarse con toda su sensualidad latina para creer en él, que en cada nueva actuación lograba algo diferente.

Miguelito Valdés, Xavier Cugat y su Orquesta del Waldorf Astoria

Ya en 1941 la prensa en inglés de Nueva York hablaba de Miguelito, un artículo del periodista George Tucker en el *The Newark Advocate* comentaba:

> La gente me pregunta cómo es Miguelito Valdés. Eso fue un truco. No sabía quién era Miguelito. Entonces alguien me escribió desde Ohio y preguntó si estaba en "Panamá Hattie".
>
> No, no está en «Panamá Hattie» pero cuando escuché el

nombre de nuevo pensé que sería mejor averiguarlo. Se suponía que debía saber un poco de lo que pasa en esta ciudad. Por un momento pareció que un nuevo héroe se había acercado y todos, excepto este departamento, sabían de él.

Lo encontramos con ese viejo español y caricaturista, Xavier Cugat. ¿Tienes un lápiz? Puedes sacarlo de nuestras notas y sabrás de él:

Miguelito Valdés mide 73 centímetros y pesa 197... Tiene el pelo largo, liso ..., negro bromista ... se ve y canta como un ex-salvaje repentinamente domesticado y feliz.

Mike, llamémosle para abreviar, es un cantante "tabú" ... su especialidad y su gremio son las melodías afrocubanas, con el canto medio salvaje de la veldt y el giro rítmico tonal de las Indias Occidentales.

Nació en La Habana, hijo de madre mexicana y padre cubano español.

... Este es un pasatiempo donde los concursantes intentan cantarse unos a otros. Consiguió su físico en los muelles de La Habana, complaciéndose en peleas ocasionales en el muelle y compitiendo casi a diario en un concurso de "concurso" ... a veces con la melodía de a la vez.

... en algunos de los distritos nocturnos más elegantes de Nueva York, a esto lo llamamos gritos de mapache. Pero en los muelles habaneros gritaban con acuñaciones impropias y versos improvisados ... Gritaba al son de pequeños tambores, o maracas, claves o guitarra ... A veces al son de todos a la vez.

Entonces Mike sintió la necesidad de convertirse en un luchador. Leyó un relato de cuántas monedas recibe Joe Louis por uno de sus peleas y comenzó a emularlo. Para acortar una historia larga. Mike no logró el título ... Pero sí se convirtió en un buen guitarrista y en un cantante de melodías latinas

Ahora lo ves y lo escuchas con Cugat ... Si estás en Nueva York, lo encuentras en el Waldorf ... Si estás en otro lugar, lo puedes encontrar en la radio con Cugat o en las tiendas de discos fonográficos ...

Algunos de sus temas más conocidos son "Bruce Manigua" "Macumije" "Babalú" y "Negra Leonor". Mike solo lleva un año en los Estados Unidos ... su inglés no es bueno, pero tampoco es malo ... Está fascinado por los estilos de moda de Nueva York y su vestuario crece de manera alarmante.
De hecho, le gusta tanto que piensa quedarse aquí.[54]

René López, una de las grandes presencias fuera del escenario de la música latina como académico laico y productor de la Fundación Rockefeller y grabaciones del Smithsonian, nos dio su opinión para este libro acerca de Miguelito Valdés:

Para mí Miguelito fue el más grandes de todos los músicos cubanos. Yo creo que a Miguelito hay que evaluarlo diferente, porque llevó la música cubana al mundo, pero la expresión del negro cubano, la llevó a la tarima como nadie. Su voz era inconfundible.
Lo conocí personalmente, era mi amigo, lo visité a su casa muchas veces, vivía modestamente en New Jersey. Mi tío, Catalino Rolón era cantante y maraquero de la Orquesta de Xavier Cugat cuando entró Miguelito, y cuando lo vio cantar, dijo: «Recojo mis maracas y mejor me voy que con Miguelito, se acabó todo, no tiene rival» Mi tío se convirtió en promotor musical y el encargado del mercado en español en Nueva York trayendo al Palladium figuras como Tito Puente, Machito, Vicentico Valdés y Arsenio Rodríguez. Todos esos grupos, Marcelino Guerra, hasta Mongo Santamaria.[55]

Bobby Collazo en «Anécdotas de los años 40» nos cuenta del buen caracter de nuestro Babalú:

Cierta vez, en New York, cuando Miguel había terminado su actuación en el Havana Madrid, se le presentó un seño

---

[54] George Tucker. «In New York». *The Newark Advocate*. Julio, 22, 1941. Traducción: Armando Nuviola.
[55] René Lopéz. Entrevista por Armando Nuviola (teléfono), 16 de octubre del 2020.

pidiéndole el autógrafo creyendo que Miguelito Valdés
era el barítono colombiano Carlos Ramírez, y después de
los elogios de rutina, Miguel le firmó el autágrafo con el
nombre de Carlos Ramírez.[56]

Del libro de Bobby Collazo. La última noche que pasé contigo, pag. 220, 1940's

Qué decir entonces de la conga de Saquito, según los autores del
libro *El rey de la guaracha.*

Ese es el caso de la conga «La Negra Leonor», composición
que Miguelito Valdés vuelve a grabar con la orquesta de
Xavier Cugat en enero de 1941, fue tanto el éxito que una
década después acumulaba más de veinte grabaciones
por distintos intérpretes. La revista cubana *Gente de la
semana,* en su edición del 6 de enero de 1952, sostenía que
para esa fecha Miguelito había grabado mil 500 discos con
ocho compañías y las piezas más populares eran «Babalú»,
«Bruca maniguá» y «La negra Leonor», de las que se
habían vendido más de dos millones de ejemplares.
El propio Ñico diría al respecto:
«A mí me grababa mucha gente, me grababa Portales,
Matamoros, Miguelito Valdes que fue el que grabó *La
negra Leonor,* que fue un *hit* de Miguelito. Hizo un afro

[56.] Bobby Collazo. «Anécdotas de los 40». *La última noche que pasé contigo. 40 años de
farándula cubana.* Pag. 314. Ed. Cubanacan, Puerto Rico.

muy lindo, eso sería por el año cuarenta y ocho. También me grabó *No te vistas que no vas*. Rita Montaner también me grabó *No pique aquí*, una guaracha; después la hizo una película. No me acuerdo de la letra. Había un dichito aquí, en La Habana, «No pique aquí» y yo cogí el dichito ese.[57]

Miguelito Valdés y Amado Trinidad, director de radio cubano y propietario de la emisora RHC Cadena Azul - Foto Gort: La Habana, años 1940's

En 1941, hace una visita a Cuba y actúa en un concierto homenaje que le ofrecen la RHC-Cadena Azul, de Armando Trinidad, realizado en el teatro Martí.

Esta emisora de radio mucho tendría que ver con la carrera artística de Miguelito, y Chano. La aparición de Amado Trinidad en la radio en Cuba marcaría un antes y un después, como antecedente en las Villas, su provincia natal había fundado la emisora CMHI. Ya en La Habana, el 1 de abril de 1940, se une Cristóbal Díaz

---

[57.] Zenovio Hernández Pavón y Alejandro Fernández Ávila. *Ñico Saquito. El rey de la guaracha*. Ediciones Unos Otros. Estados Unidos, p. 50.

González de Radio Habana Cuba y fundan RHC Cadena Azul que tenía como objetivo fundamental «destacar la cubanidad, proteger al artista criollo, situar al músico cubano en un alto sitial que se merece, llevar al oyente la mejor música ...».[58]

Y lo lograron con creces, ya que por medio de esta emisora fundada el primero de abril de 1940, ofrecieron su arte artistas de la talla de Rita Montaner, Guillermo Portabales, Tito Álvarez, el conjunto Matamoros, los Hermanos Castro, Arcaño y sus maravillas, Chano Pozo, Ernesto Lecuona, Rodrigo Prats, Sindo Garay, compositores, Osvaldo Farrés y Orlando de la Rosa, entre otros. Hay que destacar también como Trinidad cumplió con su palabra, los mejores músicos cubanos del momento que recibirían un salario, al fin, acorde a su trabajo. Radio Cadena Azul, se escuchaba en toda la isla y hasta en el sur de la Florida. Amado tenía un talento increíble, para descubrir talentos y valga la redundancia , ya en Villa Clara en el programa *La hora campesina*, se hacían las famosas controversias entre Chanito Isidrón y Clavelito, conocidos como «Ciriaco y Casimiro» y Trinidad aceptó ideas como la propuesta por Chanito de realizar una controversia telefónica: La Habana-Santa Clara, la señal de transmisión viajaba por el cable de teléfono con absoluta perfección, desde La Habana, participaban: Justo Vega, Patricio Lastra y José Sánchez León. Chanito, La Calandria y Clavelito contestaban desde Santa Clara. También se les abrió las puertas de esta emisora a Cascarita, Julio Cueva, y Eduardo Saborit.

Miguel Valdés no solo es un artista, también es un hombre que sabe de negocios, y si de *business* se trata, Cuba constituye un paraíso para el turismo sobre todo norteamericano, es un precursor de las Academias de baile que hoy existen en el país, se une a su amigo Chano y crea una *Academia de la Rumba*, con la que trata de cambiar la fortuna del amigo, a propósito confiesa a Revista *Radio-Guía*, que utilizó su imagen como portada:

La música cubana, especialmente la rumba, que fue lo primero que prendió por Norteamérica, constituye un éxito, pero yo quiero, ahora que la conga y el estilo afrocubano arrebata, introducir la música ñáñiga y la lucumí, logrando

[58.] Oscar Luis López Fernández: *La radio en Cuba*. La Habana. Editorial Letras Cubanas, 1981, p.168.

de esta forma que se mantenga latente, sin decaer el interés por esa música de nuestra tierra. Voy a imponer —o trataré de hacerlo— nuevos modismos en este género, ahora cuando comience el recorrido por la Unión.

(…) para ello llevo nuevas composiciones, especialmente de Chano Pozo, cuya obra Blen blen (*sic*) ha causado furor inusitado allá. Al decir esto, frente a nosotros está sentado Chano Pozo, su mirada es, ciertamente triste, se pierde en ansias que no se realizan. Miguelito le señala y nos dice: «Ahí tienes a Chano Pozo, autor de Blen blen ¿Quién le ayuda ¿¡Nadie ¡Esa es una de las tantas injusticias que tenemos por aquí! [59]

Esta cita nos remite al capítulo sobre *Africanía en la música cubana*, Míster Babalú, estaba consciente del «vacío» que existe en el extranjero en cuanto a la música ñáñiga y lucumí, por eso en su amplio catálogo discográfico se destacan las grabaciones que hace de estas obras, lo que reafirma la importancia que tuvo en el surgimiento, años después, del *jazz* latino en ese país. Como afirma el investigador Cristóbal Díaz Ayala en *The Cuban and Latin American Popular Music Encyclopedic Discography of Cuban Music*: «Como creador, como estilista, inició toda una nueva escuela de interpretación de lo afrocubano».

En Hollywood, el cine musical, está en el gusto de un público sediento de cosas hermosas. Es la época de la Segunda Guerra Mundial. Mientras algunos cantan, otros mueren, a pesar de que el mundo civilizado está en grave peligro, la gente está harta de tanta muerte y va al cine para ver a Rita Hayworth, en *You were never lovelier* (Bailando nace el amor), Fred Astaire, vuela por los escenarios y hace soñar a los espectadores, que no quieren saber de guerra, que no

---

[59]. Radio- Guía , año Vll, no 72 la habana junio de 1940 p. 37.

quieren oír de muerte y allí está la mejor música del mundo con la orquesta de Cugat y su llamativo cantante. La película se estrena el 19 de noviembre de 1942.

La belleza de Rita te vuelve loco, pasa por tu lado y sientes un perfume único, seductor, muy bajito, le dices un piropo que sabes no comprenderá, cuando de repente se vira y sonriendo te dice: «gracias, no te asustes soy española». Las luces de Hollywood se posan en una menuda mujer y la engrandecen con su sombrero de fruta y sus trajes con lentejuelas, es Carmen Miranda...

Así lo comenta Eladio Secades:

> En plena consagración y en pleno apogeo, después de una gran temporada en el Paramount, el conjunto de Cugat marchó a Hollywood y en la meca del cinematógrafo Miguelito Valdés superó todos sus triunfos anteriores. Le salieron proposiciones para hacer películas con Carmen Miranda. Trabó amistad con Mickey Rooney, a quien dio clases de conga. Comprendió que la oportunidad de su vida estaba allí y recordando las frases de Cugat cuando firmaron el contrato de 1940, apeló a su ofrecimiento y le exteriorizó el deseo de permanecer en Hollywood... Los dueños del conocido night-club El Mambo como, centro de reunión de los astros de la pantalla, querían que se quedase en el espectáculo como figura estelar. Cugat al principio no se negó, pero un día antes de salir la orquesta para New York le dijo a Miguelito que tenía que regresar, pues lo necesitaba para la temporada del Waldorf Astoria.
> [...]
> El malogrado propósito de Miguelito Valdés de abandonar la orquesta de Xavier Cugat para quedarse en Hollywood, le hace perder la oportunidad de hacer una película con Carmen Miranda.[60]

151

---

[60] Eladio Secades. «Cugat en pleito con Miguelito Valdés». *Bohemia*, Año 34, No. 30, pp. 42, 43 y 52, La Habana, 26 de Julio de 1942.

El futuro se muestra glamuroso, asiste a programas de radio junto a Olson Welles, está en la meca del cine, junto a Cugat, la voz se resiente de tanto cantar, el salario no está acorde con la fama, Cugat como español colono se lo lleva casi todo, Miguel canta «Bruca manigua», él es libre, la etapa de la esclavitud terminó, él es un *showman*, no va a seguir recibiendo limosnas. Al igual que lo hizo Gilberto Valdés, él también lucha por lograr el cierre de un contrato que siempre estuvo turbio.

La presencia de Miguelito en el cine, radio y escenarios americanos lo hacen una figura con gran proyección, la prestigiosa revista *Billboard* le dedica dos portadas a Mr. Babalú.

Nacido en La Habana, este lujurioso intérprete latino ha sido adoptado por el público estadounidense durante los últimos dos años y está en camino de convertirse en la principal atracción latina en los Estados de la Unión. Dotado de una de las voces vibrantes y contundentes y personalidades, Eugenio Lázaro Miguel Izquierdo Valdés y Hernández, o Miguelito, se ha labrado un nicho único para sí mismo con sus interpretaciones de canciones afrocubanas, hechas más llamativas y rítmicas por su manera golpeteo de una conga.

Se inició en los clubes nocturnos de La Habana, y se destacó por primera vez en un reconocido vocalista en el Casino Havana-Riverside. Después de sus compromisos en el célebre Escambrón de Puerto Rico, el Union Club en Panamá, teatros en Venezuela y Guatemala y un período en el que actuó con la Casino de la Playa Orquesta en Cuba, vino a América para unirse a Xavier Cugat team en abril de 1940.

Apenas dos años después de hacer su primera aparición en América del Norte, Valdés se encuentra con una fuerte atracción en la radio, teatros, hoteles y en los muchos discos de Victor y Columbia que ha hecho. Algunos de sus discos tienen la naturaleza de artículos de colección en el campo latino...

Miguelito Valdés en portadas de la revista Billboard *(25 de abril, 1942; 24 de marzo, 1945)*
Fotos: Cortesía de Rosa M

Después de un litigio sonado que fue seguido por la prensa de allá y de aquí, por fin obtiene su independencia.

La noticia es pan caliente, los reporteros de Cuba y los Estados Unidos siguen el pleito.

El periodista de *Bohemia* Eladio Secades, destacaría en el titular y al pie de una foto de Xavier Cugat:

MIGUELITO VALDÉS, EL GLORIFICADOR DEL GÉNERO AFRO-CUBANO, PLEITEA RUIDOSAMENTE CON XAVIER CUGAT PARA RECUPERAR SU LIBERTAD.

Xavier Cugat, buen músico, pero mejor comerciante, pide cinco mil pesos por el rompimiento de un contrato cuya firma invocó su gran amor a Cuba.

[...]

Miguelito Valdés ha sido durante todo el tiempo que siguió a la conclusión de aquel pacto, lo único verdaderamente cubano que ha tenido la banda de Xavier Cugat...

Porque si es cierto que Miguelito varió su personalidad exterior para amoldarla a los caprichos de los espectadores y exageró el gesto de cantar con el pelo revuelto sobre la frente, el sabor puro de los ritmos afro-cubanos en su voz y su alma conservaron los matices y la emoción primitivos.

[...]

Cugat le respondió que la copia que tenía en su poder se la devolvía mediante la indemnización de cinco mil pesos. Y ha comenzado el pleito de cuyos extremos hablan en sus columnas los reseñadores de la vida nocturna de Broadway.

[...]

En una carta recibida hace pocos días, Miguelito Valdés revela: «He terminado con Cugat para siempre. No puedo calcular a qué precio, pero trabajaré por mi cuenta, haré mi propia orquesta, y me interesa que el público de Cuba sepa la verdad de cuánto me ha sucedido».[61]

El investigador cubano Gaspar Marrero en la revista *Bohemia* cita:

BAJO EL DOMINIO DE UN CLEPTÓMANO MUSICAL

Marshall W. Stearns, en su libro La historia del jazz, explica: "Xavier Cugat (...) encontró que los bailadores

---

[61.] *Ibedim.*

norteamericanos no podían seguir las versiones cubanas verdaderas." Convirtió la conga en "una marcha que cualquiera podía seguir." Añade el investigador Radamés Giro: "hizo popular en Norteamérica la «rumba» a lo Cugat..." Para lograrlo, contrató a músicos cubanos y latinoamericanos. En cuanto Miguelito llegó a Nueva York, Xavier Cugat lo firmó por cinco años.

Enseguida comenzaron los discos y los shows en el Hotel Waldorf Astoria. Con la banda, en 1942, participó en la película Bailando nace el amor, protagonizada por Rita Hayworth y Fred Astaire. Sería la primera de sus muchas películas.

Para Cugat, Miguelito era parte del negocio: por cinco funciones diarias en el teatro Paramount; las noches en el hotel y en el Show de los cigarrillos Camel; discos y demás compromisos, recibía ¡doscientos dólares semanales! Cuando el cubano protestó, Cugat lo despidió.

El 20 de enero de 1946, el periodista Enrique de la Osa, en su sección En Cuba de la revista BOHEMIA, repudió el gesto del gobierno de Cuba de conceder al "cleptómano musical" Xavier Cugat la Cruz de Honor Carlos Manuel de Céspedes, "como premio a sus méritos de divulgador de la música cubana". Quien más la merecía era Miguelito.

SU VERDADERO APORTE MUSICAL

Su genial interpretación de «Babalú» no fue su único hit. Gracias a él, los auténticos géneros musicales de Cuba triunfaron en el mundo. Pese a su lejanía física –estuvo en La Habana por última vez en 1958- afirmaba siempre: "Soy y seré cubano".[62]

Al fin es libre y se vuelve a sentir como en La Habana cuando da sus primeros pasos y va de un grupo a otro aprendiendo, divirtiéndose, de juerga con sus amigos en los bares, en la playa de Marianao. Algo muy preciado había sacado de su unión con Cugat, algo que no tenía precio: La Fama, relaciones, contratos, no le faltaría el

---

[62.] Gaspar Marrero. «La huella olvidada de Mr. Babalú». Bohemia, 7 de mayo del 2013.

trabajo en New York. Actúa en centros nocturnos como La Conga, Hollywood, Mocambo, La Martinica y lo más importante se une por temporadas con Machito y los afrocubans, orquesta con la cual realizó veintiséis grabaciones para la firma Decca.

Esta orquesta fue fundada por Mario Bauza, quien, como ya dijimos, había llegado a los Estados Unidos en 1926, con la orquesta de Antonio María Romeu, contratados por la RCA. Luego Don Justo Aspiazu, lo contrata para tocar el saxofón y clarinete, ya había tocado las trompetas para la banda de José Cúrvelo en el Cabaret Montmartre, Machín lo contrata como trompetista, trabajó para las *jazz bands* de Noble Sisle, Chico Webb y Cab Calloway —Miguelito Valdés fue calificado como El Cab Calloway latino— tocando clarinete, saxo y trompeta hasta que en los años cuarenta, asume la dirección musical en la banda de Frank Grillo, Machito y sus Afrocubans.

Fue el día 3 de diciembre, vísperas de Santa Bárbara, en 1940, que la orquesta debuta en el Park Palace Ballroom, en la esquina de la calle 110 y la Quinta Avenida, en Harlem. Así son las musas o, mejor dicho, Shangó el santo rumbero, bailador, el dueño de los tambores, que así lo propició ocho años después, muy cerca de aquel sitio, Chano Pozo, quien tendría mucho que ver con la divulgación de la música afrocubana, sería asesinado. Esta orquesta fue la pionera en utilizar instrumentos de la percusión cubana en los Estados Unidos y Miguelito también tuvo que ver en esta historia con su bien ganada fama y la popularidad que logró con su interpretación de los ritmos afrocubanos mezclados con *jazz*, lo que se conoce hoy como *Jazz* latino.

Es a finales del siglo XIX que el *jazz* llega a Cuba, recuérdese la intervención norteamericana en la Guerra por nuestra independencia y el continuo ir y venir de Cuba a los Estados Unidos. En la década del veinte del siglo XX el *jazz band* norteamericanas venían contratadas a la Isla y se crean *jazz band* cubanas, que empiezan a tocar boleros y danzones. En 1929 se constituye la primera *big band* cubana denominada Orquesta Hermanos Castros bajo la dirección del saxofonista Manolo Castro, la cual estuvo muy vinculada a la música del maestro Ernesto Lecuona.

A partir de los años treinta, época de esplendor de la música cubana en el mundo, surgen varias *big bands* importantes, entre ellas

Lecuona Cuban Boys, Los Curbelo, Havana Casino, y Riverside. En 1932, Armando Romeu, se inspira en los norteamericanos Duke Ellington y Fletcher Henderson para crear la primera de sus *jazz band.*

Miguel Ángel, formó parte de Los Hermanos Castro, promocionó las creaciones de Arsenio Rodríguez y Chano Pozo. Había descargado junto al Chory en la playa de Marianao y por sus viajes con La Casino de la Playa conocía bien el Caribe, y otros países de América Latina, ¿quién mejor que él para sembrar la semilla de lo que luego se conocería como *Latin Jazz.*

Personalidades como Dizzy Gillespie, participa en las «descargas» de Mario Bauzá y del Noro Morales, —portorriqueño que ayudó a difundir la rumba en los Estados Unidos— allí estaba Miguelito con su singular forma de interpretar la música cubana.

Un timbalero que también había recibido la influencia del Chory en las playas de Marianao sería contratado por la orquesta, no era cubano, pero por su sangre corría nuestra música, su nombre Ernest Anthony, Tito Puente llegaría a ser el rey del timbal latino y en más de una ocasión acompañaría a Miguelito.

157

Miguelito Valdés en el Club La Conga,1940's. Foto: Cortesía Jaime Jaramillo

Los solos de trompetas de *jazz* se unen a la conga, bongó, clave, maracas y güiro, algo soñado, África de fiesta, sin las fronteras que separan a Cuba de los Estados Unidos. Y qué mejor escenario que un sitio con nombre La Conga, en la 53 e/ 7 ave y Broadway donde en 1942, un Miguel libre, el mejor congüero del mundo hace bailar a negros, mulatos y blancos. Hasta Frank Sinatra, amigo de Machito, iba a escucharlo y descargaba con él.

El club La Conga o en el Park Plaza de 110 y 5 ave, el Beachcomber, el Hotel Concord, los clubs Royal Roost, Bop City, Birdland, también el Savoy de Harlem, fueron testigos de la actuación de Míster Babalú.

Sirvan las siguientes palabras del profesor José Reyes Fortún para reivindicar la importancia de Miguelito en la propagación de la rumba y en la divulgación de *jazz* latino en los Estados Unidos. Nótese la utilización del adjetivo **legítimo** para realzar su interpretación.

> Lentamente, la rumba en sus formas y estilos más legítimos fue ocupando sólidos espacios en el espectro artístico, lo que estimuló a las disqueras a incluirla en sus programas de grabaciones. En 1943 el sello norteamericano Decca le ofreció a Miguelito Valdés un fabuloso contrato como artista exclusivo; ya anteriormente esta oportunidad la había obtenido por la RCA Victor respaldado por la *jazz band* Casino de la Playa. Con la etiqueta Decca Miguelito estaba obligado a realizar varios álbumes de 78 rpm con el respaldo de la formidable banda Machito y sus afrocubanos. Algo similar le ocurrió con el sello Columbia a su paso por la orquesta del comprometido músico catalán Xavier Cugat. En todos esos programas, Miguelito incluyó temas de rumba como *Blen, blen blen, Rumba rumbero, Adiós África, Rumba soy yo* y *Nagüé.*
> [...]
> Además, en esta importante labor discográfica se tomaron en consideración algunas obras de la autoría de Gilberto Valdés...[63]

158

Todavía hoy descolla el estelar dúo que realiza con Graciela Pérez Grillo, la Primera Dama del Latin Jazz, principal cantante por más de veinte años de la orquesta de su hermano Machito, cuñada de Mario Bauzá y una de las fundadoras de la Orquesta de Mujeres

---

[63] José Reyes Fortún. *Música cubana: La aguja en el surco.* Ediciones Cubanas Artex SA, La Habana, p 30.

Anacaona. En el 2006 recibió durante la ceremonia de los Latin Grammy el Premio a la *Excelencia Musical*, por su interpretación destacada de bolero y el mambo y otros géneros. La cantante cubana nació, el 23 de agosto de 1915 y falleció el 7 de abril de 2010.

Otra vez una conflagración mundial se interpone para frenar la alegría y esta vez la conga no tendría nada que hacer. Estados Unidos en el 1943 le declara la guerra a la Alemania fascista y mucho de los jóvenes músicos incluyendo los integrantes de la orquesta de Machito tuvieron que cambiar su instrumento por un arma de fuego. El panorama se mostraba feo y otra vez Miguelito regresa a casa, lleno de fama y con ahorros, es contratado por la emisora que mejor paga a los artistas en Cuba RHC Cadena Azul de Amado Trinidad Velazco, quien los espera personalmente el 11 de abril en el aeropuerto, junto al presidente de la radio, estaba su hermano Chano , tumbadora en mano con su «Blen blen blen», mientras en un rincón se encontraba su esposa Vera junto a su hermana.

Por muy poco tiempo estaría Miguelito en La Habana, apenas las tres semanas para las que fue contratada por Trinidad. Muy pronto haría realidad uno de sus más grandes sueños, visitar México para cumplir un contrato con la emisora de radio XEW y el sindicato de artistas del cine, pero incumpliría una vez más con lo prometido el día de sus nupcias, perdería a la que probablemente fue el amor de su vida porque su mujer no tenía vocación de Penélope.

Miguelito Valdés llegando al puerto de la Habana en 1943, donde es recibido por Chano Pozo, derecha, Silvestre Mendez, segundo desde la izquierda. Foto: Cortesía Jaime Jaramillo

MIGUELITO VALDES
"Mr. Babalu"

México lindo y querido

La conexión de Miguelito con el país de Pancho Villa además de sentimental es genética, por su color aceitunado y su pelo, extremadamente lacio se nota las semejanzas con los habitantes de aquel país, una mezcla de indios con españoles.

México se disputa con Cuba el surgimiento de ritmos como el *bolero* y el *mambo*. El primero había llegado desde principio de siglo xx, precisamente a Yucatán y tuvo como uno de sus más grandes exponentes a Agustín Lara, compositor muy querido en nuestro país, quien también compartió escenarios con nuestro Valdés. El *danzón* y el *chachachá* son bailes muy apreciados en el país azteca.

A México y Cuba lo unen lazos de amistad que se fortalecen aún más cuando se habla de cultura. Allí llegó el joven José Martí y desarrolló sus dotes como periodista y dramaturgo, se casó con Carmen Zayas Bazán y entabló una hermandad con Manuel Mercado. Este fue uno de los pocos países que el insigne novelista cubano José Lezama Lima visitó en su vida y lo reflejó en su monumental obra *Paradiso*.

Se necesitaría más que un libro para mencionar a los artistas cubanos que hicieron carrera en México. En este país triunfarían figuras como Ernesto Lecuona, embajador por excelencia de la música cubana; Rita Montaner, bautizó a Ignacio Villa como Bola de Nieve; los tres fueron muy admirados por el pueblo mexicano. Cantantes como Esperanza Iris, ayudarían a fortalecer estos lazos culturales invitando a los cubanos a su teatro y actuando ella en Cuba. Los principales exponentes del cine mexicano: Jorge Negrete, Mario Moreno, Germán Valdés, Pedro Infantes, Gloria Marín, la bella María Félix y cantantes como Pedro Vargas, Ramón Armengol, José Mojica, Tito Guízar, entre otros, fueron muy bien recibidos en Cuba.

En la tierra mexicana se cristalizó la carrera artística de Pérez Prado, Benny Moré, y Rosita Fornés, fue como una segunda patria para ellos.

Paco Miller, importante empresario artístico, conociendo el éxito de Miguelito Valdés en los Estados Unidos, lo contrata para que participe en una de sus compañías Maulmer y Miller, junto a Mario Moreno, Cantinflas, quien ya en esos momentos era una celebridad y Toña La negra, exitosa cantante que también visitó la Isla, además de la Panchita, Tata Nacho, Mercedes Caraza, Los Calaveras, María Victoria y Meche Barba y el joven actor Germán Valdés. La caravana viajó a través de México y los Estados Unidos, siendo sus actuaciones en El Paso y Los Ángeles dos éxitos rotundos.

Germán Valdés fue descubierto por Paco Miller en la estación radiofónica XEJ de Ciudad Juárez, donde este último conducía un programa denominado *El barco de la ilusión*. El 1 de noviembre de 1943, Míster Babalú actuó con el entonces desconocido comediante en el teatro Esperanza Iris, luego lo haría en el cabaret El Patio de la ciudad de México. Allí permanece casi dos años Miguelito en la estación XEW. La vinculación de Tintán con la música cubana ha quedado grabada en la banda sonora de muchas de las películas donde participó, acompañado de rumberas como Amalia Aguilar, Tongolele y nuestra querida Rosa Fornés. Tenía según la crítica, una jazzística manera de improvisar vocalmente las canciones, algo en lo que pudo haber influido nuestro Miguelito Valdés.

Y para seguir el camino de las musas que privilegian en el arte a los que se apellidan Valdés, baste mencionar que de los nueve hijos de Rafael Gómez de Valdés Angelini y Guadalupe Castillo, tres se convirtieron en súper estrellas de la comedia: Germán Valdés, Tin Tan Ramón Valdés, Don Ramón y Manuel, El Loco Valdés.

En abril de 1943 el periodista Don Galaort, eufórico anuncia en la revista *Bohemia*:

> Miguelito Valdés va a filmar con Cantinflas *(lo cierto es que, aunque estos planes no se cumplieron)* Moreno, quien compartió escenario y experiencias con Míster Babalú, visita Cuba en 1944, se nutre de la música cubana y es el "culpable" de que Rosita Fornés viaje a México porque se enamora de la bella actriz.

Como hace en los Estados Unidos, participa en la época de oro del cine mexicano que se inicia en 1936 y llegó a su fin en 1959 con la muerte del actor Pedro Infante. La influencia de la música cubana en el cine mexicano de estos años es muy grande y siendo Miguelito, el embajador ideal de los ritmos en boga no es de sorprender su éxito. Participó en varias películas y cortos musicales: *Esclavitud*, *Conga bar* —con música de los hermanos Grenet—, *Estampas habaneras* con la cantante puertorriqueña Myrta Silva, Sergio Orta y Cecile Abreu, *Mi reino por un torero* con María Antonieta Pons e *Imprudencia* con los hermanos Fernando y Andrés Soler, (todas de 1944, dirigidas por Agustín P. Delgado).

Miguelito Valdés en México

A partir de este viaje, México sería un sitio obligado en las giras de Miguel Ángel. Allí realizó grabaciones con la Orquesta de Pablo Peregrino, en formato de 45 rpm para la RCA Víctor, los temas fueron: «Esa mulata», «Qué tal te va», «Calypso man» y «Hilton Caribe».

Mister Babalú volvió a actuar al lado de María Antonieta Pons, en la película mexicana dirigida por: Ramón Pereda titulada *Acapulqueña*, en el Año 1959, cantó su tema «Negro», en ritmo de Afro.

En 1963 realizó un disco de larga duración *México, yo te canto con el Mariachi* Tenochtitlán con los temas: «Pa' que sientas lo que siento» de Marcelo Salazar, «Viva mi compañera» de Tony De Marco, «¿Porque eres así?» de Teddy Fregoso, «Fallastes corazón» de Cuco

Sánchez, «Cucurrucucu paloma» de Tomás Méndez, «Guadalajara» de Pepe Guízar, «Desierto en el alma» de Fernando Z. Maldonado, «El Jinete» de José Alfredo Jiménez, «Déjame creer» de René Touzet, «Échame a mi la culpa» de José Ángel Espinosa, y «Adoración».

Fue en 1977, que se reencuentra en territorio mexicano con el decano de los conjuntos cubanos, la Sonora Matancera de Rogelio Martínez, realiza para el sello Orfeón veinte y dos grabaciones, entre los temas aparecen: «Anacaona», «Así se compone un son», «Cualquiera resbala y cae», «Cuando salí de Cuba», «El mambito», «La hija de Lola», «En el extranjero» y «Nocturnando».

Otro álbum publicado por el sello Orfeón se llamó *Miguelito Valdés y Roberto Blanco Moheno–Dos amigos se encuentran Cuba y México*.

Sufrió un ataque al corazón en México a inicios de 1978.

Miguelito se ganó un espacio en el sentimiento del pueblo mexicano. Fue tal el amor de Miguelito por México y de México por Miguelito, que muchos años después de su muerte, en el 2018 en San Miguel Allende, la capital del estado de León y Dolores Hidalgo, dedicó la 15 edición del Festival Cuba Fiesta a rendir homenaje al reconocido músico y cantante México-Cubano Miguelito Valdés, precursor del género rumba en México y en el mundo.

Miguelito Valdés, persona no identificada y Celia Cruz. México, 1973
Foto: Cortesía de Mayito Valdés

La voz de Babalú

E n 1944 visitaría Venezuela y Panamá, vería a su hijo y aún man-tenía la esperanza de recuperar su matrimonio. El éxito en la música fue grande, pero su exesposa bajo la sombra de sus padres, ya no volvería a ser la misma.

No cabe dudas, Miguel Valdés es uno de los cantantes cubanos más populares del mundo, es la década del cuarenta y Estados Unidos, México, Venezuela, Panamá, Colombia, Puerto Rico, Perú, entre otros, escuchan su voz a través de las grabaciones con la Casino de la Playa, Xavier Cugat, Machito y sus afrocubans, sobre todo por su ya amplia discografía, presencia en la gran pantalla y en la radio. A pesar de no vivir en Cuba, no pierde su vínculo con la isla, donde la prensa escrita sigue sus pasos. El regresa cada vez que puede, visita Radio Cadena azul donde están sus amigos Rita, Chano, Olga.

Orlando Guerra, Cascarita; Bola de Nieve; Miguelito Valdés y Facundo Rivero. La Habana, 1940;s

En una de sus presentaciones en Nueva York, Harry S. Truman, el mismísimo presidente de los Estados Unidos, lo saluda «Hello Míster Babalú», entonces perdería su nombre una vez más.

La vanidad llegó con la fama, seguía siendo una excelente persona, pero el más famoso entre los famosos, lo podía todo. En 1945 regresa a la Gran Manzana y graba con la orquesta del pianista boricua Noro Morales una serie de excelentes números. Se presentó en centros nocturnos con una orquesta que formaba cuando obtenía contratos en Los Ángeles y Nueva York.

Una de esas noches frías, Miguel Ángel se levantó y al tomar el auricular para hablar con un colega descubrió que la voz no le salía, sintió un ligero calambre en brazo y se recostó al sofá. Ni el divorcio de su mujer y la ausencia de su hijo o la pérdida de su madre y abuela, le ocasionó un dolor más profundo en el pecho. Consultó los orishas, escuchó la voz de su abuela Micaela:

Ay mi nietecito, usted no quiere escuchar, no quiere descansar y ya usted no tiene edad para tanta trasnochaderas, abusa mucho del regalo que le dieron los orishas y ha descuidado a su santo protector. No va hablar más hasta que no vaya a Cuba a la iglesita del Rincón y se arrodille y pida perdón por tanta prepotencia, perdió su familia, anda de bar en bar, solo para tener money *y más* money, *abandonó a sus amigos, ahora mismo hay alguien que lo necesita mucho, usted debe cumplir... y dice Obbatalá que quiere las palomas que le prometió.*

Los médicos fueron más crueles: NO VOLVERÁ A CANTAR, SUS CUERDAS VOCALES ESTÁN MUY DAÑADAS, NO HAY SOLUCIÓN.

Regresó a La Habana, «roto», por primera vez en su cara no había una sonrisa, Rita y Chano se preocuparon mucho y luego de llevarlo al hospital, le confiaron a los orishas la voz del que no podía callar. Y COMO LOS MILAGROS SÍ EXISTEN, la voz regresó con más potencia que antes, de rodilla ante San Lázaro, prometió:

Lo del perro chiguagua y que lo maltraté, es mentira, otra artimaña de Cugat cuando abandoné su orquesta. Usted sabe mi padre, mi compromiso con mi tierra, con mis raíces, por eso le pido que me

devuelva la voz, prometo tener siempre un perro a mi lado, dar luz
al que vive en la oscuridad y llevarme a Chano...

Bastaba ya de juergas, peleas... Había quedado muy impresionado porque recientemente en noviembre Chano fue gravemente herido en un pleito que él armó en la Sociedad de Autores y quedó con vida gracias a una eficaz operación del médico Benigno Souza. Tenía que hacer algo con su viejo amigo que ya no era el mismo muerto de hambre de antes y había participado en cuanto espectáculo importante se hacía en La Habana.

167

Miguelito Valdés, Celia Cruz, Gilberto Novoña, Olga Guillot, Ibrahim Urbino y Frank Emilio entre otros. La Habana.

En 1941, se presentó en la primera gran revista del Cabaret Tropicana, *Congo Pantera*, a principio de los cuarenta otro Gilberto Valdés, lo invitó a participar en *Tambó en Negro Mayor* en el Anfiteatro de La Habana, Integró la banda que acompañó a Miguelito Valdés en un concierto en la RHC- Cadena Azul, a fines de 1941. Tocó el tambor en grabaciones de Osvaldo Estívil con la Orquesta del Hotel Nacional. En 1943 formó parte del elenco que ofreció un homenaje a Rita Montaner en el Teatro Campoamor. En el 1944 el tresero Humberto Cané lo llamó a un conjunto Todos Estrellas que por tres meses actuó en el Casino Nacional y luego Chano se quedó con la agrupación, llamándole Conjunto Azul para actuar en la RHC. Aunque incluso en 1946 grabó números con el Conjunto Azul y llegó a tener éxito, las cosas no le funcionaban bien. El año anterior Miguelito se había encontrado con Mario Bauzá y todo indicaba que de esa conversación saldría la idea de que Chano podría tener ventura entre la colonia de músicos cubanos de Nueva York, «para lo que Miguelito Valdés y yo, ayudaremos en lo posible», le llegó a decir Bauzá. Cuando estaba en La Habana Miguelito y Chano eran inseparables como cuando eran niños, se ponían al día de los chismes de farándula de aquí y de allá. Antes de volver a marcharse le aconsejó que se fuera a Nueva York, donde él podría ayudarlo más.

En junio de 1946, vuelve Míster Babalú a filmar una película, apareció cantando en las pantallas de los cines *Suspense* (*Choque de pasiones*), de Frank Tuttle.

Chano en la Gran Manzana

La manzana era tan grande que había un pedazo para todos, de convencer a Chano y a Olga Guillot, la joven mulata que cantaba boleros, se encargó Miguelito, aunque a decir verdad, ambos ansiaban visitar el país de las oportunidades. A Chano lo vio en el solar del Ataúd y aunque vivía como un rey en su cuarto rodeado de sus muchos trajes, zapatos, cadenas de oro, junto a la bella Laura, y se exhibía por las calles de La Habana en el descapotable rojo que se había comprado con el dinero del derecho de autor que le había enviado, la sombra de un ave negra revoleteando su cabeza, le dio un mal presentimiento, Miguelito temía por su amigo. En New York, sus canciones eran un éxito, sabía que sus callosas manos podrían conquistar la ciudad como un día lo hizo su amigo Kid Chocolate, quien también se encargó de convencer al viejo amigo al que admiraba tanto.

El 20 octubre de 1946, según Rosa Marquetti, por fin llega el tamborero a Nueva York. Y qué lugar mejor que el cabaret la Conga, que era algo así como el Cuartel general de Miguelito para recibirlo. Jordi Pujol en *El tambor de Cuba. Vida y música del legendario rumbero cubano, afirma*:

> Cuando le llegó el turno de actuar a Miguelito, éste salió al escenario, cantó y vio a Chano, Cacha y Pepe [Becké] entre el público. Después de interpretar dos canciones, Miguelito se dirigió a la audiencia diciendo «Damas y caballeros… Está con nosotros esta noche Chano Pozo, de Cuba, compositor de muchas de las canciones que tengo grabadas». Valdés mencionó los títulos de los temas y luego invitó a Chano, vestido completamente de blanco y bailando al compás de «Blen, blen, blen». Cuando le pasaron el micrófono, Chano invitó a Pepe a subir al escenario. Y este se sentó en una silla con

un mantel atado alrededor del cuello, mientras Chano bailaba detrás de él a ritmo de «Nague», SIMULANDO HACER UN CORTE DE PELO. Finalmente, Miguelito invitó a Cacha a subir a escena y todos acabaron bailando rumba juntos. En su afán por ayudar a Chano y sus amigos, Miguelito consiguió que Mr. Gardner, dueño de La Conga, los contratara para el *show*.[64]

Chano aprovecharía la buena oportunidad que le ofrece su hermano Miguel al presentarle a los bailarines y percusionistas cubanos La Rosa Estrada y Julio Méndez que actuaban en la Compañía de la coreógrafa norteamericana Katherine Dunham, también el destacado compositor cubano Gilberto Valdés, que conocía a Chano, y trabajaba para la compañía —iniciadora de los ritmos afrocubanos en la danza en los Estados Unidos— recomendó a su compatriota. Actúan en el espectáculo *Bal Negre*, en un conocido teatro neoyorkino.

Miguelito Valdés con Marquita Rivera. Puerto Rico, 1940's
Foto: Eugene Biscardi Colección

---

[64]. Rosa Marquetti. *Chano Pozo. La Vida (1915-1948)*. Ediciones Unos Otros Estados Unidos, 2019,pp. 126 y 127.

Regresar a Puerto Rico siempre fue agradable para Miguel y mucho más si se trata de actuar en Escambrón donde tanto éxito tenía desde la etapa del Casino de la Playa, en esta ocasión viaja a la Isla del Encanto a principio de noviembre 1946.

El 27 de diciembre de 1946, ya está de nuevo en La Habana, donde había venido a pasar Las Pascuas y a cumplir con una numerosa y apretada agenda que incluía, cabarets, homenajes, grabaciones y radio.

Más que guardar, atesoro en mi casa un viejo librero metálico con puertas de cristal que pertenecía a Cuco Conde, uno de los grandes periodistas, y comentaristas deportivos de Cuba, amigo y admirador de Miguelito y de Kid Chocolate, el viejo armatoste , seguro que atesoró las crónicas del Maestro y sus escritos en el periódico *Mañana*, no me es difícil seguir las huellas de Miguelito en una Habana que lo idolatra, Cuco lo sabe y no le pierde pie ni pisada y lo sigue a la Emisora Mil Diez donde comparte escenario en un espectáculo con su amiga Olga Guillot y Celia Cruz, una figura que conquistaría en un futuro no solo la ciudad neoyorkina, sino toda la Comunidad Latina de los Estados, quien llegaría a ser una de las mejores amigas de Miguelito. También actúa con Chano, al lado de La Orquesta De La Mil Diez, a inicios de 1947, grabó el son montuno «Sangre Son Colora» de su autoría, la Orquesta estaba dirigida por otro Valdés, Arnau Roberto; con Rafael Ortega en el piano, Filiberto Sánchez en los bongos y Chano Pozo en la tumbadora.

El director de esta emisora era el locutor Ibrahim Urbino y Miguelito lo conocía a través de Amado Trinidad que era su coterráneo, fundador como ya vimos de Radio Cadena Azul. El pueblo aportó 75 mil pesos al Partido Unión Revolucionaria Comunista —más tarde Partido Socialista Popular— para comprar Radio 2JK Casa Lavin, que se convertiría en la Mil Diez, La Emisora del Pueblo, en 1943. Como identificación usaban un tema muy cubano que sería «La Bayamesa», con letra de José Fornaris y Luque y música de Francisco del Castillo y Moreno y Carlos Manuel de Céspedes.

¿No recuerdas, gentil Bayamesa,
Que tú fuiste mi sol refulgento,
y risueño en tu lánguida frente
blando beso imprimí con ardor?

¿No recuerdas que un tiempo dichoso,
me extasié con tu pura belleza,
y en tu seno doblé mi cabeza,
moribundo de dicha y amor?

Ven, asoma a tu reja, sonriendo;
ven y escucha, amorosa, mi canto;
ven, no duermas, acude a mi llanto,
pon alivio a mi negro dolor.

Recordando las glorias pasadas,
disipemos, mi bien, la tristeza
y doblemos los dos la cabeza,
moribundos de dicha y amor.

Baste mencionar que figuras como Olga Guillot, Celia Cruz, Benny Moré, José Antonio Méndez, César Portillo de la Luz, René Márquez, Elena Burke, Zoila Gálvez, Alba Marina, Miriam Acevedo, Asseneh Rodríguez, Pacho Alonso y Olga Rivero y Aida Diestro, entre otras, debutaron y promocionaron sus obras en esta emisora.

Encontraron también un espacio los maestros: Enrique González Mántici, Félix Guerrero, Roberto Valdés Arnau, Rey Díaz Calvet y Osvaldo Estival y Frank Emilio. Antonio Arcaño, Arsenio Rodríguez, Israel *Cachao* López y Dámaso Pérez Prado.

Muestra de su defensa por la cubanía fue la divulgación de lo mejor de nuestro patrimonio, como la música de Laureano Fuentes, Esteban Salas, Manuel Saumell, Nicolás Ruiz Espadero, Ignacio Cervantes, sin excluir por supuesto lo mejor de la música afrocubana en todas sus variantes: yoruba, conga, bantú, lucumí, ñáñiga.

Loquibambia, primera agrupación del movimiento del filin, con José Antonio Méndez, Frank Emilio, Leonel Bravet y Omara Portuondo, también encontró un espacio en esta emisora.

A propósito, poco conocida es la relación de Miguelito Valdés con un grupo de muchachos que a fines de los años cuarenta, se reúnen en la casa del trovador Tirso Díaz, en un solar que se encuentra en Zanja 462 entre Belascoaín y Lucena, otra vez es en Cayo Hueso donde una nueva sonoridad nace con una herencia genética en la que está el son, el bolero, la trova pero influido por la música norteamericana sobre todo por ese *jazz* del que hablábamos anteriormente. Querían encontrar y encontraron una nueva forma de decir, una nueva forma de interpretar y como todo grupo halló la palabra clave en el vocablo anglosajón *feeling* tomada de un tema de la norteamericana Maxime Sullivan.

Lo más probable es que haya sido su amigo Milli, creador de los Zafiros, el que lo llevó a aquellas tertulias de jóvenes compositores que se convertirían en gloria de la cultura cubana, como son los casos de José Antonio Méndez y Portillo de la Luz.

Él es un hombre maduro que ha recorrido mundo, habla bien el inglés, toca también la guitarra, es motivo de inspiración y orgullo. Trae discos de la música americana actual y ellos le enseñan su música con filin, allí están José Antonio, Ñico Rojas, El Niño Rivera y las noches son largas, tan largas que no terminan nunca. Canta en ingles: «Good, good, good» y «You never say yes».

Miguelito Valdés realizó otras grabaciones con Chano Pozo en la emisora Mil Diez y el *show* de Tropicana. Grabó temas como «El botellero» y «Rumba abierta», composiciones de Gilberto Valdés, quien dirigía la orquesta.

173

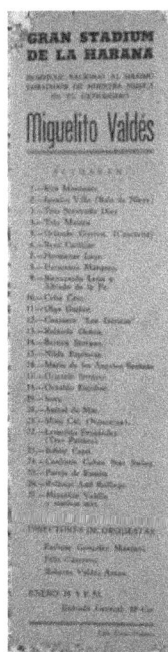

El Gran Stadium de La Habana fue un lugar creado para vivir grandes emociones, generalmente los aficionados van a disfrutar del juego de pelota entre sus equipos preferidos Almendares y Habana, ha vibrado ante los batazos de Miñoso y hasta de Babe Ruht, pero esta noche a las 8: 00 p. m. del 25 de enero de 1947, es la música la protagonista. Un gran elenco se da cita en el Coloso del Cerro para homenajear al cantante que ha sido embajador de la música cubana en grandes escenarios de Estados Unidos y otros países de América. Hoy el ayuntamiento municipal, le entregará La Medalla de La Habana y allí están sus amigos Rita Montaner y Bola de Nieves encabezando el elenco, además del cancionero puertorriqueño Bobby Capó, Celia Cruz, Olga Guillot, Maria de los Ángeles Santana, Graciella Santos, las Hermanas Lago, las Hermanas Márquez, el trío Servando Díaz, el barítono René Castelar y Nilda Espinosa, así como los actores cómicos Aníbal de

Mar, Mimí Cal y Leopoldo Fernández, el animador Rolando Ochoa, la rumbera Isora y los directores de orquesta Félix Guerrero, Enrique González Mántici y Roberto Valdés Arnau y su amigo Chano, que hace sonar los cueros del tambor con sobrada alegría.

Gracias a Rosa Marquetti, que tradujo el siguiente fragmento de Max Salazar sobre Miguelito, podemos conocer su sentir después de este homenaje:

> Después del acto de imposición de la medalla, Chano y yo nos fuimos a mi hotel. Ya Chano era en ese momento un famoso compositor de temas populares y ganaba buen dinero como coreógrafo de revistas y *shows* musicales en hoteles. Pero él no estaba satisfecho. Quería hacerse grande en los Estados Unidos. Chano y Olguita [Guillot] querían viajar a Nueva York desde que escucharon mis grabaciones con Cugat.[65]

Pronto Chano Pozo regresaría a los Estados Unidos, allí, junto a Olga Guillot, Arsenio Rodríguez, el Ciego Maravilloso y Miguelito Valdés escribirían una de la página más bellas de la colaboración entre músicos cubanos.

Ibrahim Urbino, Miguelito Valdés, Chano Pozo y Filiberto Sánchez en radioemisora Mil Diez
Foto: Cortesía Rosa Marquetti

---

[65] Rosa Marquetti. *Op. Cit. 133.*

Miguelito Valdés y Olga Guillot,
New York, 1947
Foto: Cortesía Mayito Valdés

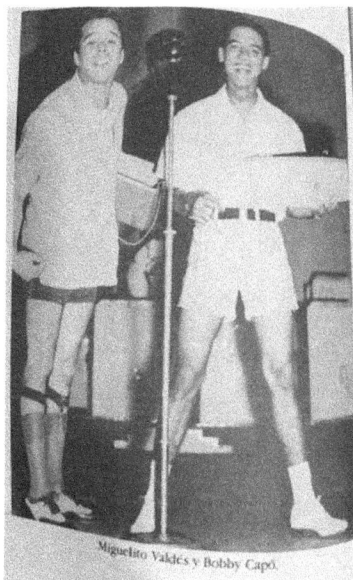

Una solidad amistad entre el puertorriqueño
Bobby Capó y Miguelito Valdés es notoria
Foto: del libro de Bobby Collazo: La última no-
che que pasé contigo

Chano Pozo, Miguelito Valdés y Olga Guillot
Foto: del libro de Bobby Collazo: La última
noche que pasé contigo

Tropicana, un paraíso bajo las estrellas

Muchas veces fui a Tropicana, entonces yo era una niña y jugaba a saltar sacos en el salón Mambí o subía por el Arco de Cristal a coger tamarindos con mi hermano Esteban, quien descubrió cómo se prendía la Fuente de las Musas en pleno día.

Todo está confuso. Allí está mi madre con el rostro lleno de lentejuelas y las manos aguijoneadas de tanto coser, está Tomás Alfonso y Santiago Álvarez impidiendo que las bailarinas coman dulces, está el león que se escapa del *show* de los romanos, La Lupe, contorsionándose con zumzumdabae, imitando ser pájaro, ya no es rubia, canta una pieza de Ernesto Lecuona y tiene un lunar en la frente…

> *El zunzún*
> *Es juguete y es amor.*
>
> *El zunzún vuela y canta en su prisión.*
> *Míralo, si parece que al volar*
> *una boca va a besar*
> *y que mieles de unos labios*
> *va a libar.*
>
> *Ay, óyeme, mi casera, que me voy.*
> *Cómpreme, que no hay pájaro mejor.*
> *El zunzún*
> *es inquieto como yo,*
> *y busca siempre al volar*
> *fugaz ilusión.*

Y vuela y se posa en el hombro de Miguelito Valdés con quien Rita Montaner compartió una cena-homenaje y lo invita a subir al escenario junto a Bola de Nieve, entre chistes y canciones el público delira. Es un día de enero del año 1947 y Míster Babalú está de visita en La Habana, a pesar de su apretada agenda ha encontrado espacio para ir con Chano al cabaret, el tamborero se une a la fiesta. Es tan grande la ovación que recibe el ídolo de Broadway, que Víctor Correa lo contrata para actuar acompañado de la Orquesta de Armando Romeo.

Tropicana al igual que el Sans Souci fueron creados para conquistar a las estrellas al tener como techo el cielo, pero si algo distinguió sus espectáculos fueron sus escenarios perfectos, rodeados de vegetación para el lucimiento del folklor afrocubano.

Todo empezó en un pequeño cabaret ubicado en la calle Zulueta conocido como Edén Concert, propiedad de Víctor Correa, su escenario, era muy parecido al actual de Bajo las estrellas, al terminar la orquesta de Julio Brito, giraba mostrando una nueva escenografía. Rafael Mascaró y Luis Bular le propusieron a Correa crear un gran cabaret donde ellos pudieran funcionar un casino clandestino. Para ello ya habían alquilado una propiedad en Marianao. El lugar escogido lindaba con la línea del ferrocarril Zanja-Marianao, hoy calle 72 núm. 45. Se trataba de una quinta de recreo de la época colonial, de seis acres de superficie. Se destacaba la exuberante vegetación de la quinta campestre. La propietaria de Villa Mina, era Guillermina Pérez Chaumont, viuda de Regino Truffin, quien fuera acaudalado banquero por los años veinte del siglo pasado, presidente de la Cuban Cane Sugar Corporation y del Havana Yacht Club. En la casona se instaló el casino y en los jardines, en los que habitaban frondosos árboles, el cabaret, fundado un 31 de diciembre de 1939. Existía una canción de Alfredo Brito que hablaba de Tropicana, Diosa del amor y este fue el nombre con que se bautizó.

En 1941, se presentó la primera gran revista: *Congo Pantera*: la caza de una pantera en África sería el argumento. La bailarina rusa Tania Leskova, descendía de un esplendoroso árbol. El juego de luces convertía a la noche en un impresionante arcoíris, el coreógrafo David Litchin, al igual que la Leskova, provenían, del Ballet Ruso de Montecarlo, pero la mayor atracción era cuando Chano Pozo, un cazador de una tribu africana, interpretaba «Parampampín». Así lo vio Miguelito con mucho orgullo cuando vino a Cuba, le había contado en una carta lo bien que le iba y su amistad con Rita Montaner.

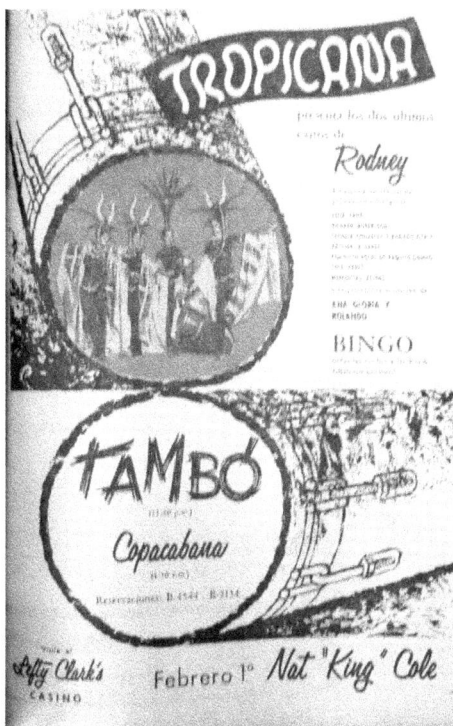

Foto: Cortesía Ramón Fajardo

En el 1944 un ciclón casi acaba con el lugar, mucho de los árboles fueron arrancados de raíz, los cristales tapizaban el piso, Mascaró y Bular no pudieron hacer frente a tanto deterioro. Martín Fox adquirió el casino. Correa continuaría como productor artístico, pero fue advertido por los dueños nuevos de que debía ampliar y diversificar el espectáculo, modernizarlo para que estuviera más a tono con lo que se hacía en los grandes cabarets del mundo. Se contrató una segunda orquesta bajo la dirección de Armando Romeu, además de la orquesta Gran Casino del Pasapoga de Madrid, aquí se llamarán Los Chavales de España. Finalmente, en el 1949, Correa salió del negocio. Y los nuevos empresarios contrataron al arquitecto Max Borges Jr. a quien ya conocía por haberle diseñado su residencia particular. En 1951, una escultura de Rita Longa: la bailerina estilizada, «larga, larga como una tentación y fina como un deseo, la cual haciendo unas preciosas puntas parece girar sobre un espejo de agua», devino símbolo del paradisiaco lugar. Mientras que, en la entrada, le da la bienvenida a los visitantes y en especial a nuestro Babalú, La Fuente de las Musas, la misma que un día resplandeciera en el Casino Nacional de la Playa de Marianao. También se construyó un nuevo salón techado, Arcos de Cristal, en 1951. Tropicana tenía una capacidad de mil setecientos cincuenta asientos, aunque admitía más personas de pie en los salones de juego, en el Coctel Lounge y en sus dos *Snack bars*. En realidad, fueron las inmensas ganancias del Casino, la que permitieron realizar esta maravillosa obra de la arquitectura cubana y lo que permitió pagar a las figuras más relevantes del espectáculo. Fox contrató en 1952, Roderico Neyra, Rodney, este coreógrafo, muy amigo de Rita Montaner, creó espectáculos donde sobresalían las hermosas modelos, el manejo de las luces, el colorido del vestuario. Entre las grandes superproducciones de Rodney se destacan: *Omelenkó*, La *viuda alegre*, *Primavera en Roma*, y *Seis lindas cubanas*. Por la escena de Tropicana, pasaron las mejores artistas de la farándula nacional y del arte internacional como: Josephine Baker, Tongolele, Xavier Cugat, Carmen Miranda, Yma Sumac, Nat King Cole, Liberace y Pedro Vargas y entre los visitantes sobresalen: Edith Piaf, Pier Angely, Ernest Hemingway, Jimmy Durante, Maurice Chevalier, Sammy Davis Jr., Marlon Brando y otras figuras. La Guía mundial de cabaret, en 1956 calificó a Tropicana como «*the largest and most beautiful night club in the world*».

Miguelito fue uno de los principales promotores de Tropicana, ya que trajo a muchas figuras a actuar y visitar el cabaret, todos los grandes nombres del *jazz* desfilaron por el lugar, él mismo fue contratado en más de una ocasión y coincidió con otro Valdés como el pianista Bebo, quien dirigía la orquesta Sabor de Cuba, con la que alternaba con la de Armando Romeu. Bebo acompañó a Nat King Cole cuando actuó en el cabaret.

Miguel Ángel Blanco, maestro de ceremonias está más eufórico que de costumbre, sabe que esta noche va a ser especial: noche de rumba, noche de conga, noche de ronda, noche de Miguelito Valdés. Su tocayo viste una camisa de rumbero que le regaló su amigo el canario González Río, ayudante de Pincho Gutiérrez, entrenador de Kid Chocolate y amigo del periodista Cuco Conde, el tiempo se detiene y las luces parecen brillar más que de costumbre, allí también están el bongosero Filiberto Sánchez y el inseparable Chano Pozo, se inicia la noche con el afro «Sangre son colorá».

Miguelito adoraba actuar en Tropicana, donde además era muy bien remunerado. En 1954 vuelve contratado por Rodney con Olga Guillot y en toda La Habana no se habla de otra cosa. Los carteles gigantes con la foto de los cantantes, muestran esta atractiva pareja sonriendo e invitando al público a no perderse una noche única. El *Diario de la Marina* del 24 septiembre de 1954, destacaba a toda página: "Miguelito Valdés, figura Universal con Olga Guillot y cuarteto D'Ruff en tres fastuosas producciones de Rodney, Ritmo en Fantasía, Polynesia y Canciones de Ayer".

Pero en el 1957, Las Musas de la Fuente que tanto lo conocían desde la etapa del Casino de la Playa, ensombrecen ante la belleza de su acompañante La muñeca de Chocolate, Lucy Favery. Afirma Roberto Oropesa:

> El encuentro entre Miguelito y Lucy fue muy bien descrito por Miguel López Ortiz en su artículo "Lucy Fabery, La Reina Puertorriqueña del Filin", cuando relata su presencia en Puerto Rico en 1952:
> [...]
> Fue entonces que el consagrado cantante cubano Miguel

Valdés Míster Babalú —a la sazón estrella del aledaño Club Caribe, del Caribe Hilton— la conoció, se enamoró perdidamente de ella y se convirtió en su mentor. (...) Por su parte Miguelito Valdés se agenció su debut ante el público hispano de New York, mismo que aconteció en el Manhattan Center ya avanzado el 1954. (...) Valdés resultó un extraordinario padrino artístico para nuestra compatriota. Porque además de enseñarle los secretos del negocio del espectáculo —y de alertarla en algunos casos— e inculcarle disciplina en el trabajo, le sirvió constantemente durante el último lustro de la era pre-castrista (1955-1959) para presentarse en escenarios tan exclusivos como los cabarets Tropicana, Capri y las salas de fiestas del Hotel Nacional, así como en los sintonizados programas televisivos Casino de la alegría, Desfile musical y Jueves de Partagás.

¡Sin haber grabado todavía! "Luego de acompañar a su mentor en una serie de presentaciones en Ecuador y Perú durante el mes de noviembre de 1955, vino a ser durante su segundo viaje a La Habana, en 1956, que la etiqueta Panart le brindó la oportunidad de grabar su primer LP, cuya producción musical fue dirigida por el prestigioso Julio Gutiérrez".

Recordando aquella memorable visita de 1957, el músico Senén Suárez en su artículo "Miguelito Valdés", publicado en octubre del 2007 por Cubarte, señalaba:

"Pero su labor de viajero no para, y es así que regresa a México, Colombia, Puerto Rico y sorpresivamente es contratado en 1957 en Tropicana junto a la intérprete Lucy Fabery, momento estelar para mí y Laíto Sureda que lo conocemos por primera vez. Cordial y amistoso, con dominio absoluto de la pista, así nos extasiábamos aquellos que llevábamos toda una vida admirándolo solo por discos. Con 45 años parecía que tenía 20. Hora y media en la pista se mantuvo aquel intérprete que más bien parecía un ciclón en plena tempestad".[66]

182

[66.] Roberto Oropesa. *Ob.Cit.*

No he podido volver a Tropicana, miro una y otra vez la promoción que salió en la prensa en el año 47...

Tropicana

El primer gran acontecimiento del año.
Cuatro únicas noches a partir de hoy jueves...

Como creo en musas inquietantes, tomo el auricular y llamo: El número marcado no está asignado a ningún abonado.

Sucedió en Tampa

Sucedió en Tampa (guaracha)
Cuando a Tampa yo llegué tuve que hospedarme allí
y ahora me hace reír recordar lo que pasé.
Yo buscando que comer
oh, que angustia para mí.
Pues no oía más que decir
What you said? What you said?
Hasta que por la mañana por suerte llegó un cubano
y me dijo, dile hermano
coffe and mílk coffe and milk.
Ahora lo aprendí a decir pero nunca olvidaré
lo que me hizo sufrir
el What you said? What you said?
Estribillo. Habla inglés, habla inglés.

ARSENIO RODRÍGUEZ

El 28 de enero de 1947, Miguelito regresa a los Estados Unidos. Antes de llegar a La Gran Manzana se presenta en el auditórium de Tampa, los días 1, 2 y 3 de febrero, ante más de cinco mil personas, en su mayoría cubanos que estaban deseosos de oír al cantante de su tierra más popular del momento. Después trabaja durante seis semanas en el Copacabana de Miami.

Los lazos de Cuba con la Florida vienen desde la época en la que este territorio pertenecía a España y el trasiego con la Isla era constante. Ya en la segunda mitad del siglo XIX existe una población considerable de cubanos en el sitio, cuyo clima es muy parecido al nuestro. Es allí donde en la «Tregua fecunda», Calixto García prepara el movimiento revolucionario para continuar la guerra por nuestra independencia. José Martí, se apoya en los tabacaleros de Tampa y Cayo Hueso, reúne fondos para la guerra, existe en ese sector una fuerte tradición de lucha que viene desde el siglo XVIII.

En 1717, el 11 de abril, por una célula real se crea la Factoría de Tabaco en La Habana, regida por Don José de Talla Piedras en la

Bahía de la ciudad. Él era el único comprador de las cosechas de tabaco, pronto se convirtió en un monopolio.

Bali Nighclub, Miami. Foto: Cortesía Mayito Valdés

¿Quién no recuerda los discursos ofrecidos por José Martí en Tampa y Cayo Hueso: «Nuestra América», «Los Pinos nuevos» y tantos otros?, las veces que se cantó nuestro Himno Nacional La Bayamesa y otras letras cargadas de patriotismo. Los tabaqueros fueron el público principal del Apóstol, se recaudaron fondos para el Partido Revolucionario. La orden del alzamiento de Nuestro Héroe Nacional a Juan Gualberto Gómez vino envuelta en un tabaco realizado por los tabaqueros de Tampa. No se puede hablar de la Guerra de Independencia sin la participación de los tabaqueros de Tampa.

No es de extrañar que en los años cuarenta:

Por este tiempo, en una acción de sentido patriótico, la organización el Club Cubano reunía en Nuevo York a patriotas de la Isla que exaltaban por igual el aporte de los próceres José Martí y Antonio Maceo a la lucha por la independencia en el siglo XIX. A finales de 1946 el Club inició una campaña para colectar fondo con vistas a erigir un monumento a ambos héroes. Con este propósito, en la confluencia de los meses de junio y julio de 1947 la organización coordinó un evento musical en el Audubon Ballroom, en el que Miguelito Valdés actuó como figura estelar y anfitrión, acompañado de Olga Guillot, Chano Pozo y Marcelino Guerra. La actividad tuvo un destacado reflejo en el boletín mensual de esa organización.[67]

En el cuarenta y siete Miguelito grabaría con Machito y los afrocubanos, una versión de «La mujer bayamesa» del maestro Sindo Garay, una letra llena de profundo lirismo y patriotismo que evidencia su versatilidad al interpretar no solo música afrocubana sino lo mejor de nuestro patrimonio musical:

Tiene en su alma la bayamesa
triste recuerdos de tradiciones;
cuando contempla sus verdes llanos
lágrimas vierte por sus pasiones. ¡Ah!

Ella sencilla, le brinda al hombre
virtudes todas, y el corazón.
Pero si siente de la patria el grito (bis)
Todo lo deja, todo lo quema;
Ese es su lema su religión.

Según el propio Sindo fue un pedazo de paredón ennegrecido por el incendio el que lo inspiró, un día en que estaba ofreciendo serenatas a las muchachas bayamesas acompañado de su hijo Guarionex:

A mi mente acudió la imagen de la mujer bayamesa con su sacrificio, su coraje, su patriotismo. La valoré como la verdadera heroína que fue y no titubeó en hacer de su dignidad una tea para incendiar su propia ciudad. Pensé en el estímulo que debió de ser para los mambises, y el acicate que le dieron a estos con su amor y su valentía en la guerra. En un rincón del patio de Eleusipo había una mesa de mármol con las patas enterradas en la tierra, allí mismo puse el papel de cartucho que recogería los versos de La mujer bayamesa, me senté en un taburete y

---

[67] Rosa Marquetti. *Ob.Cit.* pp. 148 y 149.

empecé a escribir la letra. Yo tenía ya muchísimas obras, pero esta representó algo especial para mí. Cuando la cantaba me sentía más cubano y más patriota.[68]

Lo mismo debió sentir Miguelito al interpretarla, también grabó en ese disco temas como «Guampapiro», «Señor todo pasa», «Chorombolo», «Tierra va tembla», «Lindo ranchito», «Que tal te va»; donde comparte autoría con Ignacio Piñeiro, para seguir su línea de homenajear a lo mejor de nuestra trova y esa obra llena de cubanía que identifica por su alegría a los cubanos «El Cumbanchero».

Miguelito Valdés y Rolando Laserie. Foto: Archivo familiar de Rolando Laserie

188

[68.] Carmela de León: Sindo Garay. *Memorias de un trovador*, p. 122.

La vida no es un sueño

Arsenio Rodríguez

Si hay un gesto que prueba el ultraísmo de Míster Babalú y hace honor al orisha del que lleva el nombre, el milagroso San Lázaro, es su creencia en poder hacer realidad el sueño de que su amigo Arsenio recobrara la visión. Según se contaba, este no había nacido invidente, aunque este mal lo aquejaba desde la niñez. Miguelito lo había convencido de la posibilidad de ser examinado por el doctor español Ramón Castroviejo, quien había logrado algunos avances para su tiempo en las investigaciones sobre la retinopcis pigmentaria, el cantante hasta le contó que conocía un caso que el galeno había curado. Arsenio viaja por primera vez a New York, en 1947 acompañado de su hermano Raúl.

El maestro Antonio Arcaño y otros amigos organizaron una serie de bailes benéficos en La Habana y Matanzas, incluyendo Güira de Macurijes, su pueblo natal, para sufragar los gastos del viaje y la posible operación, durante los primeros meses de ese año. El público asistió a estos bailes con entusiasmo, se recogió una buena cantidad de dinero, pero el baile más importante fue el que se efectuara en el salón de La Polar en Marianao, bajo el lema UN RAYITO DE LUZ, con el que se completaría una buena cifra.

Viviendo Arsenio y Raúl en New York, alquilados en un apartamento en la Westchester Avenue, al sur del Bronx, muchos músicos lo visitaban y allí, además de alentar al amigo se charlaba sobre las posibilidades que ofrecía La Gran Manzana para la música latina y cuánto podría aportar el Ciego Maravilloso con sus conocimientos, entre los asiduos se encontraban Miguelito Valdés, Chano Pozo y Olga Guillot, los boricuas Daniel Santos, Bobby Capó y Marcelino

Guerra, quien había estado bajo su mando en los primeros años del conjunto en La Habana.

Se repitió la fórmula del baile en La Habana, el 12 de julio, bajo el mismo nombre UN RAYITO DE LUZ. El precio de la entrada fue de dos pesos. Y se realizó en el Hotel Diplomat de la calle 43, Marcelino Guerra, Machito y Mario Bauza quienes actuaron con sus respectivas orquestas, fueron los organizadores y actuaron, además: Olga Guillot, Miguelito Valdés, Chano Pozo, Daniel Santos y Xavier Cougat junto a Noro Morales con su orquesta y el sexteto Puerto Rico de Lalo Vizcarrondo. La repercusión en la prensa fue muy buena, se utilizó la palabra «bombazo» por la cantidad de estrellas reunidas.

Miguelito Valdés, incansable promotor cultural, se había reunido con el Sr. Grabiel Oller, dueño de la CodaRecords para posibilitar varias secciones donde Chano Pozo grabaría varios temas para ese sello acompañado por la orquesta de Machito, quienes donaron su trabajo para ayudar a Chano y a Olga Guillot, recién llegada de Cuba quien participó también. Se grabó «Porqué tú sufres», «Cómetelo to» y «Rumba en Swing», tres temas de Chano, más «Sucedió en Tampa», de Arsenio, que fue invitado para incluir su tres, todo en la voz de Tito Rodríguez, con arreglos de René Hernández, el látigo y sus acostumbrados solos de piano en los dos primeros. Por aquella época la banda de Machito la componían además Julio Andino, bajo, Uba Nieto, Carlos Vidal y José Mangual en el timbal, conga y bongó respectivamente, mientras en la cuerda de metales José Madera, Gene Johnson, Fred Skerrit, Leslie Jonakins, Saxofones, Bobby Woodlen, Jorge Castro y Frank Dávila, trompetas, con Bauza en el clarinete, como director musical. Conjunto Batamú de Marcelino Guerra, Rapindey se convirtió en el grupo acompañante de Chano en los temas del ciego, «Contéstame» y «Sácale brillo al piso», además de «Seven Se ven» y «Serenade», estos dos del propio Chano, ahora con Frank Gilberto *Bilingui* Ayala en el piano, Arsenio al tres y Panchito Rizet como voz líder con Alonso y Rapindey en los coros. Este trabajo se tituló Chano Pozo y su conjunto con el Mago del tres. En la tercera sección se grabaron temas a base de percusión que fueron bautizados como ritmo afrocuban, donde intervinieron junto a Chano, Miguelito, Arsenio y Vidal en las congas, Bilingui Ayala, ahora con el bongó, además de Tito Rodríguez otra vez en la parte vocal. Los temas, de la firma de Chano fueron, «Ya no se puede rumbear», «Abasí», «Tambombarananá» y «Placetas». Casi todos los gastos de estas grabaciones fueron sufragados por Miguelito Valdés, quien estaba muy feliz de reunir tan selecto grupo en los Estados Unidos donde estaba seguro de su éxito: «Recuerdo que era un día muy frío… Llevé algunas botellas de whiskey fue el pago para la orquesta de Machito, pues ellos donaron sus servicios para ayudar a Chano y a Olguita».[69]

Finalmente llegó el día esperado y junto a Arsenio, estaban Olga Guillot y Miguelito Valdés que tomaron el elevador del Edificio Este de la calle 91 para subir esperanzados al piso 6 donde radicara el pequeño consultorio. El galeno sentía verdadera curiosidad por evaluar a Arsenio, porque eran muchas las personas que dentro y fuera del país se habían interesado por la operación del músico, sin contar con la promoción que recibiría como médico si lograba devolverle la visión.

Ya el ojo izquierdo de Arsenio le había sido extraído en su infancia, pero desgraciadamente al examinarlo comprobó que la córnea del ojo derecho estaba sana, era el nervio óptico lo que había quedado dañado de manera permanente, por lo que su ceguera seria irreversible.

La solidaridad de los amigos no pudo evitar la depresión que abatió al músico, nunca la oscuridad fue más grande pero Un rayo de luz iluminó al genio quien llamó a su hermano Raúl para dictarle la letra de la que sería su canción más famosa y una de las más querida del pentagrama musical cubano, letra que fue acogida también por el acervo cultural como símbolo de la conformidad

191

---

[69] Rosa Marquetti. *Ob.Cit*, p. 147.

ante lo que no tiene remedio. Sin embargo, esta canción, hoy orgullo del patrimonio musical cubano, surgió gracias al sueño que tuvo Miguelito de poder devolverle la visión a su amigo Arsenio.

Históricas sesiones en el Nola Penthouse Studio en 1947. De izquierda a derecha, fila superior: Persona no identificada; Julio Andino (contrabajo); José «Buyú» Mangual (bongó); Ubaldo Nieto (pailas); Kiki Rodríguez (tumbadora). Fila intermedia: Gene Johnson (saxo alto); René Hernández (piano); Chano Pozo; Carlos Vidal Bolado (tumbadora); José «Pin» Madera (saxo tenor); Arsenio Rodríguez (tres); Mario Bauzá (trompeta, arreglos); Miguelito Valdés (voz); Gabriel Oller (productor, dueño de los sellos Coda y SMC); Machito (maracas, director). Sentados: Jorge López (trompeta); Tito Rodríguez (cantante), Olga Guillot (cantante). Foto: Archivo Rosa Marquetti

La vida es un sueño (bolero)

Después que uno vive, veinte desengaños que importa uno más. Después que conozcas la acción de la vida no debes llorar.

*Hay que darse cuenta
que todo es mentira
que nada es verdad. Hay que vivir el momento feliz.*

Hay que gozar lo que puedas gozar.
por qué sacando la cuenta en total la vida es un
sueño y todo se va. La realidad es nacer y morir por
que llenarnos de tanta ansiedad.

Todo no es más que un eterno sufrir
el mundo está hecho
de infelicidad.

Olga Guillot, Arsenio Rodríguez y Chano Pozo comenzaron a ver las ventajas que ofrecía un mercado como el norteamericano sobre todo para grabar discos y promoverlos a escala mundial.

Olga Guilló

Miguelito Valdés conoció a Olga Guillot por la década del cuarenta cuando la joven y bella santiaguera formaba parte del cuarteto Siboney dirigido por su amiga la compositora Isolina Carrillo, Olga también se había presentado en la *Corte Suprema del Arte*.

Fue otro integrante de aquel conjunto Facundo Rivero quien la llevó a cantar al exclusivo Zombie Club. Cuando la cancionera grabó para la firma Panart con la orquesta The Swingmakers «Lluvia gris», la versión en español de *Stormy weather* de Harold Arlen y de «At Last» («Al fin»), de Warren, demostró su calidad como vocalista. Ese mismo año, la Asociación de Críticos la seleccionó como la cantante más destacada de Cuba. Entre sus primeros números grabados se encuentran también, «Ironía», de Isolina Carrillo, «Traicionera», de Gonzalo Curiel, «Dos almas», de Don Fabián y Stardust («Polvo de estrellas») de Hoagy Carmichael, con letra en español. En estas grabaciones (1945-1946) la acompañó la orquesta Cosmopolita.

Miguelito Valdés vio las posibilidades que existían para Olga de triunfar entre la comunidad latina en los Estados Unidos, en 1947 la llevó a Nueva York, con el consentimiento de su esposo Ibrahim Urbino, el locutor de la Mil Diez, para realizar grabaciones para el sello Coda con orquesta y arreglos del pianista René Hernández. En esa oportunidad grabó, entre otros boleros, «La gloria eres tú», de José Antonio Méndez, «Rosa», de Agustín Lara y «Amorosa guajira», de González Allué. Actuó en Nueva York, en el Teatro Hispano y en el cabaret Havana-Madrid.

A pesar de las ventajas que le ofrecía la Gran Manzana, la intérprete regresó a Cuba, empezó a presentarse en teatros y programas de radio y su carrera siguió en ascenso. La empatía entre Miguelito y Olga fue muy grande, ambos interpretaban el bolero con una cadencia única que era del gusto del público. Hicieron dúos en varias ocasiones como la vez que se presentaron en Tropicana. En 1956, grabaron el bolero «Lágrimas negras» de Miguel Matamoros y la guajira «La sitiera» de Rafael López. En mayo de 1965, Olga Guillot fue acompañada por el trío Los Panchos y Miguelito Valdés cuando se presentó en el Teatro Paramount de Broadway. Cantaron juntos en la televisión, la radio y grabaron varios discos.

La amistad entre Olga Guillot, Arsenio Rodríguez, Chano Pozo y Miguelito Valdés es un ejemplo para las nuevas generaciones, ya que estaba basada en la admiración y respeto mutuo. Arsenio y Chano fallecieron antes que Míster Babalú, pero él se mantuvo interpretando sus obras hasta el día de su muerte.

Miguelito y Olga Guillot, 1940's

Réquiem por Chano Pozo

...Que mucha pena me da, cada vez que yo me acuerdo, de los rumberos famosos (...) Oh Chano... murió, Chano Pozo (...) A la rumba yo no voy más/ sin Chano/ Sin Chano no quiero bailar/Sin Chano...

La Muerte se prendó de Chano, el negro rumbero, gozador y guapo, hace tiempo venía persiguiéndolo, pero tenía tanta protección de los orishas sobre todo de Yemayá y Shango que se le había hecho difícil llevárselo. Él se había acostumbrado al peligro, se creía inmortal, vivía al margen de la ley, fumaba mariguana, se emborrachaba, sacaba bronca por todo. No había quien le tocara a sus amigos, ni a su familia y socios del barrio, pero la fuerza de Chano estaba en su Isla. *Si usted cruza el mar, usted se muere*, le vaticinó el padrino, pero él se sabía mimado por la suerte por eso desobedeció a Shango que pedía su cabeza.

En 1947, poco después de que regresa de un exitoso viaje a La Habana, arribó a New York, y aunque después se vincularía con personalidades como Dizzy Gillespie, una de las primeras agrupaciones en las que trabajó, fue con la propia orquesta de Miguelito Valdés.

La Babel de hierro lo estaba esperando, conocidas figuras del *jazz* como Charlie Parker, el baterista Kenny Clarke, John Lewis y la banda de Mario Bauzá con Machito. Fue en el desaparecido Centro Nocturno La Conga, donde reinó la música latina, que Miguelito lo puso en contacto con Mario Bauzá quien ya conocía la obra de Chano.

El trompetista Dizzy Guillespie, buscaba una nueva sonoridad, Bauzá le había llamado la atención sobre un tamborero cubano de apellido Pozo, al oírlo tocar de aquella manera tan salvaje, tan latina, tan africana, tan natural, le ofreció un puesto en su orquesta, tal vez, sin saber, que sus nombres quedarían grabados en letras de oro en la historia del *jazz*. En un concierto en el Town Hall, une su genio como virtuoso trompetista, al artista de la percusión y nos lega grandes aportes para *Jazz* Latino o AfroCubano.

Con Chano Pozo habíamos tenido un éxito inmediato —recuerda, conmovido, Dizzy Gillespie. Pero lo que es más importante: Chano cambió el gusto de la música en los EE.UU. y a mí me alegra haber tenido algo que ver con ese fenómeno. Chano, con sus siete tambores cubanos, fue el factor decisivo en el proceso de introducir e integrar la música afrocubana en el jazz norteamericano. Chano Pozo fue un innovador y un nuevo punto de partida».[70]

Estás allí sentado en el público como uno más, Miguelito y lo ves agachado en el centro del escenario, sus dientes relucen como perla gigante en medio de una ostra, el tambor que tanto conoces, percute más que nunca. La voz de África se escapa de aquella boca: alarido, lamento, quejido, aullido, grito, bramido, la voz del tambor se escucha como cuando desde lejanas tierras hacía función de mensajero, o llamaba a la lluvia o servía para declarar la guerra o para ahuyentar el hambre, la oscuridad, la muerte. Ella Fitzgerald, escucha sobrecogida. Se abre un camino de gloria para el negro del solar que esta vez acompañaría a músicos de la talla de Milt Jackson. Sabes que ya no podrás retenerlo, Bruca maniguá, es libre pero aún así temes que se pierda en esta jungla de hierro.

El idioma no sería un obstáculo porque la música es universal y cuando tocaba Chano, hasta los otros músicos de la orquesta enmudecían, no había espacio para el piano, la trompeta, el saxo, ni ningún otro instrumento, solo los tambores eran los reyes de aquella selva.

Nunca se sintió peor en la vida que en la larga trayectoria que tuvo que hacer en barco, el negro guapo que no temía a nada se horrorizaba al pensar que sería tragado por el embravecido mar, ¿sería que Yemayá ya no lo protegería? Europa es fría, más fría que New York y ni Suecia, ni Bélgica, podrían detener sus pasos y mucho menos sus manos enguantadas que se desnudaban ante el tambor para hacer sudar a un auditorio ávido de experiencias foráneas. En 1948, se realiza un sueño: París. Kid Chocolate, alardeaba de molinos

---

[70] Rosa Marquetti. *Ob. Cit.*

rojos y de la tour Eiffel, ahora Chano, caminaba por la orilla del Sena y la Sala Pleyel de París lo aplaude enardecida.

Otra vez en New York, en Teatro Apollo de Harlem, se siente como en casa. Pero hay que seguir la gira, ir al sur, ese sur que conoce solo por las películas donde el viento parece llevárselo todo menos la música. El racismo es humillante, ni en Cuba se había sentido tan vejado, no podía soportar tener que beber agua, ir al baño, hospedarse en un hotel, SOLO PARA NEGROS, aun así, siempre vas sentado al final del ómnibus cantando y tocando rumba.

Las señales existen, avisan, cuando se muere un perro, o si la lluvia persistente no deja salir de casa, a Chano le hablaron los antepasados alertándolo de un peligro y como no quería oír le robaron dos tumbadoras, para obligarlo a un funesto regreso mientras la orquesta se encontraba de gira por Raleigh, Carolina del Norte. De todas formas, estaba cansado y quería ver a Cacha, hablar con Miguelito y Mario Bauzá, compartir con la comunidad latina y reponer los instrumentos perdidos, no le vendrían mal unos días de vacaciones, más tarde se incorporarías a la gira en Hollywood.

Es diciembre, se acaba, el año más importante en la vida del Chano artista. Su mente necesita volar, cualquier cosa que le quite esa opresión del pecho, esa falta de La Habana, de su solar, de su gente y lo espera un ángel de la muerte con grados militares, a veces los mortales no controlan su destino. Cuando en el parque junto a los socios Chano descubre que ha sido estafado, se le nubla el pensamiento por la furia, él era Chano el del solar África, Chano de Cayo Hueso, Chano de Cuba, ¿qué pensarían los ekobios? no sería un CABITO cualquiera, quien ensuciaría su nombre con una estafa. Su mano se levanta para abofetear al culpable con la misma fuerza que golpea el cuero del tambor.

Es 2 de diciembre, aunque debería ser 3, no se despide de Cacha que como de costumbre, no logra impedir su partida ni con presura de un altar que debe construir para Shangó. Llega al bar y sonríe satisfecho cuando se escucha a sí mismo, los tambores tocan fuerte «Manteca», el himno del momento, la música esta alta y no escucha a Miguel que esta tan lejos, pero tan cerca, y sin caber canta una vez más «Lágrimas negras» en el Chateau Madrid y en el mismo momento que dice, *sufro la inmensa pena de tu partida*, se escuchan los disparos, fueron 5 ó 6, la bala que importa es la que taladró tu corazón, la sangre es un charco que se convierte en río, un río que se convierte en mar y Miguel, lo atraviesa una vez más para llevarte a casa pero antes:

> En la morgue del Belleveu Hospital nos mantuvieron dentro de una oficina donde un hombre nos hizo varias preguntas a Cacha y a mí. Quería saber si Chano tenía enemigos, qué clase de persona era, si tenía un temperamento violento, si se sabía si había tenido muchas riñas y peleas, y si teníamos alguna idea del por qué lo habían asesinado. Después fuimos escoltados hacia una larga habitación donde permanecen refrigerados los cuerpos sin vida. El hombre abrió la puerta de uno de los frigoríficos y sacó hasta la mitad de una camilla deslizante. Vi el rostro de Chano… un cobertor de plástico negro lo tapaba hasta el cuello. Hice los arreglos para velarlo en el Paris Funeral Home, en el número 151 West 131 Street. En los días siguientes muchos de los grandes nombres del *jazz* y de la música latina acudieron a rendirle tributo y respeto. Duke Ellington, Dizzy Gillespie, Count Basie, Cab Calloway, Machito, Mario Bauzá, Noro Morales, Tito Puente, Tito Rodríguez, Federico Pagani, ¡oh, todos pasaron por allí.[71]

No pudiste elegir el traje, ni Cacha, ni el chino, ni Petrona, qué traje elegir para la inmortalidad, cuál tela puede aguantar la húmeda soledad de los difuntos, pero había que vestir su cuerpo insurrecto, había que preparar el viaje de los que no regresan porque en realidad nunca se van. Quién dijo que eras feo Chano, si tenías la belleza de África en tus dientes, su fortaleza en tus manos, su rebeldía en tu mente, por eso… en La Habana frente a tu féretro Míster Babalú, se seca sus lágrimas negras y ayuda a seleccionar tu traje más querido para el último viaje, te mira con más ternura que dolor y en su corazón se abre la silenciosa grieta que treinta años más tarde habrá de matarlo en una Navidad negra, en la que juntos, cajón en mano, volverían a deambular las calles de La Habana.

[71.] Rosa Marquetti. *Ob. Cit*, p. 223.

Miguelito y Chano junto a Alfredito León y Silvestre Méndez

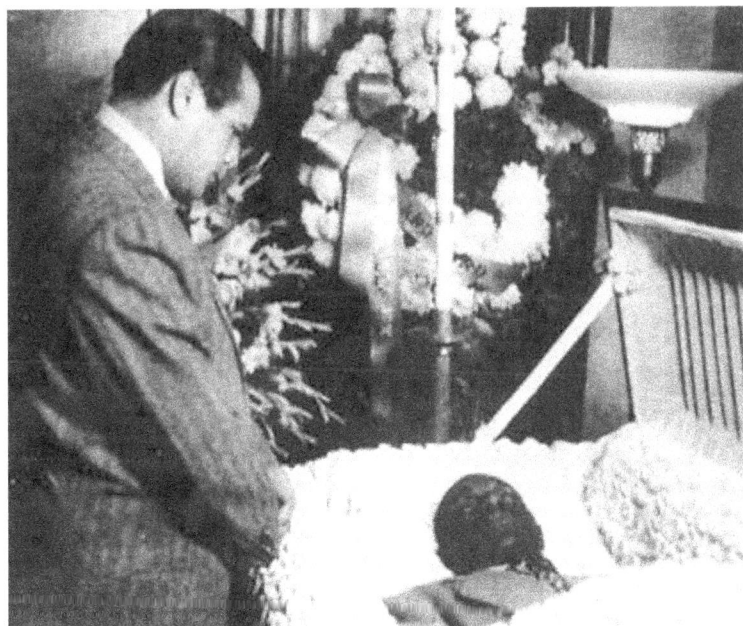

Miguelito junto al cadaver de Chano

LA ORQUESTA DE MIGUELITO

Lejos estaba Miguelito de imaginar cuando creó su propia orquesta con formato *big band* en el mes de agosto del 1948, que una de sus primeras grabaciones en Nueva York para los sellos Verne y Coda-SMC de Gabriel Oller, sería un *Tributo a Chano Pozo*, ahora sería como cuando administraba la Casino de la Playa, podría darse gusto grabando la música que más le interesaba, como por ejemplo hacer un instrumental con la obra de Ernesto Lecuona.

No era fácil mantener una orquesta ni para él que es un artista exitoso de la RCA Victor y pronto tiene que conformarse con un conjunto o sexteto. Sacasas no está y siente nostalgia, pero el pianista René Hernández, El látigo, era también un gran arreglista, quien en los años sesenta trabajaría para figuras como Tito Rodríguez; Celia Cruz; Vicentico Valdés; Daniel Santos; Panchito Rizet; por citar solo algunos, además de su colaboración con Frank Grillo, Machito y los Afrocubans, al lado de Mario Bauza, orquesta a la que se integró desde 1946 durante veinte años, también colaborarían con Miguelito: los pianistas Eddie Cano y el colombiano Álvaro Escobar Páez, y los percusionistas Ray Romero, Little, Carlos Vidal y Luis Miranda y el bajista Modesto Calderón, saxofonistas, Sam Rubiniwitch, Eddie Sanfino y Rubén León, en las trompetas Charlie Mota, Frank West y William Howell.

Trabaja incansablemente, como siempre. Graba en 1949, los temas «Sangre Son Colora», «Estampas Callejeras», «Recuerden la Ola Marina», «Bongo Bongosero», «¡Oh, Mi Tambó!», «Rumba Rhapsody» y «Babalú».

Continúa su colaboración con Machito, graba *guarachas*, *sones*, el álbum contiene ocho temas y se titula *Miguelito Valdés Bim Bam Bum* acompañado por Machito y sus Afrocubans, y fue publicado por el sello Decca.

Es finales de la década del cuarenta y se imponen nuevos ritmos, como el *mambo*. La figura cimera es el cubano Dámaso Pérez

Prado, quien también fue deudor de la música de Miguelito, y con quien compartió escenarios en más de una ocasión en la Mil Diez y otros escenarios, Dámaso sustituye a Sacasas como pianista en la Casino de La Playa y también durante un corto período trabajó con la Sonora Matancera. Nació en Cuba el 11 de diciembre de 1916 y murió en Ciudad de México el 14 de septiembre de 1989. Este destacado músico cubano es mayormente conocido por sus aportes al género del *mambo*, cuyos orígenes se remontan al *danzón* que sentó pauta para el posterior surgimiento del *chachachá*. Hay una fuerte polémica hoy en día en la que se afirma que fue Arsenio Rodríguez quien creó el *mambo*, pero Pérez Prado fue sin dudas su mayor difusor a nivel internacional. Estudió música y trabajó en diferentes orquestas. En 1948, fijó su residencia en Ciudad México.

Con Ritmos de *mambo, afro* y *rumba*, el sello SMC Pro-Arte, grabó el álbum de larga duración: SMC Pro-Arte Presents *Miguelito Valdés (Ol' Man Rumba) And His Orchestra,* En este álbum se incluyen los temas «La Ruñidera», «La Cachimba de San Juan», «Rumba Rumbero» y «Mama Dolores».

Una de las grabaciones que atesoro es a Miguelito Valdés interpretando «Qué rico el Mambo» de Dámaso Pérez Prado. A propósito de las grabaciones de *mambo* que hizo Miguelito Valdés, opina José Reyes Fortún:

> Mucho menos ya se recuerdan los mambos que grabó Miguelito Valdés con su orquesta entre los meses de enero, marzo y abril de 1949, en discos donde cobran amplio destaque, pimentosos temas mambeados grabados para el sello Decca, entre otros *Mondongo, Está frizao, Kon Kun mambo, Asopao,* y otros que llegaron a alcanzar gran demanda en los mercados discográficos.[72]

También continúa su participación en películas, esta vez con un viejo conocido Desi Arnaz, el otro Míster Babalú, un músico que conocía desde su llegada a New York, filmó *Fin de semana en La Habana*, el tema que interpreta es «Rumba rumbero».

Miguelito junto Diosa Costello. Foto: Archivo familiar de Rolando Laserie

---

[72] José Reyes Fortún. *El arte de Benny Moré. Ofrenda Criolla II.* Ediciones Museo de la música, La Habana, 2009. P. 28.

Los VERTIGINOSOS CINCUENTA

El mambo señoreaba en la preferencia del público en Cuba a finales de la década del cuarenta, pero el *son*, el *bolero*, la *rumba*, la *guaracha* y las tonadas campesinas seguían en el corazón del pueblo al igual que Miguelito Valdés.

Hay una efervescencia de las agrupaciones musicales. En la ciudad se canta en las calles, en las bodegas, en los tranvías y ómnibus de la capital, se pasa el cepillo. En el campo se dan serenatas guajiras. Época dorada para la música cubana donde descuella una figura que en un inicio seguiría los pasos de Míster Babalú y llegaría ser el Bárbaro del Ritmo, a decir de Días Ayala: «no existe ni Cascarita, ni Benny Moré, ni Ismael Rivera, ni toda la constelación salsera, sin el antecedente de Miguelito». Cantantes como Daniel Santos, José Dolores Quiñones y el propio Benny, lo imitaron.

Míster Babalú es uno de los artistas que se favorece con la llegada de la televisión a Cuba, y cada vez que visita el país es invitado a la pantalla chica donde comparte escenario con Celina González, Ernesto Lecuona, Rolando Laserie y otros artistas del momento, ya en los Estados Unidos había conquistado los medios con creces, radio, cine, y prensa escrita, televisión, era fundamental la imagen y el carisma del artista y él era un aventajado en ambos sentidos.

La televisión en Cuba se inicia el 11 de marzo de 1951 en un acto en el que participa el presidente del país Carlos Prío Socarras con CMQ-TV CANAL 6 pero es el 24 de octubre de ese mismo año, cuando se oficializa con la inauguración de Unión Radio-TV canal 4 de Gaspar Pumarejo, en los estudios de Mazón y San Miguel.

La extensión de victrolas, bares y cantinas generó la aparición de numerosos cantantes, sobre todo de música romántica, en la que prevaleció el *bolero*. Entre sus figuras principales como intérpretes estuvieron: Orlando Vallejo y Orlando Contreras.

El 10 de marzo de 1952, Fulgencio Batista da un golpe de estado. Empieza una década muy difícil para Cuba, luchas clandestinas en las ciudades, se ataca el cuartel Moncada en Santiago de Cuba en 1953, se asalta el Palacio Presidencial y en el 1956, desembarca el yate Granma para dar comienzo a una Guerra de guerrillas que culminaría en 1959 con el triunfo de los rebeldes.

Miguelito y Celia en la televisión cubana. Foto: Cortesía Jaime Jaramillo

Sin embargo, la música cubana goza de muy buena salud. Se opera una revolución en cuanto a ritmos y nuevas voces que se adueñan del panorama musical, es la época en la que surgen cuartetos como D´Aida, el cual integró las voces de Aída Diestro, Moraima Secada, Omara Portuondo y Elena Burke.

La vida nocturna se intensifica sobre todo en La Habana, donde la mafia norteamericana ha encontrado la ciudad de los sueños con grandes casinos, cabarets hoteles y cuentan con el apoyo del gobierno.

Rolando Laserie, se establece en la capital, se adueña del segundo show del Sans Souci, donde le canta la «cuarenta» a cualquiera, mientras en 1955 debuta en el conjunto Saratoga, el guajiro de Batabanó, Severo Borges, graba boleros que resultan sus primeros éxitos en la radio y en las victrolas y pronto utiliza el nombre artístico de Lino Borges.

Celina y Reutilio, debutaron en la Televisión en 1953, en el famoso Cabaret Regalías de CMQ TV, junto a emblemáticos músicos como

Antonio María Romeu, Eduardo Saborit, Coralia Fernández, Ramón Veloz, Luz Gil, Julio Díaz, Rolando Ochoa, Enrique Alzugaray, y otros.

Miguelito en la CMQ, Cuba. Foto: Cortesía Jaime Jaramillo

Es la década de la consagración de orquestas y conjuntos. El Conjunto Casino, Roberto Faz y el Casino con su mitológico trío de voces de Espí, Faz y Robot, y más tarde, Rolito y Reyes logran grandes triunfos en toda Latinoamérica.

El *chachachá* surge a principios de la década del cincuenta. Es un ritmo que tiene sus orígenes en el danzón, pero menos sincopado que este por lo que facilita las evoluciones de los bailadores. «La Engañadora», compuesta por Enrique Jorrín en 1951, narra la historia de una joven de cuerpo escultural que hacía delirar a los hombres cuando pasaba, con andar cadencioso, por la céntrica esquina habanera que conforman las calles Prado y Neptuno, hasta que cierto día se descubre que las turgencias de su cuerpo eran artificiales y, como afirma la letra de la canción «... *en sus formas, tan solo rellenos hay*». Esta melodía alcanzó la cima de la popularidad y fue ella quien abrió la senda al nuevo ritmo.

La engañadora

Autor: Enrique Jorrín

A Prado y Neptuno
Iba una chiquita
que todos los hombres la tenían que mirar.

Estaba gordita
muy bien formadita
era graciosita en resumen colosal.

Pero todo en esta vida se sabe
sin siquiera averiguar
se ha sabido que en sus formas
rellenos tan solo hay
que bobas son las mujeres
que nos quieren engañar
me dijiste
ya nadie la mira
Ya nadie suspira,
ya sus almohaditas nadie las quiere apreciar.

En esa época encontramos fotos de Miguelito compartiendo con una de las orquestas que más popularizó esta canción y el *chachachá*.

La Aragón se funda en Cienfuegos el 30 de septiembre de 1939, por Orestes Aragón Cantero. Siempre se mantuvo actualizada en cuanto a los temas musicales de la preferencia del público y otros que, por su connotación social o científica, eran de obligado comentario. Así asumieron interpretaciones como «El Satélite de anoche», «El agua de Clavelitos», el bolero «Nosotros», «Clavelitos» y otros muchos. Poco a poco lograron penetrar el mercado musical de La Habana y en breve tiempo los bautizaron los estilistas del *chachachá*, género al cual le impregnaron su sello de identidad. Su repertorio incluía ritmos de moda como los *boleros, danzones, fox-trot* y *pasodobles*, además de incursiones en corrientes más modernas, entre esas el *rock and roll* y el *pop* de los años sesenta.

Dentro de las composiciones utilizaron creaciones de prestigiosos autores como Ernesto Lecuona, Ñico Saquito, Juan Almeida, Ela O´ Farrill, Arsenio Rodríguez, Portillo de la Luz, Virgilio González, Ñico Rojas, Rafael Lay, Richard Egües y muchos más.

Revisando la amplia discografía de Miguelito, nos llama la atención la ausencia de grabaciones de *chachachá*, aún más para un cantante que abordó casi todos los géneros cubanos, sí, conocemos, que compartió escenario, además de con la Aragón, con artistas que incursionaron en este género, pero no logró repetir sus éxitos anteriores ante la avalancha de cantantes como Benny Moré, Rolando Laserie y Roberto Faz, que se colocan en la cima.

En su discografía de los años cincuenta se aprecia la reiteración de los mismos temas.

Además de los discos que ya mencionamos dedicados a Chano y Ernesto Lecuona grabados por su orquesta en 1951:

Miguelito grabó con la orquesta del pianista de Puerto Rico Noro Morales, los temas «Babalú», «Bambarito», «La Negra Leonor», «Marimba», «Rumba rumbero», «Escucha mi son», «Rumba rítmica» y «Walter Winchell Rhumba», realizados para el sello Decca.

En ese mismo año hizo parte del elenco de estrellas de La Sonora Matancera, con el conjunto de Rogelio Martínez grabó para el sello Seeco seis temas: «A pasarse un pollo», «Arroz con manteca», «Eguemio», «En el extranjero», «Se formó el rumbón» y «Zambele».

También se publica otro disco de Miguelito Valdés con temas como: «Mango Mangué», un montuno-pregón con La Orquesta Hermanos Castro y «Dolor Cobarde» un bolero suyo con La Orquesta Casino de la Playa.

En esta década Miguelito continúa visitando La Habana, trata de no perderse los espectáculos más importantes del año, el 27 septiembre de 1954 al cumplirse las veinticinco presentaciones de El solar con la Compañía *Cuba Canta y Baila* donde figuras como Cándita Quintana, Benny Moré, Guillermo Álvarez Guedes y Rita Montaner forman parte estelar del elenco, «actúa en el llamado *Fin de fiesta*» con Marta Pérez, la cancionera lírica Rita María Rivero, la pareja de cómicos argentinos Dick y Biondi y la orquesta América [73]

[73] Ramón Fajardo Estrada. *Rita Montaner. Testimonio de una época*. Ediciones Unos Otros. Estados Unidos, 2020, p. 486.

A propósito, Ramón Fajardo entrevistó a Alejandro García Chaple quien le contó:

> Yo recuerdo que a una de las funciones de El solar va Miguelito Valdés, el gran cantante nuestro que, después de estar un tiempo fuera de Cuba, cumplía un contrato con Tropicana, al terminarse la función, presentan a Miguelito y él llama a Rita, que sale a la escena muy linda, vestida de blanco. Con la forma campechana que tenía al hablar, le dijo delante del público: «Oye, negrona, ¡qué ganas tenía de verte! Porque hace tiempo que no estoy en Cuba y las veces que había regresado antes eras tú la que no estabas». En ese momento se fundieron en un abrazo. Y él conversando con el público, añadió: "Ustedes me van a perdonar, pero quisiera pedirle a Rita que cantara algo que me solicitaron grabar en España, ante lo cual yo vacilé porque considero que este número tiene una creadora incomparable en Rita Montaner. Es «El manisero».[74]

A propósito de esta cita, vale señalar la visita de Míster Babalú a la Madre Patria donde los músicos cubanos como la propia Rita, Ernesto Lecuona, María de los Ángeles Santana y sobre todo Antonio Machín, que escogió como lugar de residencia ese país y se convirtió en el principal promotor de la música cubana. Machín conocía a Miguelito y sabía de sus éxitos. Pero fue Orechife quien lo invita a grabar con su orquesta:

> Miguelito Valdés y Armando Orechife ambos en Madrid acaban de grabar una serie de discos cubanos que lograron tener plenitud de éxito en general. La popular voz de Miguelito Valdés y el respaldo musical de la gustadísima orquesta de Orechife son verdaderos sellos de garantía para lograr el mayor de los éxitos con estas grabaciones fonográficas entre las que hay que destacar «Habana de mi amor», «Guajira», «Cubano soy», gustadas composiciones del maestro Orechife.

[74.] *Ibidem.* pp. 486-487.

Hay una orquesta, sin la cual no se puede escribir la historia de la música cubana, que significó una escuela y un peldaño para subir a la fama para los que pasaron por sus filas.

En la década del noventa La Sonora Matancera graba *Veinte boleros de oro*. En la presentación del mismo opinan sus patrocinadores, Seeco Records y Discos Fuentes:

Ya a comienzos del cincuenta, la agrupación obtiene fama internacional y en este mismo año entra Celia Cruz y graba con la Sonora un hermoso repertorio de canciones, después vino el desfile de estrellas, entre las que se destacaron Nelson Pinedo, Celio González, Leo Marini, Estanislao Sureda, Laíto, Carlos Argentino y mucho más hasta llegar al número de cincuenta.

Miguelito, fue uno de esos intérpretes que, aunque no necesitaba fama empastó su estilo con los músicos de Rogelio Martínez. Su amistad con Celia Cruz venía de los años cuarenta en las grabaciones de la emisora de radio Mil Diez.

Señor Babalú, Miguelito Valdés, con la Sonora Matancera y Noro Morales y su orquesta, 1949, del álbum: Sello Tropical TRLO 5010. 1957.

Lado A:

1. **Arroz con Manteca** / Eduardo Angulo / SM
2. **Tambo** / Silvestre Méndez / NM
3. **A Pasearse un pollo** / Juan Cuni / SM
4. **Roncana** / Miguelito Valdés / NM
5. **Se formo el rumbón** / Calixto Leicea / SM
6. **Lacho** / Facundo Rivero / NM

Lado B:

1. **Eguemio** / José Luis Forest / SM
2. **Te quiero dijiste** / María Grever / N M
3. **En el extranjero** / Calixto Varela / SM
4. **Amor sagrado** / N. Morales / T. Rodríguez /NM
5. **Zambele** / J: M: Leonard / SM
6. **Adiosito** / Miguelito Valdés / NM Con La Sonora Matancera

En 1958 se realiza un gigantesco espectáculo en el Stadium de La Tropical, actual Pedro Marrero, Miguelito participó con la orquesta de Duarte junto a Benny Moré y su Banda Gigante, Chappottín y sus estrellas con Miguelito Cuní, y las orquestas Aragón, Sublime y Sensación con Abelardo Barroso. Vale la pena detenerse en uno de los sitios emblemáticos para la música bailable en Cuba, que por suerte aún existe y donde Miguelito también actuó en los reiterados viajes que realizó a La Habana.

En las inmediaciones del estadio se encontraba uno de los sitios más concurridos de la capital y de todos sus alrededores: los Jardines de La Tropical. Su origen se remonta a 1904, cuando se abrieron los salones de baile. Por entonces era el preferido de las sociedades españolas para sus fiestas dominicales y romerías, y más tarde sería el elegido de la juventud cubana bailadora. Estos salones fueron diseñados en el más puro estilo Art Noveau. Desde su inicio, la primera y mayor cervecería de Cuba, brindaba hielo y cerveza gratis a los que escogían ese lugar para celebrar. En 1912, sus propietarios erigieron un conjunto de grutas, laberintos, cenadores, saltos de agua, kioscos y un salón de baile con capacidad para mil personas bajo techo. En el nivel superior, se levantó un castillo neo-árabe inspirado en La Alhambra, de Granada.
Cada domingo se daba cita la juventud divertida en ese bello paraje. La música bailable le debe mucho a este emblemático lugar —rival de los Jardines de la Polar, en Puentes Grandes— pues allí amenizaban las matinées de los domingos en los años cincuenta, orquestas tan populares como, Arcaño y sus Maravillas, Aragón, Sensación, Melodías del Cuarenta, Orquesta América, el Conjunto Casino, la Sonora Matancera, la Banda Gigante del Bárbaro del Ritmo y otras.[75]

En los Estados Unidos, en 1958, Míster Babalú continúa su carrera como cantante con su orquesta y se hace acompañar de Machito y los

---

[75.] Félix Mondeja y Lorenzo Rosado. *Marianao en el recuerdo*. Ed. Boloña, La Habana, p. 136.

Afro-Cubans para grabar un disco, el sello Decca publica el álbum *Cuban Nights* con doce temas, lo seis del lado A son de Miguelito Valdés y su Orquesta y los otros seis el lado B fueron grabados por Miguelito Valdés con Machito y sus Afro Cubans.

Miguelito con Isolina Carrillo Foto: Cortesía Jaime Jaramillo

En México, ese mismo año graba con la Orquesta de Pablo Peregrino, en formato de 45 RPM para la RCA Víctor: «Esa mulata», «Qué tal te va», «Calypso man» y «Hilton Caribe».

En esos vertiginosos años, Miguelito había anunciado su retiro en 1957, pero nada más alejado de lo que ocurrió, además de cabaret y su participación en diferentes eventos musicales, continuó su carrera en el cine.

Ya a finales de los cincuenta habían desaparecido, del cine mexicano, figuras como Jorge Negrete y Pedro Infantes, que marcaron toda una época y visitaron nuestro país. Otros como Germán Valdés, Tintán y Mario Moreno, Cantinflas, están en plena fama. Dentro de esta filmografía las películas musicales siguen en la preferencia del público, generalmente comedias con argumentos pobres y reiterativos donde la música cubana tiene un lugar especial y la rumba y la conga señorean; actrices como Amalia Aguilar, Ninón Sevilla, Rosa Fornés, Tongolele, son personajes esenciales al ofrecer la imagen de mujer voluptuosa, en 1958, Miguelito acompañó a María Antonieta Pons, Manuel Capetillo, Eulalio González Piporro, Armando Sotolamarina, Chicote, Oscar Pulido, Fernando Soto, Mantequilla, Daniel Herrera, Chino, Oscar Ortiz De Pinedo, Ramón Pereda, Arturo Soto Rangel, Paco Michel, Antonio Prieto, Wilson Viana, y el Mariachi Vargas en la película Mientras el cuerpo aguante con Música: Antonio Díaz Conde. Fotografía: José Ortiz Ramos y el Productor: Ramón Pereda

En 1959 repite al lado de María Antonieta Pons, en la película mexicana dirigida también por Ramón Pereda, titulada *Acapulqueña*. En la misma Míster Babalú cantó su tema «Negro», en ritmo de Afro.

Miguelito con Bertica Serrano Foto: Cortesía Marvin-Jui-Pérez

Cuba: El último adiós

Cuando a final de los años cincuenta, después de su actuación en Tropicana junto a Lucy Favery, Miguelito toma el avión y una vez más se despide de su Cuba querida, muy lejos está de imaginarse que sería un viaje sin regreso. El mar estaba azul como siempre y el verde de la extensión de tierra que semeja un cocodrilo se le antoja más intenso.

A pesar de Tropicana, el San Souci, La Tropical, La Habana no es la misma y aunque goza de la estimación del presidente Fulgencio Batista y trata de no inmiscuirse en política, sabe por la prensa y los amigos que en las lomas de Oriente están los barbudos, encabezados por Fidel.

En el cincuenta y ocho muere su amiga Rita Montaner y su presión arterial sube casi hasta causarle un infarto, otra amiga que se va y sin la Única, Cuba ya no será la misma.

El 1 de enero de 1959 una noticia se adueña de los titulares a nivel mundial: CUBA: Batista huye y Fidel entra victorioso a La Habana el 8 de enero, una multitud enardecida lo recibe. ¿Será el principio o el final?

El gobierno revolucionario nacionaliza la propiedad privada, se nacionalizan las representaciones de firmas disqueras extranjeras y también las nacionales, todas pasan a la imprenta nacional dirigida por Alejo Carpentier. ¿Será el principio o el final?

Hay disgusto en muchos artistas que ven en peligro la promoción de sus carreras y sus negocios. Se dividen y hay encontronazos serios entre los que antes eran amigos. Virtuosos de la talla de Ernesto Lecuona sufren una campaña de desprestigio por parte de algunos compositores que lo llevan a abandonar el país en 1960. Otros como Rosita Fornés prefieren quedarse en Cuba porque:

> Yo soy Rosa Fornés, me cambio de ropa en todos los programas, más de una vez y además, me peino, me

maquillo, y soy la misma y voy a seguir siendo la misma siempre.

[…]

Pero no te creas, me costó mucho trabajo. Tuve que luchar un poco porque me llegó a decir una persona, que no quiero decir su nombre, porque desgraciadamente ya no está, pero me llegó a decir: Es que la imagen tuya no es la imagen que quiere la Revolución de un artista. Ya tu imagen pasó, eso es de otro sistema. Tú representas esa imagen y ahora queremos otra.[76]

No son pocos los que deciden no regresar de las giras que realizan, entre ellos, abandonan el país: Celia Cruz, junto a la Sonora Matancera, René Cabell, Blanca Rosa Gil, Orlando Vallejo, Celio

76. Amaury Pérez Vidal. *Con 2 que se quieran. Entrevistas* Casa Editora Abril, La Habana, 2014, p. 16.

González, Orlando Contreras, Olga Guillot, Rolando Laserie, Martha Pérez, Ñico Membiela, entre otros.

La isla más famosa del mundo por la cantidad de ritmos musicales y artistas que aporta al patrimonio universal se divide entre los que se quedan y los que se van. Y esto dañaría a la música cubana. Cantantes como José Tejedor, que durante años formaría un binomio casi perfecto con Luis Oviedo, apenas se conocen en el extranjero, Lino Borges de momento queda varado en el tiempo, compositores como Leopoldo Ulloa ven su exitosa carrera interrumpida y a los que se van, les espera un silencio casi sepulcral en su patria que daría como consecuencia que generaciones enteras de cubanos aún hoy desconozcan a cantantes como: Olga Guillot, Celio González, Ñico Membiela, Blanca Rosa Gil. Ni Miguelito Valdés y Arsenio Rodríguez se salvan, a pesar de que su salida del país no fue por motivos políticos.

Como en el *bolero* «Te quedarás» deciden permanecer en Cuba: Benny Moré, Ignacio Villa, Bola de Nieves, Esther Borjas, Roberto Faz, La Aragón, Pío Leyva, Celina González, Barbarito Diez, Joseíto Fernández, Lino Borges y ...

Miguelito tiene un programa de televisión en Las Vegas donde invita además de sus amigos latinos como Machito y los Afrocubans, a personalidades americanas. Músicos como Glen Miller le cantan composiciones suyas y la llevan al inglés como Letargo.

GLENN MILLER tocando la composición de MIGUELITO VALDES "Letargo" que en inglés se llamará "Long, Live the Future" y que muy pronto tendremos el gusto de escuchar en la interpretación de la Orquesta del primero.

Miguelito con Glenn Miller. Radio-Guia. *Foto: Cortesía de Ramón Fajardo*

Viaja a México y se reencuentra con la Sonora Matancera con Celio González y Celia Cruz, además de con Rolando Laserie, una vez más, los apoya a todos como puede, graba discos con Olga Guillot y Celia Cruz que en poco tiempo se convierte en la Reina de la Salsa y con un grito de guerra ¡Azúcar!, empalaga de cubanía los escenarios donde con su bata de rumbera evoca a su país.

TODOS SOMOS HISPANOS

L legan los sesenta, Miguelito, está casado con la franco-estadounidense Elyan, vive en Long Beach, su mansión, la misma que años atrás había pertenecido al cantante Bing Crosby cerca de Los Ángeles. Tiene una hija a la que llama Micaela, igual que a su abuela, que desde que nace la aqueja una enfermedad que la hace permanecer en silla de ruedas, lo que le ocasiona un fuerte dolor. Dolor que se repite cuando muere Benny Moré en 1963. Mantiene relaciones con una cantante mexicana y luego con Gloria Jhons, una aeromoza de American Airline. Se pasa la vida viajando y programando actuaciones de un sitio a otro. Tiene una herida en el corazón: Cuba.

Ya no disfruta de la fama que lo acompañó años atrás, se ha convertido sobre todo en un hábil promotor siempre buscando nuevas plazas para presentarse él y viejos colaboradores como la Orquesta de Machito. Con ellos participa de la grabación en 1963 en Nueva York, del disco *Canciones que mi mamá no me enseñó* con la Orquesta de Tito Puente, Sexteto de Joe Cuba, canta a dúo con Graciela «Juanita saca la mano» y «La manguera».

Machito, también ese año, graba un álbum titulado *Reunión*, para el sello Roulete Records 624, en el que también participó Miguelito Valdés, allí se incluyeron varios números de Míster Babalú, como: «Africanerias», «Mi Tumbao», «Sabor», «Tamba Tumbala», además del tema éxito «Que pena me da».

Un segundo álbum grabado por el sello Tico fue titulado *Más canciones que mi mamá no me enseñó*, en el cual se grabaron los temas «Los Hermanos Pinzones», «La Pintura Blanca» y la «Guantanamera» en voz de Miguelito Valdés con la Orquesta de Tito Puente.

Un cubano de pura cepa en cualquier parte del mundo donde se encuentre, tiene que cantar la «Guantanamera». Es el símbolo de que uno lleva a Cuba en el corazón y a José Martí en el alma.

Machito, Miguelito Valdés, Graciela, and Mario Bauzá, 1974

Miguelito nunca deja de sentirse cubano cien por ciento, pero es un hombre que ha vivido en Los Estados Unidos por más de treinta años, ha viajado en América Latina, casi todos los países, gracias a Lázaro Caballero conocimos la siguiente grabación de esta anécdota donde se habla sobre su estancia en Argentina:

Miguelito: *Estaba una vez yo en CMQ y veo venir a mi tocayo Miguel Matamoros, y le pregunto, Miguel qué edad tiene ud y me dijo las personas decentes no hablan de eso.*

Laserie: ¿A mí me preguntaron una vez cuántos años tiene Miguelito Valdés? yo respondí, todos (risas).
Laserie: yo soy un hombre relativamente joven (risas) yo lo que pasa que he sido, no he sido muy usado (risas) soy un hombre relativamente joven.

Miguelito Valdés: *¿vamos a hacer una comparación Daniel Santos, Bobby Capó, Rolando Laserie y Miguelito Valdés quién es más viejo de los cuatro?*

Rolando: Tutancamen(risas)
Canta un tango, Silencio ya todo, está en calma....

Miguelito: *Sabes que me pasó en Buenos Aires Argentina yo dije que en Cuba queríamos mucho a Gardel y tuve la cara dura de cantar el tango uno, porque hay que tener cara dura para cantar tango en Argentina y canté «Adiós pampa mía» con una orquesta grandísima la orquesta de Radio Belgrado.*

Laserie: A mi paso en Argentina canté aquello, *que el tiempo los mate a los dos*, estábamos el pianista y yo, y dice un tipo y qué culpa tiene el pianista (risas).

225

Miguelito jugando al golf con Laserie . Foto: Archivo familiar de Rolando Laserie

Siempre colaboró con sus colegas boricuas, colombianos, dominicanos, panameños, mexicanos y de otros países. La comunidad latina en los Estados Unidos forma una sola patria como quería José Martí en Nuestra América, por eso Miguel al final de su vida está convencido de lo importante que es esta unidad y lo convierte en un *slogan* de su carrera artística.

La cooperación con el Maestro del timbal continúa, en 1966, «Letargo» fue incluida en su álbum *Carnaval en Harlem*, grabado por el sello Tico Records. Mientras que «La negra Leonor» de Ñico Saquito, sigue haciendo de las suyas y aparece grabada en 1967 con dirección y arreglos de Chico O'Farril. Miguelito Valdés grabó otro álbum para el sello Verve, titulado *Inolvidables*, en la ciudad de New York, recordamos de ese álbum los temas «Negra Leonor», «Zarabanda», «Los Componedores» y «Guaguancó Africano».

Miguelito, Machito y Tito Puente Foto: Cortesía de Mayito Valdés

Nunca deja de grabar, de ahí su amplia discografía y su vida continúa tan agitada como cuando tenía veinte años.

Miguelito y Oscar Salas. Foto: Cortesía de Mayito Valdés

Estaba tan agotado que sufrió un ataque al corazón en México en 1978, fue un aviso. Había que parar, estarse quieto en casa con la familia, vivir del recuerdo, escuchando su amplia discografía. Reunirse con Celia Cruz, Rolando Laserie y jugar golf. Las ganas de volver a Cuba lo estaban matando.

Miguelito, Lucy Fabery, Fellove y Jorge Zamora, 1950's. Foto: Cortesía de Mayito Valdés

En el Roseland Ballroom, de Nueva York, el 26 de mayo le hacen un Tributo por cuarenta y dos años como embajador de la música cubana. Nadie quiere perderse el homenaje, están los que lo recibieron en 1940: Xavier Cugat, sin rencores, Machito y sus Afrocubanos, fieles a su jazz latino, sus coterráneos: Celia Cruz, ¡Azúcar! La Lupe, se le desgarra el alma, Graciela, La reina del jazz latino, Xiomara Alfaro, La Sonora Matancera, la gente del barrio, Mongo Santamaría, Desi Arnaz, vuelve a cantar «Babalú» y sus hermanos norteamericanos Cab Calloway y Dizzy Gillespie, le dedican la mejor de sus melodías y es como si Chano estuviese presente y Rita Montaner y Bola de Nieve. Allí están los boricuas Bobby Capó y Daniel Santos, su última conquista amorosa la mexicana Victoria Vélez y las mujeres, siempre las mujeres: Miriam Colon, Ruth Fernández, Mirta Silva, Rita Moreno, Lilia Lazo, Georgina Granados, Linda Leida, Susy Leman.

Aurelio "Yeyo" Estrada, Virma Valle, Miguelito y la cantante peruana Fetiche (Rosa Palma Gutierrez) Oscar Salas. Foto: Cortesía de Marvin-Jui-Pérez

Descubres que nada ha sido en vano, porque somos una sola raza, hay más de 4 500 personas. Con humildad recibes; Medalla de Oro, trofeos, múltiples distinciones y reconocimientos que algún día adornaran la vitrina de una ajena universidad, mientras con voz emocionada afirmas:

> […] no me canso de repetir con orgullo, ¡por la unión de la raza latinoamericana!, que dejemos de decir que venimos de aquí o de allá, todos somos hispanos y la unión de nosotros representaría más de veinte millones de Latinos (USA), que ya habría que contar con nosotros, ¡por la unión hispanoamericana en el mundo![77]

---

[77] Roberto Oropesa. *Ob. Cit*, p. 141.

Aberlardo Barroso, Miguelito y Salvador Levi. Foto: Cortesía de Marvin-Jui-Pérez

Cuatro grandes de la música tropical: Carlos M. Díaz, el inmenso Caíto; Miguelito Valdés, nada menos que Míster Babalú; Rogelio Martínez y Bebo Valdés. En este caso sí es verdad que se trata de cuatro ases en un tiro.

Foto: Cortesía de Jaime Jaramillo

Navidad negra

Si hay un país en el que la música popular cubana se ha mantenido en la preferencia del pueblo durante años, ese ha sido Colombia. La relación de Cuba con la música colombiana viene desde la colonia cuando la inexistencia de la radio no impidió que llegaran a la isla, bambucos como «La Guarena», de autor anónimo, y se ejecutaran marchas colombianas con bandurrias.

Ya en las primeras décadas del siglo xx, pianistas como Anival Valencia se codeaban con los músicos cubanos, ofreciendo recitales. Se conoce por la prensa que el músico Uribe Holguín, explota el arte popular de su tierra y lo trae a Cuba y a otras regiones del mundo. Los músicos citados anteriormente y el barítono colombiano Carlos Julio Ramírez, acompañaron al Maestro Ernesto Lecuona en sus actuaciones.

Ricardo Gutiérrez Lee, embajador de Colombia en Cuba, en 1939 afirmó:

> Los que hemos asistido a la violenta desfiguración de la música cubana, que al intentar asimilar ritmos que antaño teníanse por reveladores de mal gusto, se modifica hasta el extremo de presentar como autóctonas, obras en las cuales no hay más que el recuerdo de los lejanos tiempos de la esclavitud, tenemos que admirar cada día más a Ernesto Lecuona, que, si acepta esa tendencia hacia el injerto musical, la dignifica y realiza una verdadera creación, presentado obras de altísima inspiración que, lejos de hacer descender, elevan el ritmo ancestral, asociándolo a la dulce melodía nativa; y da con ello el sentido de verdadero arte folklórico nacional en sus producciones, que presentan en el extranjero una música criolla, alta, bellísima y subyugante que en cada pueblo que la escucha conquista un admirador y deja un prosélito.[78]

[78.] Ricardo Gutiérrez Lee (Embajador de Colombia) Eduardo Héctor Alonso: «Campoamor:

Esta cooperación entre músicos colombianos y cubanos, me hace recordar una anécdota. Fue hace más de treinta años, por aquel entonces, yo era una joven recién graduada de filología y escribía mi primer libro de testimonio sobre la vida del compositor Leopoldo Ulloa. Estaba en los Jardines de la Uneac junto a Helio Orovio, Pepe Merino, Isolina Carrillo, Ricardo Pérez, Raúl Martínez, Rafael Lam, Luis César Núñez, Pablo Marquetti y otras luminarias del bolero en Cuba. Conocí a dos venezolanos que eran amantes de nuestra música: Marcano y Zurita, ambos querían conocer La Habana Vieja, recuerdo que se hospedaban en el Hotel Presidente, cuando junto al maestro Ulloa, me ofrecí como guía y fui a buscarlos a su hospedaje, me presentaron a la joven cantante colombiana María Isabel Saavedra, una hermosa mujer más joven que yo, que no llegaba a los treinta años, a partir de ahí no nos despegamos, ella iba por las calles, cantando música cubana, eran canciones «viejas», yo casi no conocía ninguna y sentí mucha vergüenza. Esa noche Isolina Carrillo, el Maestro Rey Montesino, su hija Leo y su esposo, Leopoldo y yo, fuimos al centro nocturno Dos Gardenias en Miramar, no querían dejar entrar a Isolina sino pagaba el *cover* y la joven colombiana, montó en cólera e hizo un discurso de defensa tan convincente que, a partir de esa noche, la autora de esa bella canción, siempre tuvo una mesa reservada en el centro.

Hoy a más de cuarenta años de la muerte de Miguelito Valdés, los investigadores en Cuba, una vez más, no se ponen de acuerdo en cuanto al día en que sucedió en noviembre de 1978. En un artículo de Radio Cadena Agramonte, por cierto una *rara avis*, ya que en Cuba, Miguelito Valdés, casi no se conoce, se afirma que murió el 6 de noviembre del setenta y ocho.[79] Mientras que en otro publicado por el Centro de Educación Musical se afirma que murió el 8 de noviembre.[80]

Llamó notablemente mi atención un artículo publicado en Colombia por Rafael Bassi en *El Heraldo*, bajo el rótulo de «41 años de la muerte de Míster babalú en tierra colombiana»:

Indudablemente el hito musical de la primera mitad del siglo xx en Barranquilla fue la presencia de la Orquesta

La última melodía». *¡Alerta!* La Habana, 5 de julio de 1939, p. 4.
[79.] http://www.cadenagramonte.cu/
[80.] https://escuelamusicalvr.blogspot.com/2017/02.

Casino de la Playa, del 19 al 26 de agosto de 1939, brindando espectáculos diarios en la ciudad. Debutó hace 80 años en el Teatro Rex, bello escenario que exhibía su arquitectura estilo Art decó, y continuó sus presentaciones en Las Quintas, Sanroke, Caldas y el Club Barranquilla. Su presentación fue ampliamente promocionada con avisos diarios en el periódico *La Prensa* y por *Emisoras Unidas* con un mes de anticipación.

Entre las muchas ocasiones que estuvo Miguelito Valdés en Barranquilla, recordamos su presentación el 31 de marzo de 1976 en compañía de Celia Cruz y Matilde Díaz en el Coliseo Cubierto. Amante de la música colombiana, entre sus grabaciones de temas colombianos se encuentran *Playa Blanca, Navidad Negra, Gloria María, Prende la Vela, Ay Cosita Linda* y *Soy cumbiero*.

En asocio de Ramón Paz compuso el tema *Cartagena qué linda eres,* una de las más bellas canciones dedicadas a la heroica ciudad colombiana.

Dicen, quienes lo conocieron que Miguelito Valdés, entre otros el pianista barranquillero Al Escobar, que Mr. Babalú fue una excelente persona y un gran amigo, hombre dadivoso, siempre sonriente y poseedor de un exquisito humor. Sin duda, Mr. Babalú es uno de los dioses de la música afroantillana.

No nos sorprende la seriedad de este artículo y la valoración histórica que realiza. Es bueno recalcar la influencia que ejerció la Casino de la Playa como *jazz band* en el desarrollo del *latin jazz* en ese país y su fusión con ritmos como la cumbia, el porro, el bambuco, salsa, vallenato, por lo que otra vez podemos afirmar con orgullo que nuestro Valdés, su cantante estrella, ayudó con su carisma y trayectoria artística, primero con la Casino de la Playa, luego con Xavier Cugat, La Orquesta de Machito, El Noro Moralez, La Sonora Matancera y su propia orquesta, al desarrollo en ese país de un género que ha dado agrupaciones como los músicos de Papá Bocó

Miguelito Valdés, fiel heredero de Lecuona en cuanto a dignificar nuestros ritmos africanos, es invitado, en 1978, por René José de Jesús Cabezas Rodríguez, su contemporáneo, compatriota y amigo, a uno de los hoteles más sofisticados y con mayor tradición de la capital: el Tequendama en Bogotá. Habían estado juntos desde que fueron compañeros en la escuelita de los Hermanos Castro. A ambos los une su predilección por el *bell canto*, recordemos la admiración que siente Míster Babalú por el mexicano José Mójica y a Cabezas, René Cabell, se le conoce como El tenor de las Antillas. En 1978 vive en Colombia, comercia café colombiano y ha llevado a actuar, a sus coterráneos Bobby Carcassés y Tata Güines.

El ex-cantante René Cabel, ahora empresario, durante la recepción a las grandes estrellas cubanas de la canción tropical, Celia Cruz y Miguelito Valdés, quienes se preparan para dos presentaciones mañana en Barranquilla. (Páez).

Foto: Cortesía de Jaime Jaramillo

Colombia fiel guardiana de la música cubana del siglo XX es una novia fiel que aplaude a Míster Babalú como el primer día. Allí graba su último disco para el sello Polydor, de José María Fuentes, Curro, donde evoca a Chano desde un mosaico con «Blen blen blen», «Ariñañara» y «Nague», también interpreta «Que siga la fiesta» del propio Curro Fuentes; «La vieja Juana» de Santander Díaz; sus composiciones «Me gusta Brasil», «Letargo», «Si negro» y «Loco de Amor», de Mario Gareña; «Que linda», de Lucho Bermúdez «Gloria María», de Jesús Lara Pérez «Cumbiero Soy» y de José Barros «Navidad negra».

En la playa blanca
de arena caliente, (bis)
hay rumor de cumbia
y olor de aguardiente. (bis)

La noche en su traje negro
estrellas tiene a millares
y con su rayito de luna
van naciendo los cantares
del pescador de mi tierra
del pescador de mi tierra (Bis)
La gaita se queja,
suenan los tambores, (bis)
en la Nochebuena
de los pescadores. (bis)
En todas las rancherías
se ven bonitos altares,
donde millos y tambores
interpretan los cantares.

El pescador de mi tierra
el pescador de mi tierra (bis)
Bailan las canoas
formando una fila, (bis)
mientras canta el boga
su canción sencilla.

En todas las rancherías
se ven bonitos altares,
donde millos y tambores
interpretan los cantares.
Del pescador de mi tierra
del pescador de mi tierra (bis)

Negro, tambores, aguardiente, altares, cantares, playa blanca y arenas calientes. Las palabras avisan: Presagian historias de amor y muerte. La noche del jueves 9 de noviembre de 1978, Miguelito toma el micrófono en el escenario del Salón Monserrate del Hotel

Tenquemada. Lo acompaña la orquesta de Tomás de Santi y alterna con el cantante colombiano Mario Garadeña al que le había grabado «Qué linda». Muy pronto será Navidad y la cumbia de José Barros se ha convertido en su éxito más reciente.

Tienes la playa junto a ti pero no puedes llegar al agua, caminas y caminas y los pies arden y se hunden en la arena. En el mar hay una rumba. Chano toca fuerte el tambor y Benny canta bonito y sabroso. Ves pasar a tus padres, la abuela Micaela va vestida de caracoles, Arsenio Bruca manigua entre las olas y Rita canta: me voy, me voy, me voy…

Algo presiente, a pesar del entusiasta público, es una Noche triste.

Cuando silenciosa la noche misteriosa
envuelve con su manto la ciudad
el eco de tu voz, escucho junto a mí
y siento que es mayor mi soledad.

A mi mente acuden recuerdos de otros tiempos
Y todo se hace oscuro para mí
Me falla el corazón
Y pierdo la razón
Sintiendo yo la angustia de morir…

A tu mente acuden recuerdos de otros tiempos, es tan grande la soledad, el público se ve borroso: «*perdón, señores*», por primera vez le das la espalda… la arena calienta tus pies, suenan los tambores en la Nochebuena, alcanzas tocar el agua, hay rumor de rumba y olor a aguardiente.

René Cabel, su amigo de siempre relata ese triste momento:

Miguelito Valdés desgraciadamente ya tenía afectado el corazón. Él tenía un show donde debía interpretar ocho números, y había cantado siete e iba a cantar el último para después hacer un dúo con el cantante colombiano Mario Garadeña… Pero cuando empezó la introducción de la orquesta, parece que se le nubló la vista y le dijo al público: «Perdón, perdón», y cayó hacía atrás. Miguelito era un hombre de seis pies y tres pulgadas, un hombre fornido, el golpazo que dio fue tremendo. Yo estaba en el *ringside* y corrí para arriba de él, le arranqué el lazito del cuello, que nunca apareció.[81]

El investigador, coleccionista e historiador cubano Cristóbal Díaz Ayala en su *Enciclopedia Discográfica de la música cubana,* señala acerca de Mr. Babalú.

(...) Este es básicamente el Miguelito cantante. Pero hay otros e importantes Miguelitos. El compositor, que dejó boleros como *Dolor cobarde* del que dice el maestro Bebo Valdés, ¡que todavía hoy es moderno para los tiempos! Y fue escrito para 1937, igual que otros grandes boleros, *Loco de amor, Letargo* o *Ya no alumbra tu estrella;* pero en la misma forma hacía congas para las comparsas habaneras como *Vienen regando flores* tema de la comparsa de Las Jardineras, o el tema de *Las componedoras.* Y dicho por un crítico musical exigente como lo es Anselmo Sacasas, era un extraordinario guitarrista, además de ser un músico *all around.* No puede olvidarse que fue el *drumista* de la orquesta Casino de la Playa, y en una *jazz band* de aquella época, que tenía que tocar de todo, ese era un puesto esencial. Como creador, como estilista, inició toda una nueva escuela de interpretación de lo afrocubano: no existe ni Cascarita, ni Benny Moré, ni Ismael Rivera, ni toda la constelación salsera, sin el antecedente de Miguelito. Es él quien convierte las inspiraciones del montuno en un amplísimo campo de experimentación, de creación, goce lúdico hasta entonces muy limitado.

Como casi toda su carrera profesional se desarrolló fuera de Cuba, en ésta no se le evalúa como merece. Debe haber sido duro en vida de Miguelito, ver que los continuadores de su línea, como Cascarita y Benny, lo habían opacado

---

[81] Emilio Oscar Alcade. Documental: *René Cabel. El tenor de las Antillas.* Point of VIew Productions, 2005.

completamente. Como "performer" como artista en escena, creó una pauta a seguir entre los artistas latinos. Siempre correcto en el vestir, en el decir, en el respeto al público, a sus músicos, a los medios periodísticos. Un señor, en toda la palabra. Buen compañero, ayudó a muchos artistas como Chano Pozo, Lucy Fabery, Olga Guillot y otros, en el lanzamiento de sus carreras.[82]

Tras la muerte de Mr. Babalú

En el *Miami Herald*, Iván Castro publica: «**Causa consternación la muerte de Miguelito Valdés**»:

> Miguelito valdes había llegado a Bogotá para una semana de actuaciones en el salón Monserrate del hotel Tequendama, en la capital colombiana, y poco antes de morir en la madrugada había interpretado un popurrí de las canciones que lo hicieron famoso.
>
> Al caer fulminado por un ataque al corazón, los consternados músicos de la orquesta lo retiraron moribundo del escenario donde momentos antes había cantado con alegría junto al colombiano Mario Garena.
>
> Valdés fue conducido al Hospital Militar de la ciudad, donde los médicos nada pudieron hacer por él y lo declararon cadáver a la 1:30 AM de la madrugada del jueves.
>
> El impacto que tuvo la noticia en la comunidad cubana de Miami fue tremendo.
>
> "Era como una bandera cubana que se paseaba por todas partes", expresó con tristeza Willy Chirino al enterarse de la muerte de Miguelito Valdés. El joven compositor y cantante agregó que el hecho lo había afectado mucho.
>
> Y Chirino fue el único
>
> Una vieja amiga de Miguelito… nada menos que Celia Cruz, estaba muy triste:

[82.] Cristóbal Díaz Ayala. *Enciclopedia discográfica de la música cubana*. https://latinpop.fiu.edu/SECCION06V.pdf.

"Miguelito era mucho Miguelito. Hemos perdido una cosa muy grande, creo que su puesto va a quedar vacante, como el del Benny Moré", manifestó la cantante.

"A eso de las siete de la mañana (del jueves) un señor me llamó para decirme lo ocurrido e inmediatamente, me eché a llorar. Miguelito y yo éramos como hermanos. Pero en realidad, no me derrumbé totalmente hasta que recibí confirmación de lo ocurrido. Un amigo de Bogotá que corroboró que Miguelito había fallecido, agregó Celia.

En su línea, en la cosa afro, en esa parte de nuestra música que es negroide, no había nadie como él. Es otro de una generación de artistas que se nos va", expuso Manolo Alonso, un empresario teatral que tuvo una larga asociación personal y profesional con Miguelito.

"Miguelito Valdés era un personaje especial, un típico cubano, dicharachero, siempre con un tabaco en la boca", señaló Alonso.

Y según Chirino. "Miguelito siempre acentuaba su cubania".

José M. Fuentevilla, empresario y periodista, gran amigo de Miguelito, apuntó que el desaparecido cantante "tenia el don de ayudar a todos los artistas que comenzaban y fue uno de los primeros que ayudaron a traer a Estados Unidos la clase musical cubana. Le gustaba ayudar a los suyos."

Miguelito Valdés será sepultado en Palms Springs, California, donde residía con su esposa, una ciudadana francesa. El cadáver embalsamado será enviado a Los Ángeles por avión. Miguelito deja un hijo de su mismo nombre, que es ciudadano de Panamá y sirve en el cuerpo diplomático de ese país.

El 26 de noviembre Miguelito iba actuar en una sala de Nueva Jersey con el espectáculo Compositores en Concierto" y a comienzos de diciembre debía interpretar uno de los principales papeles de la ópera cubana Cecilia Valdés protagonizada por la soprano Georgina Granados, en el teatro Beacon de Manhattan.

En la tradición de un ambiente que fue el suyo durante cinco décadas, la obra será representada y dedicada a su memoria por otro cantante que en el papel de esclavo que iba interpretar Miguelito Valdés, según anunció en Nueva York el productor José Bovantes.

[...]

Tanto en Miami como en Nueva York la comunidad de habla hispana se sintió conmovida por lo ocurrido al Mr. Babalú...

En ambas ciudades las emisoras comenzaron a transmitir las canciones de Miguelito, principalmente "Babalú", "Taboga" y "Bruca Maniguá" de Arsenio Rodríguez.

El cantante y compositor Bobby Capó, Director de la Oficina de Puerto Rico en Estados Unidos, dijo en Nueva York al enterarse del fallecimiento de su intimo amigo que "el arte latinoamericano pierde a uno de sus más grandes embajadores".[83]

De Bruca Maniguá a Mr. Babalú

Miguelito Valdés: murió un amigo

Por FAUSTO MIRANDA

Al recibir la noticia de la muerte de su amigo Miguelito, el periodista Fausto Miranda publica en el *Miami Herald*: «... Me había enviado un mensaje prometiendo asistir al homenaje del domingo».

De Bruca Maniguá a Mr. Babalú

---

[83] Ivan A. Castro. «Causa consternación la muerte de Miguelito Valdés». *El Miami Herald*, 10 de noviembre de 1978, pp. 1-2.

Miguelito Valdés: Murió un amigo

La noticia me conmovió, en lo personal, por dos motivos muy grandes. Miguelito Valdés fue un hombre que dio a todos los cubanos mucha gloria y mucho honor y Miguelito fue mi amigo, uno de mis grandes amigos, dijerase sin vacilación, por casi medio siglo.

Si los que leen estas líneas redactadas con el corazón traspasado por la pena tan honda, tecleadas al volar de la máquina, han tenido alguna vez un amigo, pueden comprenderme. Miguel, un tipo bueno y sincero, simpático y sin jactancias, famoso y sencillo, cordial y desprendido, fue para mí como un hermano.

¿Cuándo lo conocí? En nuestros días juveniles, cuando él quería ser boxeador, y yo periodista. En aquellos tiempos de aficionado, peleó y perdió con Kid Chocolate en una exhibición. Luego de cuna pobre y sin otros horizontes, en un taller de automóviles en la calle zanja y pronto, sus inquietudes musicales. Aprende a tocar guitarra, a sonar el cuero del bongó o la tumbadora, y rápidamente hace su ingreso en el Sexteto Habanero y acelera su consagración como cantante, solista, con la Orquesta Hermanos de Castro.

Recuerdo 1934: en la orquesta del teatro Nacional, aparece Miguelito con el brasileño Raúl Roulien, que había interpretado Carioca, en la película Volando hacia Rio de Janeiro, que se exhibió después que los dos cantantes cumplieron sus turnos. Cantaban con la bocina indispensable de aquellos días. Y lo secundaban el saxofón de Manolo, el trombón de Antonio y el piano de Juanito, tres de los hermanos Castro.

Como deportista nunca dejaba de ir al boxeo y a la pelota. Era, decía él muchas veces, un hombre que cantaba para ganar la vida y se asomaba al deporte para darse gusto, como diría Mata.

Tuve el privilegio de ser informado por Miguel, antes que otros, que iba a materializar su sueño: fundar su propia orquesta. Y logró con desprendimiento del grupo de los Hermanos Castro crear la que sería conocida mundialmente como la famosa Casino de la Playa.

Me proporciono los nombres de todos los músicos de su elenco. Se aplicó para tocar drum y luego se unió al pianista Anselmo Sacasa para conquistar Nueva York. Primero como cantante para la orquesta de Xavier Cugat. Después trabajando solo.

En la cadena Crusellas de CMQ, de 12 y media a 1 y media, salía el acostumbrado programa con la Casino de la Playa primero y cerrando los famosos cómicos Garrido y Piñero. Aunque Miguelito seria famoso por su Babalú, es cierto que primero, en el ambiente cubano, lo que hizo famoso fue su interpretación de Bruca Maniguá, que casi convertiría en un obligado de toda audición cumplida por la Casino de la Playa. Miguel dio al estilo afro una jerarquía hasta entonces no lograda y surgieron imitadores de su estilo por docenas.

Coincidimos muchas veces en, San Juan, Carcas, México, Panamá, Los Ángeles. Recuerdo la noche en el Caribe Hilton de Puerto Rico, agasajó a los jugadores del Almendares y los presentó a George Raft que visitaba Borinquen animado por Miguel.

Trabajamos juntos en el canal 47 y una entrevista que le hice por televisión se convirtió en un descubrimiento: Miguelito a esas alturas, no se perdonaba el no haber triunfado como boxeador. Era su deporte favorito e inmediatamente después el baseball.

El de Miguelito ha sido un gran nombre. No se puede intentar un pasaje biográfico sino se menciona al hombre que lo condujo al éxito, que lo lanzó a la fama: Cuco Conde. El fraterno Cuco debe estar sufriendo la infausta nueva cuando sufre un padre cuando muere el hijo. Miguel nos abandona convertido en una institución y llena una pagina grande en la música cubana.

Gran hombre, un amigo que ha muerto, que ha tenido el privilegio de morir en la escena. Con el tuxedo puesto. Disfrutó de la vida lo más importante que no es el dinero ni es la fama, sino saber que tenía amigos buenos en todas partes, porque supo hacerlos con su carácter sin igual y su sinceridad maravillosa.

Nunca podré olvidarlo en sus interpretaciones como Ña Teresa, Oriente… (Oriente, tierra del fuego… Oriente) … Me había enviado un mensaje prometiendo asistir al homenaje del domingo. Babalú no estará allí presente, pero yo lo recordaré sin sollozos, porque no se puede llorar a un hombre que paseó por el mundo abrazado a una sonrisa.[84]

'Mister Babalu', 62, Miguelito Valdez

United Press International

BOGOTA, Colombia — Miguelito Valdez, who first sang the "Babalu" song later made famous by fellow Cuban Desi Arnaz, collapsed and died during a performance early Thursday, the military hospital said. He was 62.

Valdes, who was known as "Mister Babalu" through most of his 35 years of professional singing, had suffered a heart attack eight months ago in Mexico City.

Hay muchas versiones sobre su muerte, algunas muy lamentables en las que se afirma que ante la negación de su viuda Elayne Madeleine Valdés de recibir su cadáver fue llevado a México gracias a Celia Cruz y a Celio González cantantes de la Sonora Matancera, con quienes tantas veces compartió escenario. Prefiero la que afirma que sus cenizas fueron colocadas al lado de las de su perro, como símbolo de respeto a Babalú Ayé, el San Lázaro protector y milagroso que nos ha permitido contar la historia de uno de los cantantes más grandes que ha dado Cuba.

---

[84] Fausto Miranda. «Miguelito Valdés: Murió un amigo». *El Miami Herald,* 10 de noviembre de 1978, pag. 11.

Elayne Madeleine Valdes, la viuda de Miguelito murio veinte seis años más tarde a los ochenta y tres en el 2004. Asi lo recoge el periodico *Desert Sun* de Palm Spring, California

244

ANEXOS

Cronología

1912:

Miguel Ángel Eugenio Lázaro Zacarías Izquierdo Valdés nació en el barrio Belén de la de La Habana, Cuba, el 6 de septiembre. Su padre fue Emilio Izquierdo y su madre América Valdés.

1917:

Cursó los estudios primarios en la escuela Emiliano Zapata situada en Carlos III y Marqués Gonzales, luego su familia se trasladó al barrio Cayo Hueso.

1923:

Comienza a trabajar como ayudante de mecánico automotriz y además se inicia como boxeador. Junto a otros muchachos del barrio forman el sexteto Habanero Infantil.

1927:

Integró el Sexteto Habanero Juvenil como cantante, pero según la necesidad, tocaba diferentes instrumentos, como la guitarra, el tres, el contrabajo y las maracas.

1929:

Con el apoyo económico de la madre, estudió guitarra con Sol Feggio y se relacionó con la trovadora María Teresa Vera y el Sexteto Occidente. Trabajó en las academias de baile Sport Antillano, Rialto y Havana Sport, como voz corista.

1930:

Forma parte de la Charanga de Ismael Díaz. Con esta Orquesta típica empieza a cantar también por la radio.

1931:

Ingresa en la orquesta Habana de Serviá. Funda con Armando Valdés Torres la orquesta Gris. Domingo Vargas, el director de Los jóvenes del Cayo, grupo formado en la barriada de Cayo Hueso en 1926, le pide que sustituya al contrabajista Vilches, también allí aprovechan sus cualidades como cantante.

1933:

Viaja a Panamá, donde permanece por espacio de tres años, allí trabajó con el trompetista Remberto Lara,El chino; actuando inicialmente ambos en los carnavales con la orquesta de los Hermanos Fernández creada para la ocasión.
Luego lo hará con la orquesta del panameño, Luis Enrique Azcárraga Deliot, Lucho Azcárraga.

1936:

Regresa a Cuba, trae consigo a la panameña Vera Elizabeht Eskildsen con la que se casaría, el 17 de octubre de este año. De vuelta al barrio Miguel Ángel converge con sus amigos Marcelino Guerra, Rapindey y Julio Blanco Leonar y forman el trío Occidente. Finalmente ingresó en la orquesta de los Hermanos Castro, de las primeras *jazz bands* cubanas.

1937:

Junto al pianista Anselmo Sacasas, Miguelito Valdés participa en la fundación de la Orquesta Casino de la Playa, toma el nombre del exclusivo centro nocturno que los contrató.
Debuta la Orquesta en un programa de radio que se llamó *El show del jabón candado*. Hacen un viaje a Panamá.
Inicia una colaboración musical con Arsenio Rodríguez al grabar con la Casino de la Playa para el sello RCA Víctor en junio, varias piensas, entre ellas «Bruca manigua», que se convirtió en una de sus preferidas que cantaría a lo largo de toda su carrera. La primera vez que un tresero hizo un solo con una orquesta tipo *jazz band* en

Cuba fue cuando Miguelito grabó el pregón de Arsenio Rodríguez «Se va el caramelero».
Se inicia como compositor al grabar el bolero-son «Dolor cobarde».

1938:

El 6 de junio se produce el preestreno de la película *Sucedió en La Habana* en la radio y el cine, estrenada exactamente un mes después, el 6 de julio, en la hoy llamada Casa de la Música de La Habana, en Galiano y Neptuno. Su composición «Loco de amor», dedicada a su esposa Vera Elizabeth Eskildsen Tejada, fue grabada por la orquesta Casino de la Playa e incluida entre los temas interpretados en el filme donde una de las protagonistas es Rita Montaner.
 Haciendo honor a las comparsas de su infancia, Miguelito compone y graba las congas «Mi comparsa» y «Los componedores», tema musical de la comparsa Los componedores de batea. Otras piezas suyas que se graban ese año son la guaracha «Mi tambó», difundido en 1938, con la RCA Víctor.
La RCV solamente en el año 1938, difunde treinta grabaciones, entre las que se destacan pregones, guaguancós, congas, afro-sones, boleros, guarachas, en las que se evidencia la versatilidad de nuestro Valdés.

1939:

Graba el afro «Babalú», de Margarita Lecuona, es llevado al acetato el 27 de febrero. Este tema sería su principal carta de presentación por él recibió el sobrenombre artístico de Míster Babalú.
Hace con la Casino de la Playa una gira por varios países latinoamericanos que se inicia el 27 de marzo, luego de un homenaje de despedida auspiciado por la RCA Victor donde participan entre otros, Ernesto Lecuona, arribaron a Santo Domingo donde fueron recibidos triunfalmente, se presentaron en varias provincias, actuaron en un lujoso baile organizado en su honor, en el Palacio Presidencial. En abril debutan en el Escambrón Beach Club de San Juan, Puerto Rico, alternando con la orquesta de Rafael Muñoz.

En Colombia se presenta en Barranquilla y Cartagena, comparten escenario con Lucho Bermúdez y su Orquesta. También se presentan en la Emisora Fuentes y en los teatros Rex, Quintas, Caldas y Sanroke; en el Country Club, el club La Popa y el Circo Teatro. En territorio venezolano, recibió la funesta noticia de la muerte de su madre.

En octubre, se graba la primera rumba de Chano Pozo con la Casino de la Playa, el tema «Blen, Blen, Blen».

Miguelito Valdés y la Orquesta de los Hermanos Castro grabaron el tema «Timbero, la timba es mía», de Chano Pozo.

Miguelito Valdés grabó acompañado del Septeto Nacional, del maestro Ignacio Piñeiro y dirigido por Lázaro Herrera, El Pecoso.

1940:

Miguelito grabó además otros tres temas de Chano Pozo: «Ariñáñara», (25 de marzo); «Muna Sangafimba», 16 de octubre y «Guaguina Yerabo», 21 de octubre. La revista *Radio-Guía* anunció la salida al mercado del disco con la rumba *Ariñáñara* en julio. La orquesta Casino de la Playa, con el cantante Alfredito Valdés, grabó el 13 de septiembre del mismo año el afro «Tun tun ¿Quién son?... » Miguelito Valdés grabó cuatro números con el Septeto Nacional pero llamándole Conjunto de Miguelito Valdés, realizados para la RCA Victor donde le acompañó Bienvenido Lean como segunda voz. Miguelito grabaría con otras orquestas como con la Enrique Bryon, composiciones de este danzonero que siguen la línea que tanto le gusta a nuestro biografiado, como es el tema «Mujer Negra», el son «El negro del solar» y el bolero-son «Isabel pienso en ti».

En marzo de aquel año Miguelito Valdés grabó con la orquesta Havana Riverside, dirigida por Enrique González Mántici; la música afro, el lamento «Tristeza».

Después de cuatro años con la Casino de la Playa, abandona la orquesta y viaja a junto a Sacasas a los Estados Unidos. La llegada a Fort Lee, New Jersey fue a finales de abril, la bienvenida no fue como esperaban. Los sindicatos de músicos norteamericanos, protestaron, Ben Marden, el dueño del night club Riviera, no puede cumplir con lo acordado con los músicos para hacer allí un espectáculo con la orquesta del local.

En abril de ese mismo año viaja a Nueva York, se integró a la banda del músico y arreglista el catalán Xavier Cugat, con quien debutó en el Hotel Waldorf Astoria, el 12 de mayo.

1941:

Entre los temas que grabó con Cugat tenemos: «Ecó» de Gilberto Valdés, «La negra Leonó» de Ñico Saquito, «Anna Boroco Tinde» de Chano Pozo, «Los hijos de Buda» de Rafael Hernández, «Yo tá namorá» de Arsenio Rodríguez y «Babalú», de Margarita Lecuona para el sello Columbia. El 21 de julio graba «Son los Dandys» que en Cuba se conoce como la conga de los Dandys.
Finalizando el año viajó con Xavier con Cugat a Hollywood para participar en la grabación de la película *You were never lovelier* (Bailando nace el amor), junto a Rita Hayworth y Fred Astaire.
Ese año sale de la banda de Cugat y se vincula a la banda de Machito y sus afrocubans.

1942:

Se graba en Nueva York el álbum *Miguelito Valdés with Machito and his Afro Cubans*, publicado por el sello Decca Records.
Se estrenó en noviembre *You Were Never Lovelier*.
Chano Pozo Integró la banda que acompañó a Miguelito Valdés en un concierto en la RHC- Cadena Azul en 1941, cuando el cantante visitó La Habana.

1943:

En noviembre actuó en el teatro Esperanza Iris junto a Agustín Lara, la Panchita, Tata Nacho, Mercedes Caraza, Los Calaveras, María Victoria Meche Barba y el comediante Tin Tan, Germán Valdés, quien debutó en un escenario teatral con ese espectáculo.
Ese año actúa en México en las emisoras X.E.W. y en el teatro Follies del Chato Guerra; en pleno auge del cine mexicano participa en una serie de películas.

1944:

Miguelito participó también en otras películas dirigidas por Agustín P. Delgado, entre las que se cuentan: *Esclavitud, Conga bar* con música de los hermanos Grenet, *Estampas habaneras* con Myrta Silva, Sergio Orta y Cecile Abreu y *Mi reino por un torero*, con María Antonieta Pons e *Imprudencia* con los hermanos Fernando y Andrés Soler.

Una nueva publicación en formato de 78 rpm fue realizada por el sello Decca en el cual Miguelito Valdés grabo «Good, Good, Good» y «You Never Say Yes». Formato Shellac, 10", 78 RPM.

1945:

Se quedó sin voz y regresó a La Habana, los médicos norteamericanos le habían diagnosticado que no volvería a cantar, se repuso y pudo continuar con sus compromisos.

De regreso en Nueva York realizó una serie de grabaciones con la orquesta del maestro del piano, el boricua Noro Morales.

Apareció en la película *Panamericana* y con el respaldo de la orquesta de Machito en *Night in the tropics*, junto a la actriz Betty Reilly.

1946:

En Nueva York, el presidente de EE UU Harry S. Truman, ocupó la presidencia entre 1945 y 1953; en una de sus actuaciones, saludó al cantante: «*Hello Mister babalu*», nombre artístico que lo acompañaría desde entonces.

De nuevo en La Habana, Miguelito Valdés realizó otras grabaciones con Chano Pozo en la emisora Mil Diez y el show de *Tropicana*. Grabó temas como «El botellero» y »Rumba abierta», composiciones de Gilberto Valdés, quien dirigía la orquesta.

1947:

Colabora en los Estados Unidos con su gran amigo el tamborero Luciano Pozo, Chano y con la cantante Olga Guillot para sus grabaciones en Nueva York.

De vuelta a La Habana Miguelito Valdés graba con Chano, acompañado de la Orquesta De La Mil Diez, el son montuno «Sangre Son Colora» de su autoría, la Orquesta era dirigida por Roberto Valdés Arnau.

Vuelve a unirse con Machito y los afrocubanos, para grabar una versión de «La Bayamesa» de Sindo Garay, y temas como «Guampapiro», «Señor todo pasa», «Chorombolo», «Tierra va tembla», «Lindo ranchito», «Que tal te va»; donde comparte autoría con Ignacio Piñeiro y el famoso «Cumbanchero».

Nuevamente el sello Decca Records graba un disco titulado *Afro Cuban Music by Miguelito Valdés with Machito's Afro Cubans*, con ocho temas. Entre los números aparecen: «Enlloro», «Tabú», «La Rumba Soy Yo», «Guadalajara» y «Letargo».

1948:

Crea su propia orquesta en el mes de agosto y graba en Nueva York para los sellos Verne y Coda-SMC de Gabriel Oller. Con la participación de los pianistas René Hernández, Eddie Cano, y Álvaro Escobar Páez "Al Escobar", además de los músicos Ray Romero, con Carlos Vidal, Luis Miranda y Modesto Calderón.

Ese año también se publica un disco de Miguelito Valdés con temas como: «Mango Mangué», un Montuno Pregón con La Orquesta Hermanos Castro y «Dolor Cobarde» un Bolero de Miguelito Valdés con La Orquesta Casino de la Playa.

El sello SMC Pro-Arte grabo el álbum de larga duración: SMC Pro-Arte Presents *Miguelito Valdés (Ol' Man Rumba) And His Orchestra*, Con Ritmos de Mambo, Afro y Rumba. En este álbum se incluyen los temas «La Ruñidera», «La Cachimba de San Juan», «Rumba Rumbero» y «Mama Dolores» en la voz de Míster Babalú.

El 2 de diciembre Chano Pozo fue asesinado en Harlem, Nueva York, a los 33 años.

1949.

El sello Decca, publico ocho números con ritmos como guaracha, Pregón y Afro Cuban en un álbum titulado *Miguelito Valdés Bim Bam Bum* acompañado por Machito y sus Afro cubans, Otro disco de Miguelito Valdés grabado ese año en Nueva York se titulo *Mambo Dance Session*, con la participación de René Hernández, Al Escobar y Eddie Cano.

Miguelito Valdés grabó con su orquesta en Nueva York en 1949, los temas «Sangre Son Colora», «Estampas Callejeras», «Recuerden la Ola Marina», «Bongo Bongosero», «¡Oh, Mi Tambó!», «Rumba Rhapsody» y «Babalú».

Desiderio Alberto Arnaz y de Acha es el nombre completo del actor y músico cubano natural de Santiago Desi Arnaz, quien grabó el film titulado *Fin de semana en La Habana*, con la participación de Miguelito Valdés en el tema «Rumba rumbero».

1950:

La RCA Victor graba *Miguelito Valdés And His Orchestra*, Plays Ernesto Lecuona, «Andalucía», «La Comparsa»; «Malagueña» «Siempre en mi corazón», «Canto Karabali».

1951:

Miguelito grabó con la orquesta del pianista de Puerto Rico Norosvaldo Morales Sanabria, Noro Morales, con quien hizo los temas «Babalú», «Bambarito», «La Negra Leonor», «Marimba», «Rumba Rumbero», «Escucha mi Son», «Rumba Rítmica» y «Walter Winchell Rhumba», realizados para el sello Decca.

Graba con La Sonora Matancera, el conjunto de Rogelio Martínez para el sello Seeco seis temas: «A pasarse un Pollo», «Arroz con Manteca», «Eguemio», «En El Extranjero», «Se Formo El Rumbón» y «Zambele».

1952:

Con su orquesta graba: afro, guaracha, son montuno, son y bolero, bajo el sello M-G-M Records, publicó el álbum *Latin American Rhythms*. En temas como «Babalu», «Estampas Callejeras», «Oh Mi Tambo» y «Rhumba Rhapsody».

Miguelito Valdés firma contrato como artista exclusivo de la RMC Cadena Azul de Amado Trinidad.

1953:

En ese año participó en grabaciones del gran pianista cubano René Touzet, para el sello Tico.

1954:

Grabó con Olga Guillot y La Orquesta de Los Hermanos Castro, un álbum para el Sello Musart titulado *Miguelito Valdés*, con los temas «Lagrimas Negras», «Mangue», «La Sitiera» y «Tibiri Tabarateando».

1955:

El sello Royale Records publicó *Latin hits featuring Miguelito Valdez with orchestra and organ* con sus éxitos: «Babalu», «Negro», «Canto Siboney» y «Cielito Lindo».
En abril, Miguelito Valdés, visita la ciudad de Medellín en Colombia, presentándose en el Hotel Nutibara.

1957:

En el 1957, es contratado en el Tropicana actuando con Estanislao Sureda, Laito al lado de Lucy Fabery.
Miguelito Valdés realizó presentaciones en programas de Televisión en Cuba.

1958:

Miguelito Valdés y su orquesta vuelve a grabar con Machito y sus afrocubans por el sello Decca, el disco incluye doce temas: el lado A aparecen 6 temas de Miguelito Valdés y su Orquesta y los otros seis el lado B fueron grabados por Miguelito Valdés con Machito y sus Afro Cubans.
En México realizó grabaciones con la Orquesta de Pablo Peregrino, en formato de 45 RPM para la RCA Victor, los temas fueron: «Esa mulata», «Qué tal te va», «Calypso man» y «Hilton Caribe».

1959:

Mister Babalú actuó al lado de María Antonieta Pons, en la película Mexicana dirigida por: Ramón Pereda titulada *Acapulqueña*. En la misma Miguelito Valdés canta su tema «Negro», en ritmo de Afro.

1963:

Machito graba Reunión, para el sello Roulete Records 624, donde también participó Miguelito Valdés, allí se incluyeron varios números de Míster Babalú, como: «Africanerias», «Mi Tumbao», «Sabor», «Tamba Tumbala», además del tema éxito «Qué pena me da».

Miguelito Valdés grabó en el país azteca el álbum *México Yo Te Canto*, con el Mariachi Tenochtitlán, para el Sello Tico Records, con temas del folclor mejicano como: «Pa' Que Sientas Lo Que», «El Jinete», «Guadalajara» y «Cucurrucucu Paloma»; además del tema de su autoría «México Yo Te Canto».

Miguelito Valdés, como muestra de su participación y colaboración musical con otros países latinos graba con el sello Camay el

LP Bando Da Lua Boys Brazilian Festival con los temas «Mambo jambo», «Babalú», «Celina» y «Brasil».

1964:

Se traslada a vivir a Los Ángeles, desde donde realiza diversas giras internacionales a diferentes países.

En al álbum *Canciones que mamá no me enseñó* con la orquesta de Tito Puente Granado por Tico Records con la producción de Teddy Reig. Aparecen los temas «Juanita Saca la Mano» de Graciela & Miguelito Valdés y «Atesa el Bastidor», «Cubanito» y «La Manguera».

En un segundo álbum grabado por el sello Tico titulado *Más Canciones que mi mamá no me enseñó*, se grabaron los temas «Los Hermanos Pinzones», «Guantanamera» y «La Pintura Blanca» en la voz de Miguelito Valdés con la Orquesta de Tito Puente.

Olga Guillot grabó el álbum *La Insuperable* para el sello Puchito, con dos temas de la cantante a dúo con Miguelito Valdés: «Lágrimas Negras» y «La Sitiera».

1965:

En mayo de 1965, Olga Guillot fue acompañada por el trío Los Panchos y Miguelito Valdés cuando se presentó en el Teatro Paramount de Broadway.

En este año se publicó por parte de sello Tico Records un álbum titulado *Graciela Pérez Grillo, Íntimo y Sentimental,* con un número de la autoría de Miguelito Valdés: «El Bizcocho».

1966:

Una composición del maestro Miguelito Valdés titulada «Letargo» fue incluida por el rey del timbal Tito Puente y su Orquesta en su álbum *Carnaval En Harlem*, grabado por el sello Tico Records.

1967:

Con dirección y arreglos de Chico O'Farrill, Miguelito Valdés grabó otro álbum para el sello Verve, titulado *Inolvidables*, grabado en la ciudad de New York, recordamos de ese álbum los temas «Negra Leono», «Zarabanda», «Los Componedores» y «Guaguancó Africano».

1969:

En otro trabajo musical de Tito Puente se incluyó un tema de Miguelito Valdés se trata de «Dolor Cobarde», del que se grabó una versión en el álbum *En el Puente (On the Bridge)*, del gran timbalero de Harlem.

1971:

Un disco de Cuarteto Caney, Miguelito Valdés y su conjunto, se grabó ese año con 8 números del Caney; 3 números por Miguelito Valdés y su Conjunto, y el tema «Golondrinas», interpretado por el Quinteto La Plata cantando Davilita y Rodríguez, este disco fue reeditado como Camdem.

1973:

Señor Babalú, es un álbum de Miguelito Valdés, publicado en México por el sello Seeco Records, con canciones grabadas por Miguelito con la Sonora Matancera y con Noro Morales.

1976:

El gran cantante boricua Santitos Colón grabó con Tito Puente el álbum *Los Originales*, allí aparece el tema de Miguelito Valdés «Loco de Amor», bajo el sello Tico Records.

1977:

Miguelito Valdés se reencuentra con el decano de los conjuntos cubanos, en territorio mexicano donde realiza para el sello Orfeón 22 grabaciones con la Sonora Matancera de Rogelio Martínez, entre los temas aparecen: «Anacaona», «Así se compone un son», «Cualquiera resbala y cae», «Cuando Salí de Cuba», «El mambito», «La hija de Lola», «En el extranjero» y «Nocturnando».

Otro álbum publicado por el sello Orfeón se llamó *Miguelito Valdés y Roberto Blanco Moheno -Dos amigos se encuentran Cuba y México*.

Realiza una grabación en Perú para el sello IEMPSA, el álbum salió con el nombre de *Míster Babalu en Perú*.

Otra grabación de ese año fue realizada en México con el nombre de «Serenata Mulata», prensado por el sello Orfeón.

Un disco titulado *Miguelito Canta A Panamá* fue grabado en Panamá con la Orquesta 11 de Octubre de la Guardia nacional Panameña, bajo la dirección musical del maestro Víctor Paz, grabado por Mericana Records.

1978:

Sufrió un ataque al corazón en México a inicios de 1978.

Recibió un homenaje en el Roseland Ballroom de Nueva York, en mayo del mismo año.

En Colombia graba para el sello Polydor: «El mosaico Blen blen»,«A-riñañara», «Nague», de Chano Pozo; «Que siga la fiesta» de Curro

Fuentes; «La vieja Juana» de Santander Díaz; de sus autoría los temas «Me gusta Brasil», «Letargo», «Si negro» y «Loco de Amor», de Mario Gareña; «Que linda», de Lucho Bermúdez »Gloria María», de Jesús Lara Pérez »Cumbiero Soy» y de José Barros »Navidad negra».

Miguelito Valdés falleció de un infarto mientras cantaba en el Salón Rojo del Hotel Tequendama en Bogotá, Colombia el día 9 de noviembre de 1978.

Participación en películas

Bailando nace el amor (You were never lovelier). 1942

Director: William A. Seiter
Reparto: Fred Astaire, Rita Hayworth, Adolphe Menjou, Isobel Elsom, Leslie Brooks, Adele Mara, Gus Schilling, Barbara Brown, Douglas Leavitt
Distribuidora: Columbia Pictures
Productora: Columbia Pictures Corporation
Xavier Cugat con Miguelito Valdés

Mi Reino por un Torero. 1943

Director: Fernando A. Rivero y A.Victor Mora
Reparto: Con la actuación de Florencio Castelló, Maria Antonieta Pons, Luis G. Barreiro, Salvador Quiroz, Carlos Arruza, Consuelo Guerrero, Miguelito Valdés, Aurora Segura, Alfonso Jiménez, 'kilometro', Aurora Zermeño.

Imprudencia. 1944

Directores: Soler, Julián
Reparto: Valdés, Miguelito - Soler, Julián - Soler, Domingo - Sala, Ángel T. - Rojo, Rubén - Roche, Joaquín - Quiroz, Salvador - De Castejón, Blanca - Cañedo, Roberto - Campos, Chela - Bravo, Antonio (I) - Bermúdez, Isabel - Barreiro, Luis G

Pan-Americana. 1945

Título Original: *Pan Americana*
Realizado por: John-H. Auer
Producido por: John-H. Auer Sid Rogell RKO

Suspense (Frank Tuttle) *Choque de pasiones.*1946

Guión: Philip Yordan (Historia: Philip Yordan)
Música: Daniele Amfitheatrof
Fotografía: Karl Struss (b&w)
Reparto: Belita, Barry Sullivan, Bonita Granville,
Albert Dekker, Eugene Pallette, George E. Stone,
Edit Angold, Leon Belasco, Miguelito Valdés
Productora: Monogram Pictures

Variety Time. 1948

Director: Hal Yates
Guión: Leo Solomon Hal Yates
Estrellas: Minerva Urecal Hans Conried Jack Paar
Reparto: Edgar Kennedy, Leon Errol, Frankie
Carle, Pat Rooney Iii, Miguelito Valdés, Harold
& Lola, Hans Conried, Dorothy Granger, Jack
Norton, Minerva Urecal, Florence Lake, Jack Paar

Mientras el cuerpo aguante. 1958

Director Gilberto Martínez Solares
Guión Gilberto Martínez Solares, Óscar Luis Massa
Reparto: María Victoria, Blanca de Castejón, Carlos Riquelme, Pompín Iglesias, Rafael Alcayde, Nacho Contla, Nicolás Rodríguez, Mauricio Garcés, Miguelito Valdés, Consuelo Monteagudo, Elvira Lodi, Diana Ochoa, Salvador Lozano, Alejandra Meyer

Acapulqueña. 1959

Director: Ramón Pereda
Elenco: María Antonieta Pons, Manuel Capetillo, Eulalio González "Piporro", Armando Sotolamarina "Chicote", Oscar Pulido, Fernando Soto "Mantequilla", Daniel "Chino" Herrera, Oscar Ortiz De Pinedo, Ramon Pereda, Arturo Soto Rangel, Paco Michel, Antonio Prieto, Wilson Viana, Miguelito Valdés, Mariachi Vargas

Una Canción para Recordar. 1960

Director: Julio Bracho
Escrita por: Alfonso Patiño Gómez
Protagonistas: Evangelina Elizondo, Virma González, Miguelito Valdés

Composiciones

1. A Toda Cuba le Gusta

2. Adiosito

3. Africanerías

4. Algo nuevo

5. Asopao

6. Bongo Bongocero

7. Botellero

8. Cabildo

9. Casablanca

10. Celina

11. Cubanito

12. Dios te bendiga Veracruz

13. Dolor cobarde

14. El Bizcocho

15. El Perro y el Gato

16. El Reino de Tus Ojos

17. Esa mulata

18. Juanita Saca la mano

19. Kon Kun Mambo

20. La Bata de Olla

21. La Canción del Guajiro

22. Las componedoras

23. Las Jardineras

24. Letargo

25. Loco de amor

26. Mambo N°2

27. Me gusta Brasil

28. México yo te canto

29. Mi comparsa

30. Mi tumbao

31. Mis cinco hijos

32. Mondongo

33. Negro

34. No hay nadie como tu

35. Oh mi tambó

36. Pa' la Risueña

37. Que pena me das

38. Qué tal te va

39. Roncana

40. Rumba rítmica

41. Rumba rumbero

42. Sabes Que Te Quiero

43. Sabor

44. Sin negro

45. Son Los Dandies

46. Tambombea

47. Tú

48. Tumba Túmbala

49. Veracruz

50. Vienen llegando

51. Villa Rosa

52. Ya no alumbra tu estrella

53. Yo Son Macua

Discografía

El investigador Cristobal Díaz Ayala en su laboriosa *Enciclopedia de la música cubana* menciona: «Figueroa dice que Miguelito grabó unas 1,000 canciones en discos sueltos y más de 50 lp's». Trataremos de incluir la mayor información de la discografía de Miguelito Valdés.

Rita Aurelia Fulceda Montaner y Facend, Rita Montaner, Función De Gala Con Rita Montaner. CD (ARO 118).

Ay que sospecha tengo / Rita Montaner con Alvariño y Echegoyen
Carta de mamita / Pototo y Filomeno
Mis cinco hijos / Miguelito Valdés
Flor de carne / Otto Sirgo
Elena / Manolo Álvarez Mera
Peregrina / René Cabel
Ya no te creo / Rita Montaner
Pensando en ti / Ma Luisa Chorens y Jorge Raúl Guerrero
Yo soy tu fracaso / Manolo Álvarez Mera
Copas y amigos / Joseito Fernández
Cemento, ladrillo y arena / Orlando Guerra, Cascarita
No me niegues el amor / Ernesto Lecuona (al piano y orquesta)

Músicos: Rita Montaner, Ernesto Lecuona, Miguelito Valdés, René Cabel, Otto Sirgo, M. Álvarez Mera, Pototo y Filomeno, Jorge Raúl Guerrero, Joseito Fernández, O. Guerra, Ma Luisa Chorens, Alvariño y Echegoyen.

Grabaciones con La Casino de la Playa

1. **Dolor cobarde** / Miguelito Valdés / RCA Victor 82114 /1937
2. Cachita / Rafael Hernández / RCA Victor 82109 /1937
3. **Bruca Maniguá** / Arsenio Rodríguez / RCA Victor 82114 /1937
4. **Ben acá Tomá** / Arsenio Rodríguez / RCA Victor 82121 /1937
5. **Taboga** / Ricardo Fábrega / RCA Victor 82121 /1937
6. **Oiga mi pregón** / Emilio Fabelo / RCA Victor 82405 / 1938
7. **El limpiabotas** / Cautes Castilla / RCA Victor 82413 / 1938
8. **Te ví** / Julian Fiallo / RCA Victor 82405 / 1938
9. **Yo son Macuá** / Arsenio Rodríguez / RCA Victor 82404 /1938
10. **Mí comparsa** / Miguelito Valdés / RCA Victor 82390 /1938
11. **Los componedores** / Miguelito Valdés / RCA Victor 82404 /1938
12. **Oh mi tambó** / Miguelito Valdés / RCA Victor 82390 /1938
13. **Funfuñando** / Arsenio Rodríguez / RCA Victor 82343 /1938
14. **El juicio** /   / RCA Victor 82326
15. **La negra Leonor** / Ñico Saquito / RCA Victor 100-01850
16. **El plato roto** / Rafael Ortiz / RCA Victor 82500 /1938

17. **Tú** / Eduardo Sánchez / RCA Victor 82397 /1938
18. **Los Venecianos** / Miguelito Valdés / RCA Victor 82514 /1938
19. **No hay nadie como tu** / Cautes Castilla / RCA Victor 82501 /1938
20. **Yo son ganga** /Arsenio Rodríguez / RCA Victor 82514 /1938
21. **El reino de tus ojos** /Arsenio Rodríguez / RCA Victor 82515 /1938
22. **Se va el caramelero** / Arsenio Rodríguez / RCA Victor 82514 /1938
23. **Pá la risueña** / Electo Rosell / RCA Victor 82515 / 1938
24. **Babalú** / Margarita Lecuona / RCA Victor 82634 / 1939
25. **Atésame el bastidor** / Ñico Saquito /
26. **Suavecito** / Ignacio Piñeiro / RCA Victor 82517
27. **Cuando vuelvas a quererme** / Julio Gutiérrez / RCA Victor 82647 / 1939
28. **Bacosó** / Julio Gutiérrez / RCA Victor 82647 / 1939
29. **Llora campesino** / M. Valdez & A. Sacasas / RCA Victor 82670
30. **La conga negra** / Margarita Lecuona / RCA Victor 82676 / 1939
31. **Negro de sociedad** / Arturo R. Ojea / RCA Victor 82669 /1939
32. **José Isabel** / Electo Rusell / RCA Victor 82694 /1939
33. **Bambarito** / Electo Rusell / RCA Victor 82787 / 1939
34. **Mi cuntuntún** / Electo Rusell / RCA Victor 82706 /1939
35. **El perro y el gato** / Rafael Ortiz / RCA Victor 82676 / 1939
36. **La bata de Ollá** / Bienvenido Julián Gutiérrez / RCA Victor 82694 /1939

37. **Yo tené un barracón** / Bienvenido Julián Gutiérrez / RCA Victor 82717
38. **Vuelve el viandero** / Bienvenido Julián Gutiérrez / RCA Victor 82757
39. **Negro mandinga** / Facundo Rivero / RCA Victor 82706 / 1939
40. **Si sabes que te quiero** / Pedro Duarte / RCA Victor 82738 / 1939
41. **Oriente** / Arnaldo Garcia / RCA Victor 82717-2 / 1939
42. **Adios África** / Arsenio Rodríguez / RCA Victor 82738 / 1939
43. **Elube Changó** / Alberto Rivera / RCA Victor 82770 / 1939
44. **Los timbales** / Julio Blanco-Julio Leonard / RCA Victor 82669
45. **Batamú** / M. Guerra-J.b. Leonard / RCA Victor 82738
46. **Blen, blen, blen** / Chano Pozo / RCA Victor 82977
47. **Tu** / J. R. Balseiro / RCA Victor 82770 / 1939
48. **Yo son moruá** / Osvaldo Estivil-Ignacio Piñeiro / RCA Victor 82787
49. **Mi deuda de amor** / Ad. Rodríguez- A. Beltrán / RCA Victor 82947
50. **Rumba, rumbero** / Miguelito Valdés / RCA Victor 82947 / 1940
51. **Nuestro son** / Ramiro Gómez Kemp-Osvaldo Farrés / RCA Victor 82948
52. **Se va el manguero** / Adolfo Rodríguez / RCA Victor 82948
53. **Sé bastante** / Julio Gutiérrez / RCA Victor 82977 / 1940
54. **Ya te olvidé mujer** / Julio Gutiérrez / RCA Victor 83189 / 1940
55. **No te importa saber** / René Touzet / RCA Victor 83031
56. **El manisero** / Moisés Simons / RCA Victor 27912/ 1940
57. **Ya reiré cuando tú llores** / Alberto Villalón / RCA Victor 83028
58. **El arroyo que murmura** / Jorge Anckerman / RCA Victor 83032
59. **Mis cinco hijos** / Osvaldo Farrés / RCA Victor 83030 / 1940
60. **Déjate engañar** / Pedro Duarte / RCA Victor 83262 / 1940
61. **La conga de Quirina** / Electo Rosell / RCA Victor 83262
62. **Macurije** / Julio Gutiérrez / RCA Victor 83149 / 1940
63. **Suave papi** / Miguel Ángel Román- Rafael Ortiz / RCA Victor 83149
64. **Ariñáñara** / Chano Pozo / RCA Victor 83031/ 1940
65. **Tu jijo serán jabá** / Ladislao Martínez- Anselmo Sacasas / Victor 83033
66. **Vamos a arrollar** / Margarita Lecuona / RCA Victor 83030
67. **Sinforosa** / Electo Rosell / RCA Victor 83029 / 1940
68. **Como le gusta el chismecito a Caridad** /Arsenio Rodríguez/Victor 83033
69. **Junto al bambú** / Arsenio Rodríguez / RCA Victor 83436
70. **Muna Sanganfimba** / Chano Pozo / RCA Victor 83436
71. **Mulata, que pasa** / Ramiro Gómez Kemp / RCA Victor 83189
72. **Yo tá namorá** / Arsenio Rodríguez / RCA Victor 83334
73. **Con quien sabe no se juega** / Julio Gutiérrez / RCA Victor 83441
74. **Guaguina yerabo** / Chano Pozo / RCA Victor 83441

75. **La canción del guajiro** / G. Rodríguez Fiffe / RCA Victor 83334
76. **Tokú** / Margarita Lecuona / RCA Victor 83431/1940
77. **Muy junto al corazón** / Rafael Ortiz / RCA Victor 83431

MEMORIES OF CUBA
ORQUESTA CASINO DE LA PLAYA
(1937-1944)

with
CASCARITA · MIGUELITO VALDES
PEREZ-PRADO · ANSELMO SACASAS

ORQUESTA
CASINO DE LA PLAYA
MIGUELITO VALDES

ADIOS AFRICA

ORQUESTA
CASINO DE LA PLAYA FUFUÑANDO
MIGUELITO VALDES

CUBAN BIG
BANDS
1940-1942

Grabaciones con la Orquesta Riverside

1. **Tristezas** / Miguelito Valdés / RCA Victor 83143 / 1940
2. **No piques aquí** / Ñico Saquito / RCA Victor 83143 / 1940
3. **No te vistas que no vas** / Ñico Saquito / RCA Victor 83210-2
4. **Anaboroco tinde** / Chano Pozo / RCA Victor 83210
5. **Quiero amar** / Margarita Lecuona / RCA Victor 83359
6. **Ritmo tropical** / Manolo Soroa / RCA Victor 83227 / 1940
7. **Kuki** / Arsenio Rodríguez / RCA Victor 83227
8. **Así viviré** / Juan Bruno Tarraza / RCA Victor 83244 / 1940
9. **Eso es candela**/ Antonio Temprano / RCA Victor 83244
10. **Así es Cuba** / Juan Bruno Tarraza / RCA Victor 83121
11. **Amanecer criollo** / Alfredo Brito / RCA Victor 83093
12. **Sombras de mi tierra** / Juan Bruno Tarraza / RCA Victor 83284
13. **Del codo al caño** / Ñico Saquito / RCA Victor 83121
14. **Trábalo** / Ñico Saquito / RCA Victor 83284
15. **Triángulo** / Anselmo Sacasas / RCA Victor 83296
16. **Mi África** / Juan Bruno Tarraza / RCA Victor 83296

(Tumbao TCD-058)

Ver también:
Cuban Big Bands 1940-1941 (HQCD-63)
Miguelito Valdés: Havana 1938-1940 (HQCD-81)

Grabaciones con Septeto Nacional Ignacio Piñeiro

1. **La cachimba de San Juan** / Ignacio Piñeiro / RCA Victor 83173
2. **Alma guajira** / Ignacio Piñeiro / RCA Victor 83173
3. **A la loma de Belén** / Juana González / RCA Victor 83089
4. **Bururú- barará** / Ignacio Piñeiro / RCA Victor 83089

(Harlequin HQCD-64)

(RCA Victor LPV 7-266)

Grabaciones con La Orquesta de Enrique Bryon

1. **La mujer negra** / Gloria Castañeda-E. Bryon / RCA Victor 83050
2. **Isabel pienso en ti** / Enrique Bryon / RCA Victor 83142
3. **El negro del solar** / Enrique Bryon / RCA Victor 83050

Grabaciones con Xavier Cugat

1. **Blen, blen, blen** / Chano Pozo / RCA Victor 26625 / 1940
2. **Rumba , rumbero** / Miguelito Valdes / RCA Victor 26661
3. **Macurije** / Julio Gutiérrez / RCA Victor 266661
4. **Nueva conga** / Miguelito Valdes / RCA Victor 26661
5. **Tunaré** / C. Bouza / RCA Victor 26697 / 1940
6. **Guaira** / Armando Oréfiche / RCA Victor 26725
7. **Mis cinco hijos** / Osvaldo Farrés / RCA Victor 26697
8. **Mi conga** / C. Bouza / RCA Victor 26725
9. **Elube Chango** / A. Rivero / RCA Victor 26735
10. **Los hijos de Buda** / Rafael Hernández / RCA Victor 26791
11. **En la Plantación** / Armando Oréfiche / RCA Victor 27973
12. **Bernabé** / C. Bouza / RCA Victor 27583
13. **Tumbando caña** / Julio Blanco Leonard / Columbia 36270
14. **Negra Leonor** / Ñico Saquito / Columbia 36098
15. **Babalú** / Margarita Lecuona / Columbia 36048 / 1941

16. **Bambarito** / Electo Rusell / Columbia 36048 / 1941
17. **Yo ta namorá** / Arsenio Rodríguez / Columbia 36096
18. **Anaboroco tinde** / Chano Pozo / Columbia 36096
19. **El mondoguero** / C. Bouza / Columbia 36387 / 1941
20. **I love the conga** / Dick Gilbert / Columbia 36386
21. **Llora timbero** / Arsenio Rodríguez / Columbia 36360
22. **Adios África** / Arsenio Rodríguez / Columbia 36808
23. **Son los Dandis** / Miguelito Valdes / Columbia 36387
24. **El brujo de Guanabacoa** / Hermenegildo Cárdenas / Columbia 36538
25. **In África** / Eusebia Cosme / Columbia 36538 / 1941
26. **Viva Roosevelt** / Xavier Cugat / Columbia 36496
27. **Chupa-chupa** / Marcelino Guerra / Columbia 36818
28. **Tumbao** / Xavier Cugat- Mario Bauzá / Columbia 36388
29. **Coconito** / Lorenzo Barcelata / Columbia 36697
30. **Ecó** / Gilberto Valdés / Columbia 36752 / 1942
31. **Rumba rhapsody** / Rafael Audinot / Columbia 36230
32. **Pa ran pan pin** / Chano Pozo / Columbia 36270

Grabaciones con Machito and his Afrocubans

1. **En lloró** / Obdulio Morales / Decca 50011 / 1942
2. **Letargo** / Miguelito Valdés / Decca 50013
3. **Tabú** / Margarita Lecuona / Decca 50012
4. **La rumba soy yo** / Miguelito Valdés / Decca 50012
5. **El botellero** / Gilberto Valdés / Decca 50014
6. **Guadalajara** / Pepe Guízar / Decca 50013
7. **Yo saludá** / Arsenio Rodríguez / Decca 50011
8. **Ecó** / Gilberto Valdés / Decca 50014
9. **Carambú** / P. Berríos-C. Valdés-E. Chávez / Decca 18516
10. **Drume negrita** / Eliseo Grenet / Decca 18518
11. **Zarabanda** / Chano Pozo / Decca 18517
12. **Bim bam boom** / Noro Morales / Decca 18516
13. **Rica pulpa** / Eliseo Grenet / Decca 18517

14. **Sensemayá** / Bienvenido Julián Gutiérrez / Decca 18519
15. **Oye negra** / Noro Morales / Decca 18519
16. **Nagüe** / Chano Pozo / Decca 18518

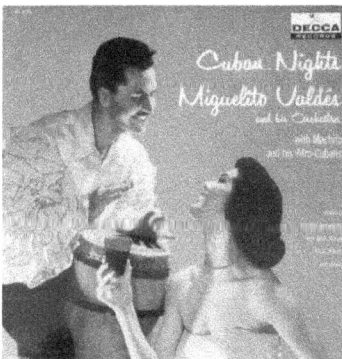

Grabaciones con Machito y su orquesta

1. **Señor todo pasa** / Eliseo Grenet / Verne 0013
2. **¿Qué tal te va?** / Miguelito Valdés / Verne 0013
3. **El cumbanchero** / Rafael Hernández / Verne 0014
4. **Hoja seca** / Dr. Roque Carbajo / Verne 0014
5. **Lindo ranchito** / R. Fabregas / Verne 0015
6. **Chorombolo** / Miguelito Valdés / Verne 0015
7. **Cabildo** / Miguelito Valdés / Verne 0016
8. **Tierra va temblá** / Mariano Mercerón /Verne 0016

Grabaciones con Orquesta de Leonard Joy

1. **You never say yes, you never say no** / R. Duchesne / Decca 18673
2. **Good, good, good** / A. Roberts / Decca 18673

Grabaciones con Orquesta Hermanos Marquez

1. **Rumba, rumba** / J. Pafumy / RCA Victor 23-0360

Grabaciones con Orquesta de Humberto Cané

1. **Linda mujer** / R. Duchesne / RCA Victor 5130
2. **Negra consentida** / J. Pardavé / RCA Victor 5130

Grabaciones con Orquesta América

1. **Olvido** / Miguel Matamoros / RCA Victor 5131

Grabaciones con Orquesta Noro Morales

1.**Tambó o Cucha el eco del tambó** / Silvestre Méndez / Seeco 507
2. **Te quiero dijiste** / María Greever / Seeco 507 / 1945
3. **Lacho** / Facundo Rivero / Seeco 520
4. **Adiosito** / Miguelito Valdés / Seeco 520
5. **Esa multa** / Miguelito Valdés / Seeco 4102
6. **Tristezas de ayer** / N.Morales-T. Rodríguez / Seeco 4112

Grabaciones de Miguelito Valdés con su orquesta

1. **Calypso man** / Miguelito Valdés / RCA Victor 20-3809 / 1945
2. **Hilton Caribe** / Miguelito Valdés / RCA Victor 20-3809

Grabaciones de Miguelito Valdés con su orquesta y sexteto

1. **Babalú** / Margarita Lecuona / Musicraft MUS-362
2. **Rhumba rhapsody** / Ardinot / Musicraft MUS-362
3. **Bruca Maniguá** / Arsenio Rodríguez / Musicraft MUS-384
4. **Veracruz** / Miguelito Valdés / Musicraft MUS-384
5. **El cua cua** / J. Gu / Musicraft MUS-403
6. **You, so it's you** / Brown / Musicraft MUS-411
7. **Casablanca** / Miguelito Valdés / Musicraft MUS-403
8. **Negra Leonor** / Ñico Saquito / Musicraft MUS-411
9. **El cajón** / A. Rivero / Musicraft MUS-437
10. **Tambombea** / Miguelito Valdés /Musicraft MUS-437
11. **El tumbaito** / Pepé Delgado / Musicraft MUS-439
12. **Recuerden la ola marina** / Virgilio González / Musicraft MUS-439
13. **El maranquero** / Eliseo Grenet / Musicraft MUS-440
14. **Ahora seremos felices** / Rafael Hernández / Musicraft MUS-440
15. **Negro** / Miguelito Valdés / Musicraft MUS-526
16. **Siboney** / Ernesto Lecuona / Musicraft MUS-526
17. **Elube change** / A. Ribero / Musicraft MUS-535
18. **Cubalou** / Koppitch / Musicraft MUS-535
19. **Algo nuevo** / Miguelito Valdés / Musicraft MUS-438
20. **La comparsa** / Ernesto Lecuona / Musicraft MUS-438
21. **Mambo No 2** / Miguelito Valdés / Tops Records – 45-R1044
22. **Loca Pasión** /   / Musicraft MUS- 583 (5967)
23. **En Tampa** /   / Musicraft MUS- 583 (5969)

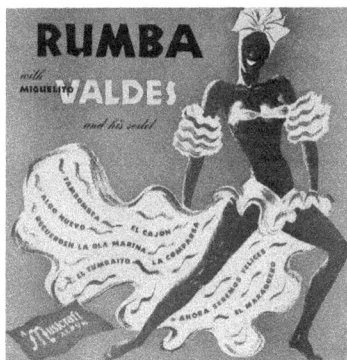

Grabaciones con su Mambo Orquesta

1. **Celina** / Miguelito Valdés / RCA Victor 23-5174 / 1949
2. **Si no tienes swing** / Chano Pozo / RCA Victor 23-5174
3. **Mondongo** / Miguelito Valdés / SMC 1224
4. **Está frizao** / Pepe Becke / SMC 1224
5. **Chano Pozo** / Carlos Vidal / SMC 1225
6. **Qué me pasa** / Julio Gutiérrez / SMC 1225
7. **Cose-cose** / A. Castro / SMC 1226
8. **Sirocco** / L. Varona / SMC 1226
9. **Coranzocito** (Tiny heart)/ / SMC 1227
10. **Celina** / Miguelito Valdés / SMC 1227
11. **El soplón** / Obdulio Morales / SMC 1228
12. **Merry-go round of dreams** /A&D Roberts / SMC 1228
13. **Kon kun mabó** / P. Becke / SMC 1229
14. **Gandinga** / J. Bartee / SMC 1229
15. **Yambaó** / Ignacio Piñeiro / SMC 1230
16. **Asopao** / J. Bartee / SMC 1230
17. **Mamá Dolores** / Eliseo Grenet / SMC 1235
18. **Rumba rumbero** / Miguelito Valdés / SMC 1235
19. **La ruñidera** / Alejandro Rodríguez / SMC 1236
20. **La cachimba de San Juan** / Ignacio Piñeiro / SMC 1236
21. **Summertime** / George Gershwin / SMC 1242
22. **Harlem special** / Pérez Prado / SMC 1242
23. **Baile de San Vito** / Pérez Prado / SMC 1243
24. **Guaguina yerabo** / Chano Pozo / SMC 1243

Grabaciones con su orquesta

1. **The breeze and I** / Ernesto Lecuona / RCA Victor 20-3630 / 1950
2. **La comparsa** / Ernesto Lecuona / RCA Victor 20-3630 / 1950
3. **Para Vigo me voy** / Ernesto Lecuona / RCA Victor 20-3631 / 1950
4. **Malagueña** / Ernesto Lecuona / RCA Victor 20-3631 / 1950
5. **Karabalí** / Ernesto Lecuona / RCA Victor 20-3632 / 1950
6. **Siempre en mi corazón** / RCA Victor 20-3632 / 1950
7. **Rumba rumbero** / Miguelito Valdés / Decca 27864 / 1951
8. **Marimba** / Agustin Lara / Decca 27863 / 1951
9. **Rumba rítmica** / Miguelito Valdés / Decca 27862 / 1951
10. **Bambarito** / Electo Rosell / Decca 27863 / 1951

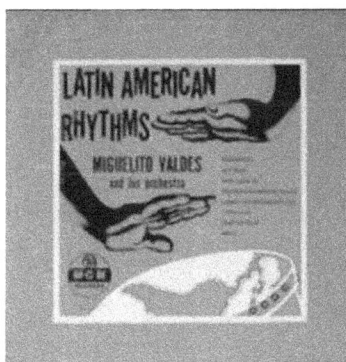

Grabaciones con Orquesta Riverside

1. **Mondongo** / Miguelito Valdés / Panart 1314 / 1950

Grabaciones con Machito and his Afrocubans

1. **Walter Winchell rhumba** / Noro Morales / Decca 27862 /1951
2. **La negra Leonó** / Ñico Saquito /
3. **Escucha mi son** / Noro Morales / Decca 27864 / 1951
4. **Babalú** / Margarita Lecuona / Decca 27861

Grabaciones con Orquesta Hermanos Castro

1. **Tibiri tabareando** / José Slater Badán / Puchito 175
2. **Es muy fácil** / Felipe Dulzaides / Puchito 175
3. **Si no tienes swing** / Chano Pozo
4. **Muñeca** / René Touzet / Puchito 177
5. **Adiós África** / Arsenio Rodriguez / Puchito 177

Grabaciones con Sonora Matancera

1. **Zambele** / J. M. Leonard / Seeco 7114
2. **Se formó el rumbón** / Calixto Leicea /
3. **Eguemío** / J. L. Forest / Seeco 7161
4. **A pasarse un pollo** / Juan Cuní / Seeco 7161
5. **En el extranjero** / Calixto Varela / Seeco 7162
6. **Arroz con manteca** / E. Angulo / Seeco 7162

Grabaciones con Conjunto de Pablo Peregrino

1. **Esa mulata** / Miguelito Valdés / RCA Victor 23-7432 / 1958
2. **Qué tal te va** / Miguelito Valdés / RCA Victor 23-7432 / 1958

Grabaciones con Orquesta Santa Anita

1. **Regálame esta noche** / RCA Española 3- 24140
2. **El pollo de Carlitos**
3. **Bongó , bongosero**
4. **Señora Soledad**

Grabaciones con Orquesta Villa Rosa

1. **Villa Rosa** / Miguelito Valdés / Vintage Music No 48 / 1959
2. **Noche triste** / Carmelo Larrea
3. **Asi es el cariño** / George Boss
4. **No hay nadie** / A. de Simone & J. P. Latorre-Capotosti

Grabaciones con Bando DA Lua Boys

Brazilian Festival Miguelito Valdés - Bando Da Lua Boys (Camay Ca 30135, 1963)

1. **Babalú** / Margarita Lecuona
2. **Amor** / G. Ruiz
3. **Celina** / Miguelito Valdés
4. **Brazil** / Ary Barroso
5. **Mambo jambo** / Pérez Prado

6. **The old piano roll blues** / Cy Cohen
7. **Baia** / Ary Barroso
8. **Cumana** / Spina

Grabaciones con su Orquesta (NY, 1963)

1. **Noche Buena** / Augusto Coen / Tico 1006
2. **El guanajo relleno** / Ignacio Piñeiro / Tico 1006
3. **Miami beach mambo** / I. Fields / Tico 1007
4. **Guaguancoa** / Tito Puente / Tico 1007

Grabaciones con René Touzet

1. **Dime que sí , dime que no** / René Touzet / Tico 10186
2. **Cada vez más** / René Touzet / Tico 10186

Grabaciones con Orquesta de Machito (1963) Tico 1098

1. **Blen, blen,blen** / Chano Pozo
2. **Sabor** / Miguelito Valdés
3. **Mi Habana cuando te vuelva a ver** / René Touzet
4. **Cara de payaso** / Barroso
5. **Black coffe** / Webster
6. **Africanerías** / Miguelito Valdés
7. **Mi tumbao** / Miguelito Valdés
8. **Indiambo** / Josefina Bardina
9. **Tamba tumbala** / Miguelito Valdés
10. **Qué pena me da** / Miguelito Valdés
11. **A la triste** / Margarita Lecuona
12. **África canta y llora** / Arsenio Rodriguez

Miguelito Valdés y El Mariachi Tenochtitlán

1. **México yo te canto** / Miguelito Valdés / Tico LP- 1110
2. **Pa que sientas lo que siento** / M. Salazar
3. **Viva mi copañera** / R& T de Marco
4. **Porqué eres así** / T. fregoso
5. **Fallaste corazón** / Cuco Sánchez
6. **Cucurrucucu paloma** / Tomás Méndez
7. **Guadalajara** / Pepe Guízar
8. **Desierto en el alma** / Fernando Z. Maldonado
9. **El jinete** / José Alfredo Jiménez
10. **Déjame creer** / René Touzet
11. **Adoración** / G. Cancel

Grabaciones con Orquesta de Tito Puente (1963)
Canciones mi mamá no me enseñó Tico 1111

1. **Cubanito** / D.R.A.
2. **Juanita saca la mano** / Miguelito Valdés
3. **La manguera** / N. Narváez
4. **Atesa el bastidor** / Ñico Saquito

Más canciones mi mamá no me enseñó Tico 1120

1. **Los hermanos pinzones** / D.R.A
2. **Guantanamera** / J. Fernández- R. Espigue
3. **La pintura blanca** / D.R.A

Grabaciones con Orquesta de Julio Gutiérrez

1. **La pelegrina** / Mike Vásquez
2. **Serenata multa** / Bobby Collazo
3. **Extraños en la noche** / Bert Kaempfert-Cecilio Pena
4. **Para mí, para mí** / Marcelino Guerra
5. **Modestia aparte** / Trini Márquez
6. **Corazón salvaje** / Luis Demetrio
7. **Babalú** / Margarita Lecuona
8. **Peregrina** eh / Mike Vásquez
9. **Fue un buen año para mí** / D.R.A.
10. **A mi manera** / Marcelino Guerra
11. **Te veo en septiem**bre / S. Wayne-S. Edwards
12. **Bruca maniguá** / Arsenio Rodriguez

Grabaciones con Orquesta de Chico O' Farril
V6-5036 (1967) MGM LAT-10005

1. **El limpiabotas** / Cuates Castilla
2. **Negra Leonó** /Ñico Saquito
3. **Ariñara-Nague** / Chano Pozo
4. **Sarabanda** / Chano Pozo
5. **Los Componedores** / Miguelito Valdés

6. **Quimbamba** / Rafael Hernández
7. **No negrita no** / A. R. Ojea
8. **Tambó** / Silvestre Méndez
9. **Guaguancó africano** / Miguelito Valdés
10. **Se acabó la fiesta** / Miguelito Valdés

Rebeldia Mr Babalú en concierto Centroamericano(Latino Enterprises 72770)

1. Rebeldia
2. Sueño
3. Canto a Quisqueya
4. Cuba hermosa
5. A escondidas
6. Mi crimen
7. Por qué negar

8. Yo te canto Venezuela
9. Te tengo lástima
10. Hoy

Grabaciones con Luis Demetrio
México, 1972 Gas 4003

1. **Olvido** (El que siembra su maíz) / Miguel Matamoros
2. **Preciosa** / Rafael Hernández
3. **Negra linda** / C. Pinelo
4. **En el tronco de un árbol** / Eusebio Delfín
5. **Ojos tristes** / Guty Cárdenas /
6. **Lágrimas negra** / Miguel Matamoros
7. **Morenita mía** / A. Villareal

Miguelito Valdés. La voz de Cuba (RCA Victor LPC-288)

1. **La pachanga que no cansa** / Carbó Menéndez-Díaz Rivero
2. **Gozando la pachanga** / José A. Fajardo
3. **No quiero fingir** / Mario Ruiz Arengol
4. **Gotitas de amor** / D.R.A.
5. **Afro** / Miguelito Valdés - Mariano Rivera Conde
6. **Danza negra** / Lucho Bermúdez
7. **Pachanga bum bum** / Rudy Calzado
8. **La pachanga** / Eduardo Davidson
9. **Bum bum chachachá** / Miguelito Valdés
10. **Cabildo** / Miguelito Valdés
11. **Esa mulata** / Miguelito Valdés
12. **Prende la vela** / Lucho Bermúdez

Grabaciones con la Sonora Matancera
(Orfeón JM-233, 1977, 3 LPS)

LP 1

1. **Babalú** / Margarita Lecuona
2. **El chivo** / Vinicio González
3. **Cántala con su tambó** / J. Martínez Leonard

4. **Mañoño** / M. Patterson
5. **Apambichao** / Carlos Argetino
6. **Cuando salí de Cuba** / Luis Aguilé
7. **Don Palucha** / Julián Fiallo
8. **Así se compone un son** / Ismael Miranda
9. **México canta mi guaguancó** / Mario Muñoz
10. **Amor ciego** / Rafael Hernández

LP 2

1. **Bruca maniguá** / Arsenio Rodriguez
2. **Oye guajira** / Alex Sosa
3. **Maní tostao** / Carlos y Mario Rigual
4. **Yo regresaré** / Luis Demetrio
5. **Nocturnando** / Pablo Cairo
6. **El alacrán** / Rafael de Cuba
7. **Cañonazo** / Evaristo Aparicio
8. **La hija de Lola** / Raúl Marrero
9. **Anacaona** / Tite Curet Alonso
10. **Ay cosita linda** / Pacho Galán

LP 3

1. **Serenata mulata** / Bobby Collazo
2. **Cualquiera resbala y cae** / J. Martínez
3. **Muñeco viajero** / Carlos y Mario Rigual
4. **Brisa** / Fernando Rubio
5. **Noche de farra** / Armando M. Dwolff
6. **En el mar** / Osvaldo Farrés
7. **El gallo, la gallina y el caballo** / José Carbó Menéndez
8. **A burujón puñao** / José Carbó Menéndez
9. **Extraños en la noche** / B. Kaempfert
10. **El mabito sobrosito** / Hilario Ariza

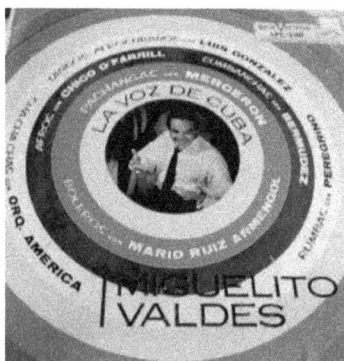

Grabaciones con Roberto Blanco Moheno
(Orfeón 16SO-5040) 1977

1. **Nunca** / Guti Cárdenas
2. **Imágenes** / Frank Domínguez
3. **La gloria eres tú** / José Antonio Méndez
4. **Obsesión** / Pedro Flores
5. **Lágrimas negras** / Miguel Matamoros
6. **Dios te bendiga** / Miguelito Valdés
7. **Bongo- bongocero** / Miguelito Valdés
8. **La cumbancha** / Agustín Lara

Miguelito valdéz and his orchestra
(Mount Vernon Music 140)

1. **Algo nuevo** / Miguelito Valdés
2. **El cajón** / A. Rivero
3. **Sangre son colorá** / Pedro Justiz
4. **Estampas** (Se cansa uno) José A. Méndez
5. **Negro** / Miguelito Valdés
6. **Lucumí** / Juárez
7. **Drume negrita** /Eliseo Grenet

Mister Babalú ¡Ahora! (Audio Latino-3060)

1. **Babalú** / Margarita Lecuona
2. **Drume negrita** /Eliseo Grenet
3. **Negro** / Miguelito Valdés
4. **Preciosa** / Rafael Hernández
5. **Cómo fue** / Ernesto Duarte
6. **El cumbachero** / Rafael Hernández
7. **A la molina** / El Alcatraz / S. Márquez
8. **Bruca maniguá** / Arsenio Rodriguez
9. **La mentira** / Álvaro Carrillo
10. **Nosotros** / Pedro Junco
11. **Indio** / Alicia Maguina
12. **Facundo** / Eliseo Grenet

13. **Danza negra** / Lucho Bermúndez
14. **Blen, blen, Ariñáñara- Nagué** / Chano Pozo

Grabaciones con Orquesta 11 de octubre
Miguelito canta a Panamá (Love Records 5059)

1.**Potpurrí panameño** / P.d.
2. **Taboga** / Ricardo Fábrega
3. **Guararé** / Ricardo Fábrega
4. **Soñar** / Chino Hassan
5. **Mi cholo no quiere chola** / Chino Hassan
6. **Cocaleca** / Victor Cavalli
7. **Mi último bolero** / Chino Hassan
8. **Historia de un amor** / Carlos Eleta Almarán

Mister Babalú
(RCA Victor DBL-5216; CAM-102-23073; Camden/ Sonolux 05-5132-00143)

1. **Babalú** / Margarita Lecuona
2. **Bruca maniguá** / Arsenio Rodriguez
3. **Facundo** / Eliseo Grenet
4. **Lamento borincano** / Rafael Hernández
5. **Cubano soy** / Armando Oréfiche
6. **Angelitos negros** / A. Eloy Blanco- m. Álvarez Maciste
7. **Échame a mí la culpa**
8. **Linda mujer** / Rafael Duchesne
9. **Quimbamba** / Rafael Hernández
10. **Campanitas de cristal** / Rafael Hernández

Miguelito Valdés- Mr Babalú (Sutton SSU-288)

1. **En Tampa**
2.**Bongosero**
3. **Estampas callajeras** / José A. Méndez
4. **Toyland cha-cha-cha** / V. Herbert
5. **Twiligth in Barakeech** /
6. **Bwana** / Lindey Buckingham

7. **Shine on Harvest Moon** / Nora Bayes-Jack Norworth
8. **Glow worn- Garden** /P. Lincke
9. **In the shade of the old apple tree** / Egbert Van Alsyne- Harry Williams
10. **Midnight Breeze** / Miguelito Valdés

Grabaciones con Orquesta de José María Curro
(Mr Babaloo-Miguelito Valdéz Polydor-2404061)

1. **Blen, blen,blen** / Chano Pozo
2. **Ariñara** / Chano Pozo
3. **Nague** / Chano Pozo
4. **Que siga la fiesta** / Curro Fuente
5. **La vieja Juana** / Santander Díaz
6. **Taboga** / Ricardo Fábrega
7. **Loco de amor** / Miguelito Valdés
8. **Me gusta Brasil** / Miguelito Valdés
9. **Navidad negra** / José Barros
10. **Gloria María** / Lucho Bermúdez
11. **Cartagena que linda eres** / Ramón Paz- M. Valdés
12. **Playa blanca** / D.R.A.
13. **Qué linda** / Mario Gareña
14. **Letargo** / Miguelito Valdés
15. **Sí negro sí** / Miguelito Valdés
16. **Soy cumbiero soy** / Jesús Lara P.

Otras grabaciones donde participó Miguelito Valdés

1. Con Olga Guillot& Orquesta Hermanos Catro (Puchito 104; Puchito 509; Dardo 2649)
2. Con María Antonieta Pons y la música de sus peliculas RCA Victor MKL-1196)
3. Con Margarita Romero y orquesta Rafael de Paz (RCA Victor MKL 1240)
4. Los inigualables- Miguelito Valdés y Tito Guizar (Caliente 1000)
5. Cuando calienta el sol (Antilla61)
6. La Onda de la Alegria-Grandes éxitos de los años 40 y 50
7. Inolvidables dúos latinos

Cartas

Correspondencia aportada por el coleccionista de música Eloy Cepero: cartas entre octubre de 1965 y agosto de 1966 donde Miguelito Valdés y Benito Silva gestionan gira por Centroamérica

P. O. Box 954 (Telefono 3159).
Cable: Benitosilva.
San José, Costa Rica. CA.
Noviembre 12 de 1965.

Señor
Miguelito Valdes.
3245 Laurel Canyon Blvd.
Studio City, California.

Muy estimado Miguelito:

Agradezco tu muy atenta del 29 de Octubre de la cual he quedado enterado.

De mi casa de Miami me la han remitido y ya sabes que como siempre —
estoy a tus muy apreciables ordenes.

Sin otro particular y con mi atento saludo para tu muy apreciable familia, quedo tuyo Afmo. amigo y S. S.

                                                    Benito Silva.

Noviembre 16-1965.

Mr. Benito Silva
San Jose,Costa Rica.

Amigo Benito:

        Saludos para ti y tu amable familia,por esta tu casa todos bien a Dios gracias.

        Repetidas veces nuestro mutuo amigo Campitos me ha dicho de ponerme en contacto contigo para actuar en Centro America,bien; como sabras acabo de regresar de por alla y en estos momentos me preparo para ir a Monterrey por unos 10 dias y de regreso aqui, para seguir a Las Vegas Hotel Riviera, del 8 de Dic. en adelante dos semanas con 3 de Opcion.

        De todas maneras espero estar por esa vuelta alrededor de el mes de Febrero, 19-20-21-22 Carnaval de Panama Club de Yates y Pescas ademas de lo que llaman carnavalito dias 25-26-27. Campitos tal parece que me usara cuando yo este por alli, ahora bien; me interesa mucho Costa Rica y de todas maneras hacer algo contigo, asi pues a tus ordenes y manda a tu amigo.

Miguelito Valdes

P. O. Box 954 (Teléfono 3159).
San José, Costa Rica, C. A.
Noviembre 22 de 1965.

Señor
Miguelito Valdés
3245 Laurel Canyon Blvd.
Studio City, California.

Muy estimado Miguelito:

Acuso recibo de tu muy atenta del 18 de Noviembre próximo
pasado, de la cual he quedado debidamente enterado.

Debes de estar siempre en contacto conmigo, ya que yo tengo varias plazas con programaciónes exclusivas que a lo mejor pueden interesarte. Ya sabes que estos paises son pobres y que hay que venir dentro de su realidad.

Con mis mejores deseos portu conservación personal y buenos
negocios, quedo en espera de tus gratas ordenes, tuyo Afmo.
amigo y Empresario,

                                        Benito Silva.

the Riviera hotel Las Vegas, Nevada

Dic. 9.

Amigo Santo y Sra:

Saludos con afectos de verdad, deseándoles Salud y muchos pesos en el año venidero.

Aquí me quedo hasta Enero 5 a tus órdenes, como siempre. — Te pensando en este nombre NITA CRUZ, esta Belleza Puertoriqueña llevá dos años en el Flamingo de aquí, con una ropa de maravilla y además mucho Talento, de interesarte en tus futuras presentaciones de familo Cabero. — Canta, baila,

viaja con familia y bailarín famoso o sea 3 personas. — Mucha suerte y felicidades te desea tu amigo. —

Miguelito

P. O. BOX 954 (TELEFONO 3159).
San José, Costa Rica, C. A.
Diciembre 31 de 1965.

Señor
Miguelito Valdes
3245 Laurel Canyon Blvd.
Studio City, California. USA.

Muy estimado Miguelito:

Acuso recibo de tu muy atenta del 9 de Diciembre proximo -
pasado, puesta de la Ciudad de Las Vegas.

Te hago llegar mi afectuoso saludo, con mis mejores deseos
porque tengas un venturoso año de 1966, deseo que hago ex-
tensivo a tu muy apreciable familia.

Quedo enterado del contenido de tu carta y espero tener noticias mas amplias con respecto a NITA CRUZ.

Sin otro particular, quedo en espera de tus gratas noticias,
tuyo Afmo. amigo y S. S.

                                        Benito Silva.

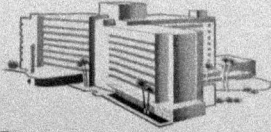

the **Riviera** hotel Las Vegas, Nevada

Jan 6/66.

Amigo Benito:

Para ti y tu amable esposa
lo mejor en este año. —

Estaré en Panamá Dios
mediante para finales de Feb.
a ver que puedes hacer para el
mes de Marzo por mí. —

Incluye en esto Curaçao
Aruba etc.

Abrazos

P. D. aquí termino día 11 de Enero
así que contéstame a esta.

P. O. Box 954 (Telefono 3159).
San Jose, Costa Rica, C. A.
Enero 14 de 1966.

Señor
Miguelito Valdes
3245 Laurel Canyon Blvd.
Studio City, California, USA.

Muy estimado Miguelito:

Acuso recibo de tu muy atenta del 6 de Enero, de la cual he
quedado debidamente enterado.

Tu bien sabes que para mí, eres uno de los mejores artistas
que he manejado, pero tu problema es que la gente ya te ha -
olvidado y no saben que estas mejor que nunca, por lo tanto
aquí es donde debe de entrar tu inteligencia.

Yo puedo hacerte la gira por Centro America, comenzando por
El Salvador, haciendo despues Nicaragua y Costa Rica, pero -
tienes que hacerme un precio como si fuera una promoción para ti y una defensa para mí, ya que tu bien sabes que nosotros los Empresarios, si no vislumbramos nuestra defensa, se
nos acaba el animo.

Te estoy hablando como un amigo y como alguien que quiere ha
cer negocio contigo, por lo tanto tienes la palabra.

Mandame fotografias tuyas para hacerte algunas publicaciones,
lo mismo que si tienes discos.

Sin otro particular, con mi respetuoso saludo para tu muy --
apreciable familia, quedo tuyo Afmo. amigo y S. S.

Enero 19-1966
Mr. Benito Silva
San Jose Costa Rica.

Mi querido amigo:

      Ayer recibi tu muy atta. carta a la que doy
inmediata contestacion, ya que ha salido otra idea que quizas
pueda interesarte.

      Bueno primero a lo **primero:**

Gira de Miguelito Valdes

      Tengo mucho interes en visitar esos Paises
a que te refieres y voy a dejar que me hagas tu una oferta,
la cual, si es interesante se hara y si no, lo dejamos, ahora
bien Benito, estos Paises no pueden haberme olvidado, ya que
ni me han conocido, pues nunca he tenido este gran honor, pue
no solamente no he cantado ni actuado en ningun Pais Centro
Americano, si no que del aereopuerto para dentro nunca he estado en ninguno; claro esta que tu te refieres, a que han sia
oido una vez u otra mis discos, o que me hallan visto en algu
na de las peliculas de Hollydood, or Mexicana; ahora bien esto si es inteligente y importante que podamos llegar a un acuerdo y que podamos presentarnos a esos nuevos amigos. De ahi
tu tienes la palabra:-

      En Panama debo terminar en los primeros
dias del mes de Marzo, ya hare Carnaval y Carnavalito, asi
pues podemos seguido de Panama hacer esa pequeña gira o ir
a Colombia con nuestro mutuo amigo Campitos antes; de esto
me informaras cual sera mejor fecha...Solamente que El Salvador queda excluido de esta gira, por cuestiones de familia
prometi nunca actuar alli y cumplo esta palabra.

Idea nueva

      En Panama tendré conmigo la orquesta de Machito com-
pleta que son 16 personas incluyendo Graciela su hermana cantante Etc. se puede aprovechar parte de los pasajes de regreso
en caso de interesarte, y presentarlo en Costa Rica y donde
quisieras, asi pues hecha la bola a rodar y me contestas.

      Creo que para mi puedes ampliar mi gira a Curazao
y Aruba donde han tratado de llevarme antes, tratalo tu desde
alli y dejame oir sobre esto tambien.

      En estos momentos espero visa de trabajo para salir
a Mexico por dos semanas antes de seguir a Panama', por lo que
te pido me contestes rapido.

Un abrazo de tu amigo,

P. O. BOX 954 (Telefono 3159).
San José, Costa Rica, C. A.
Enero 22 de 1966.

Señor
Miguelito Valdes
3245 Laurel Canyon Blvd.
Studio City, California, USA.

Muy estimado Miguelito:

Acuso recibo de tu muy atenta del 19 de Enero proximo pasado
la cual me apresuro a contestar de conformidad con tus deseos.

Efectivamente tienes razón en todo lo que dices y desde luego
tu bien sabes que lo que es justo no es ventajoso. Podria ser
la fecha del 4 u 11 de Marzo proximo entrante y de conformidad
con lo que tu pidas, pueden hacerse 6 dias de actuaciones, en
10 de permanencia o bien unicamente 3 dias, ya que estos pai—
ses unicamente trabajan fines de semana.

Se hace TV (hay que traer pistas grabadas porque de otra forma
se nos hace imposible a nosotros porque no hay orquestas), El
Hotel que manejo, posiblemente Teatro y algun Club Social. No
se pasan en los seis dias de las 18 actuaciones y en los 3 dias
de las 9 actuaciones.

Podria darte en principio pasaje de Panama a San José y regreso, alojamiento en Hotel de primera sin comida y cualquier ca-
che, libre de toda clase de impuestos (En estos paises son gor
ditos los Impuestos).

Despues de hacer Costa Rica, podria hacerse tambien Nicaragua,
pero no olvides que el problema de estos paises son las Orques
tas.

Ahora bien: Dime cuanto costaria Machito con toda su orquesta
parahacer contigo un fin de semana en Costa Rica en esas fechas.

Tu tienes la palabra, al recibir yo tus noticias, te haré mi —
contra oferta. Yo estaré en Costa Rica hasta el 31 de Enero in
clusive ya que luego siguen las elecciones para Presidente y me
ausentare por 15 dias que es posible que vaya a Mexico o bien —
al Salvador. Mandame tu dirección de Mexico y tus movimientos,
que yo tambien té tendré informado donde ando.
                    Afmo. amigo y S. S.

Mr. Benito Silva
San José Costa Rica

January 26
1966

Estimado amigo:

Acabo de recibir tu carta pa-
liendo de casa y leyendo que vas de nuá
te quedas ahí hasta el día 31 de los corrien-
te me apresuro a hacer una parada en
el correo y enviarte estas pequidas. Me
interesa que sea el día 7 de Marzo ya que
debo estar de regreso en esta tu casa no
más tarde del 18 de Marzo. — Las pistas
para programas de T.V. no será problema
puedo pedirlas a N.Y. además de Mariano
algunas de mis últimos L.Ps. muy inte-
resantes. — El problema de argot lo puedo
solucionarlo con una pequeña ayuda
de tu parte o sea dándome mi
pasaje de ida a Costa Rica ya que
mi pasaje de regreso puedo usarlo y si
me lo cambio desde de Panamá no
perdería con esto si no en su totalidad
pues perderá esto en un 75%. —

Siguiendo tus consejos y como siempre

311

abrir esos plazos para un futuro
entenderá que tenés que poner entusiasmo
por mi visita a esos Países. — Por
lo menos ahora haríamos San José. —

Como ves quiero hacerte eso si
escríbeteme por cable aceptando y
pagando yo pianito 10 días corriendo el día 4 de Marzo 1500 dóllo-
res libre de impuestos y me pagase re-
dondo el otro Hasta C.R. y una habitación Hotel de primera para mí, compañeros les otro lo pago yo. — Me pare-
que estará contento y yo ya lo estoy por
el gusto de volver a saludarte a ti
y tu Sra. —

Un abrazo

Miguelito

P.D. Machito: son 16 personas
y quieren 1000 dóllares diarios
libre de todo de interesarte
desame contestame en seguida. Vale.

P. O. BOX 954 (Teléfono 3159).
San José, Costa Rica, C. A.
Enero 28 de 1966.

Señor
Miguelito Valdes
c/o. Televisora Nacional,
Carretera Transismica.
Panamá.

Muy estimado Miguelito:

No te he contestado por cable tu carta del 26 de Enero, debido
a que es muy larga la explicación que tengo que darte y por lo
tanto tiene que ser por carta.

USA$.1500.oo es mucho dinero para este país, puedes averiguarlo
bien en esa y te dirán lo mismo. No se discute la calidad artis
tica, sino los pesos, ya que tu bien sabes que esa cantidad son
Diez Mil Colones que aquí es mucha plata.

La fecha tambien es mala, porque toda la gente se encuentra de
vacaciones. Precisamente se puede hacer negocio a partir del 18
de Marzo y en condiciones diferentes: USA$.800.oo por 10 dias de
actuación, libres de Impuestos de Gobierno y sindicatos, 2 pasajes de Panama a Costa Rica y regreso, alojamiento para dos perso
nas en Hotel de primera. 3 actuaciones diarias en cualquier modalidad.

Yo salgo para Mexico a principios de Febrero, por lo tanto esta
carta debes contestarme con copia a mi oficina de Mexico: DOLORES
17, 6o. PISO, Mexico 1, D. F. MEXICO.

Es posible que pudiera hacerse dos dias con Machito, su orquesta
y tu, los dias 5 y 6 de Febrero proximo entrante, para lo cual -
tienes que decirme el minimo que cobraría por esto, dandoles lo
siguiente: Pasajes de Panama a Costa Rica y regreso, alojamiento
sin comida, libres de Impuestos de Gobierno y sindicatos (esto -
es fuerta aca). Tienen que hacer dos bailes, un programa de TV
y dos presentaciones en Teatros. Los bailes serian de una duración de 6 horas maximo cada uno.

Debes conseguirme un precio bajo para poderlos traer, ya que de
otra forma seria imposible.

Sin otro particular, quedo en espera de tus noticias, tuyo Afmo.
amigo y S. S.

Amigo Benito: FEB 7-1966.

Acabo de colgar el teléfono de hablar con mi Sra. que me dejó tu carta de, de Los Ángeles.-

1. La única fecha que puedo ir a Costa Rica es el 4 de Marzo. — Y yo no puedo ganar ya como un regalo menos de 100 dollares diarios por tanto mi precio último por los 10 días donde tiene dos fines de semana es de 1000 dollares por los 10 días..

2. El pianista no creo que puedo conseguir un pianista que vaya por menos de 260 dollares por los 10 días si lo consigue no es cosa tuya.— Solamente su pasaje ida y vuelta Managua para el pianista que el mío lo pago yo.— Eso si libre de impuestos y mis cuartos en Hotel de Primera O.K.? Ahora si espero me confirmes esto rápido si puede ser aquí

314

mejor, yo espero llegar a Panamá por
el día 1º de Febrero. —

Machito: son 16 personas. —
Así que pasajes ida y vuelta
Panamá-San José. — Libre de
todos mis gastos. — Los gastos de
Hotel etc. irán por ellos. —

Terminan en Panamá día 28
de Febrero y el problema de que
una organización pague como va
no puede estar parada, así que tiene
que ser, enseguida después de Panamá,
Por tanto esto no sea seguro, pero
a lo mejor te interesan los 800 00
dólares diarios un mínimo de 3 días

A mí te ruego me contestes
rápido, pues como de esta vez
siempre, en el futuro podremos
hacer algo.

Un abrazo
Miguelito

315

México, D. F.
Febrero 4 de 1966.

Señor
Miguelito Valdes
Gran Hotel Yamallel
Monterrey, N. L.

Muy estimado Miguelito:

En estos momentos estoy recibiendo tu muy atenta del 2 de -
Febrero proximo pasado, la cual contesto inmediatamente.

CONTRATO COSTA RICA: Pueden ser las fechas del 2 al 5 de --
Marzo (cuatro dias unicamente) o bien del 9 al 12 de Marzo
proximo entrante (cuatro dias tambien). En esta forma dan-
dote unicamente 4 dias de contrato, puedo darte los 100 do-
lares diarios, libres de Impuestos de Gobierno y sindicatos,
alojamiento en Hotel de primera clase, un pasaje de Panama -
a Costa Rica y regreso a Panama. Son 3 shows diarios en - -
cualquier modalidad.

No olvides que estos son pueblos y que no se puede pagar fi-
sicamente mas de lo que se ofrece, porque no es negocio. Yo
respeto la calidad artistica de las figuras y lo unico que -
defendemos es la parte economica porque si no hay ingresos -
no hay negocio.

Si puedes hacerme unicamente 4 dias de contrato, con mucho -
gusto haremos negocio. Puedes ir un fin de semana cualquiera de los dos que yo te lo arreglo en mi programacion imme-
diatamente, pero quiero tener tus noticias de inmediato.

Al tener tus noticias, favor de remitirme tus datos persona-
les para los permisos de trabajo, fotografias para tu publicidad y donde puedo localizarte en Panama o si te escribo --
nuevamente a Monterrey.

Sin otro particular, quedo tuyo Afmo. amigo y S. S.

Gran
Hotel Yamallel
Monterrey, Méx.

FEB 7/66

Amigo Benítez

Te agradezco infinitamente tu buen
deseo y lamento muy sinceramente no conocer
Costa Rica, ésta según he oído hablar tanto es te lindo país que despertó en mi alma
gran curiosidad; pero esa cantidad está
bien fuera de dicho es dicho 100 dollars
diarios por el gran deseo respeto, de conocer
el lugar, pero esa cantidad no cubre el
esfuerzo a una persona que aún gana 3
o 400.00 por un programa de T. V. solam.
Nosotros nos entendemos somos hombres
de negocio; de resguardo tu sabes que al
que das me dieras días entonces cubro mis
gastos, pero 4 días no dan para eso.
Ojalá que de saludarte o en la
capital de México donde espero pasar mis
un par de días 13 y 14 antes de seguir
a Panamá el 15   — OVER. —

AIRE ACONDICIONADO
EL UNICO CON VISTA PANORAMICA

México, D. F.
Febrero 9 de 1966.

Señor
Miguelito Valdes
Gran Hotel Yamallel
Monterrey, N. L.

Muy estimado Miguelito:

En estos momentos estoy recibiendo tu carta del 7 de Febrero
proximo pasado de la cual he quedado debidamente enterado.

Como yo salgo mañana para El Salvador y Nicaragua, esperando
volver el domingo, te ruego llamarme al Hotel Reforma Intercontinental o venir a parar a ese Hotel, para lo cual yo te
haré reservar habitación.

De todos modos caso yo no vuelva el domingo o lunes, necesito me digas cual seria el ultimo precio para hacerme un fin
de semana, 4 dias en San José, Costa Rica, de conformidad --
con correspondencia anterior.

Esto lo hago para que veas que tengo sumo interes en hacer -
negocio contigo y que no quiero cerrarme a la banda, sino --
que lo unico que te expongo es la situación de los paises de
Centro America.

Sin otro particular, quedo tuyo Afmo. amigo y S. S.

                                        BENITO SILVA.

HOTEL REFORMA INTERCONTINENTAL.

Mayo 24.

Amigo Benito:

Primero para saludarte, después te digo que mi itinerario termina aquí en Tijuana día 29 sigo a tu casa en L. A. hasta el 8 de Junio que sigo a N. Y. a mi programa T. V. y a tus ordenes en el HOTEL CENTURY 46 St near 6 AVE, N. Y. C.

Un abrazo de tu amigo

Miguelito

319

HOTEL REFORMA INTERCONTINENTAL

PASEO DE LA REFORMA Y PARIS · MEXICO 1. D.F.

México, D. F., Mayo 28 de 1966.

Señor
Miguelito Valdes
Hotel Century
46 St. near 6 Ave.
N. Y. City. NY.

Muy estimado Miguelito:

Dos lineas para acusar recibo de tu muy atenta del 24 de Mayo puesta

desde la Ciudad de Tijuana.

Quedo enterado de tu estadía en esa Ciudad y no perdamos el contacto

para ver que es lo que sale para fin de año.

Sin otro particular quedo tuyo Afmo. amigo y S. S.

320

HOTEL CENTURY

WEST 46TH STREET AT SIXTH AVENUE · NEW YORK·36

HALFWAY BETWEEN TIMES SQUARE AND RADIO CITY

Amigo Benito: Junio 8.

Para saludarte,
aqui me quedo con mi
programa T.V. (Canal 4)
y esperando tus noticias.

Un abrazo

Miguelito

Junio 14 de 1966.

Señor
Miguelito Valdes
Hotel Century
West 46th Street at Sixth Avenue
New York 36, N. Y.

Muy estimado Miguelito:

Ya estoy comenzando a ofrecer la Orquesta tuya para las festividades de Diciembre.

Hoy he recibido tu carta de Junio 8 de la cual he quedado debidamente enterado. Con fecha mayo 28 ya te escribí a esa dirección.

Es posible que el día 8 de Julio con otros dos socios pongamos a trabajar el Club del Hotel Di Lido, para lo cual vamos a llevar unicamente atracciones Cubanas o muy conocidas por Los Cubanos, dime que te parece esto.

Sin otro particular, quedo tuyo Afmo. amigo y S. S.

HOTEL CENTURY

Junio 18.

Estimado Benito:—

Conmigo tu atta de Julio 14 que contento; recuerda que debo conocer con fecha anticipada los días de llec. etc.

Recuerda que debo organizar en Panamá desde donde Uds saldrá todo más barato y bueno. —

Hotel de Lido; la idea muy buena, trata de mantener los gastos bajo, y sobre todo mucha publicidad! —

Si en algo puedo aportar en tu aventura, puedo dejar en Tahití un par de fotografias de mi Discoteca y saltar a Miami por 10 días. —

Un abrazo

Entiguelito

HOTEL REFORMA INTERCONTINENTAL

PASEO DE LA REFORMA Y PARIS · MEXICO 1, D.F.

Junio 21 de 1966.

Señor
Miguelito Valdes
Hotel Century
West 46th Street at Sixth Avenue
New York 36, N. Y.

Muy estimado Miguelito:

En estos momentos estoy recibiendo tu muy atenta del 18 de Junio proximo pasado de la cual he quedado debidamente enterado.

En el curso de esta semana voy para San José Costa Rica y comenzaré -
ya a ver el asunto de la Orquesta para fin año y te tendré al corrien
te de lo que pueda sacarse por los bailes para que dentro de esta rea
lidad podamos formar el conjunto en Panama.

Con respecto a lo de Miami te dejaré saber como nos vá, comenzaré por
llevar a Los Tex Mex y Los Ruffino y despues ya veremos si pega segui
mos, sino pega, aquí nos paramos.

Dime quien seria el Agente mas apropiado en New York para endosarle -
los numeros que nosotros llevamos hasta Miami, para ver si puede colo
carlos alli.

Sin otro particular quedo en espera de tus noticias, tuyo Afmo. amigo
y S. S.

Nota: Mi dirección en Miami es la misma: 1460 N. W. 2nd. St. Miami,Fla.
Telefono 374-1697.

Agosto 10 de 1966.

Senor
Miguelito Valdes
Hotel Century
West 46th Street at Sixth Avenue
New York 36, N. Y.

Muy estimado Miguelito:

Te confirmo nuestra conversacion telefonica y espero ya darte
datos exactos de lo que vamos hacer y si hay la posibilidad -
para que te quedes en esta los dias 19, 20 y 21 de conformidad
con tus deseos.

Miami esta muy mal de situacion y esta huelga de los aviones -
ha venido a entorpecer mas los negocios, asi es que no nos esta yendo muy bien que digamos y mi oferta le sera hecha al ami
go no al artista, puesto que yo muy bien se lo que vales y por
lo tanto mi oferta es para ti en calidad de amigo.

Con respecto a lo de Costa Rica hay interes para fin de ano, -
pero me exigen fotografias y discos de la Orquesta por lo tanto si tienes algo de lo que hicistes en el Hilton de California seria conveniente que me lo trajeras.

Sin otro particular, quedo tuyo Afmo. amigo y S. S.

325

Bibliografía

ALCADE, Emilio Oscar. Documental: *René Cabel. El tenor de las Antillas.* Point of View Productions, 2005.

BARREAL, Isaac. *Retorno a las Raíces.* Editorial Fernando Ortiz, La Habana 2001, pp. 126 -127.

BETANCOURT Molina, Lino. «Miguelito Valdés, el inigualable Míster Babalú». Revista *Tropicana Internacional* No. 20 de 2005, pp. 36-39.

BURROUGHS Dena. Miguelito Valdés «Mr. Babalú» CSULA, California State University.

CABRERA, Lydia. *El monte.* Ediciones cubanas. La Habana, p 42.

CARPENTIER, Alejo. «Gilberto Valdés». *El Mundo*, La Habana, 29 de febrero de 1944, p. 4.

CASTRO, Ivan A. «Causa consternación la muerte de Miguelito Valdés». *El Miami Herald*, 10 de noviembre de 1978, pp. 1-2.

CÉSAR Núñez, Luis. *Canta tu son Nicolás.* (Inédito).

COLLAZO, Bobby. «Anécdotas de los 50». *La última noche que pasé contigo. 40 años de farándula cubana.* Pag. 438. Ed. Cubanacan, Puerto Rico.

COZ Téstar, Roxana. *Rumberas matanceras.* Ediciones Unos & Otros. Estados Unidos, p.12.

DE LEÓN, Carmela: Sindo Garay. *Memorias de un trovador,* p. 122.

DÍAZ Ayala, Cristóbal. *Enciclopedia discográfica de la música cubana.* https://latinpop.fiu.edu/SECCION06V.pdf.

FAJARDO, Ramón. *Rita Montaner. Testimonio de una época.* UnosOtrosEdiciones, p. 90.

FARIÑAS González, Joao Pablo. *Estrellas y superestrellas de la música negra*. Inédita.

GALAORT, Don. «Con Miguelito Valdés baila todo el Mundo la conga». Revista *Bohemia* año 31 vol 31 no 6 páginas 24, 25, 26 y 50, La Habana 5 de febrero de 1939.
----------------- «Miguelito Valdés va a filmar con Cantinflas». *Bohemia*, abril de 1943.

FORTÚN, José Reyes. Música cubana: *La aguja en el surco*. Ediciones Cubanas Artex SA, La Habana, p 30.
------------------ *El arte de Benny Moré. Ofrenda Criolla II*. Ediciones Museo de la música, La Habana, 2009. P. 28.

GIRO, Radamés: *Diccionario Enciclopédico de la Música en Cuba*, Ed. Letras Cubanas, La Habana, 2009.

GRIJALBA, Jairo. *El corsario negro de La Chambelona*. Editorial UnosOtrosEdiciones. Miami.

HERNÁNDEZ Machado, Juan. «La rumba en la filatelia cubana» Prensa Latina, Cultura, publicado 14 de junio del 2018.

HERNÁNDEZ, Zenovio. *Diccionario de compositores cubanos* (Inédito).

HERNÁNDEZ Pavón, Zenovio y Alejandro Fernández Ávila. *Ñico Saquito. El rey de la guaracha*. Ediciones Unos Otros. Estados Unidos, p. 50.

LAM, Rafael. «Historia del jazz. El jazz tiene mucho de Cuba». La Jiribilla.

LEÓN, Argeliers. *Del canto y del tiempo*. Editorial Letras Cubanas, enero 1, 1984.

LÓPEZ Fernández, Oscar Luis: *La radio en Cuba*. La Habana. Editorial Letras Cubanas, 1981, p.168.

MARQUETTI, Rosa. Chano Pozo. *La vida (1915-1948)*. Ed. UnosOtrosEdiciones, 2019. P. 49.

Marrero, Gaspar. «La huella olvidada de Mr. Babalú». *Bohemia*, 7 de mayo del 2013.

Mestas, María del Carmen. *Pasión de rumberos*. UnosOtrosEdiciones. Estados Unidos, p. 61.

Miranda, Fausto. «Miguelito Valdés: Murió un amigo». *El Miami Herald*, 10 de noviembre de 1978, pag. 11.

Mondeja, Félix y Lorenzo Rosado. *Marianao en el recuerdo*. Ed. Boloña, La Habana, p. 136.

Ortiz, Fernando. «Chano Pozo en Nueva York influye al jazz». Revista *Signos*, mayo-diciembre del 1975.

Oropesa, Ricardo. *La voz del tambor*. Ediciones Cubanas. La Habana.

Orovio, Helio. *El carnaval habanero*, Ediciones Extramuros, La Habana, 2005, p. 23.

Pacheco Silva, José. «Comida para los Santos». *El Nuevo Herald*, octubre de 1995.

Padura, Leonardo. «La cumbre y el abismo». La jiribilla.cu/2003/n135_12/135_16.html.

Pérez Vidal, Amaury. Con 2 que se quieran. Entrevistas Casa Editora Abril, La Habana, 2014, p. 16.

Ramírez, Arturo. «Ernesto Lecuona (I)». *Carteles*. La Habana, 22 de marzo de 1942, pp. 70-73.

Secades, Eladio. «Cugat en pleito con Miguelito Valdés». *Bohemia*, Año 34, No 30 pp. 42, 43 y 52, La Habana, 26 de Julio de 1942.

Tucker, George. «In New York». *The Newark Advocate*. Julio, 22, 1941. Traducción: Armando Nuviola.

Valdés, Marta. «El centenario de Margarita Lecuona». Publicado en *Palabras*. 18 de abril del 2010.

Zamora, Bladimir. «Un importante Valdés». www.lajiribilla.cubaweb.cu.

Entrevistas

Entrevista para la radio realizada por el doctor Ken Leo Rosa, transmitida en 8 de marzo de 1975 en la Ciudad de New York.

René Lopéz. Entrevista por Armando Nuviola (teléfono), 16 de octubre del 2020.

Publicaciones

¡Alerta! La Habana, 6 de septiembre 1939.

Mr. Babalú: Portal de la Cultura Cubana, Cubarte, del 2012-04-23.

Radio-Guía , año Vll, no 72 la habana junio de 1940 p. 37.

http://www.cadenagramonte.cu/

Dulce Sotolongo Carrington

La Habana, Cuba

Editora, periodista y narradora cubana. Graduada de Filología en la Facultad de Artes y Letras de la Universidad de La Habana.

Entre sus libros publicado: *Té con limón* (Ed. Oriente, en el 2001), en coautoría con Amir Valle Ojeda, entre otras; *Agustín Marquetti No. 40* (Ed. Extramuros, 2008) y *En el balcón aquel* (Ed. Unicornio, 2009); *Páginas de mi diario* (Ed. Bayamo); *Cuentos de payaso* (Ed. Extramuros); *Eva y sus demonios* (Ed. Guantanamera); *En el balcón aquel* (Ed. UnosOtrosEdiciones) y *No me hables del Cielo* (Ed. UnosOtrosEdiciones).

Otros títulos

Libro biográfico acerca de la agrupación más duradera, de las llamadas orquestas familiares de Cuba: Orquesta Hermanos Castro. La autora, valiéndose del archivo familiar de los Castro, hace un recorrido por la trayectoria musical de esta pionera *big band* a la que se llamó «La escuelita» y de la que surgieron numerosos talentos, que luego hicieron carrera bien como solistas, o como integrantes de otras agrupaciones.

«Pienso que hay que revalorizar el aporte de los Hermanos Castro a la música cubana, ahí están los discos, el repertorio, su música perfecta, todo, todos los boleros y los Chachachá son joyas, hay que revalorizar esa orquesta como una de las grandes *big band* que tuvo Cuba».

Helio Orovio

«La Orquesta Hermanos Castro, a mi juicio era la mejor, por una sencilla razón, era muy estable, con orquestaciones con un rango mantenido durante casi treinta años ... ».

Radamés Giró

María Matienzo Puerto

Orquesta
Hermanos Castro
LA ESCUELITA

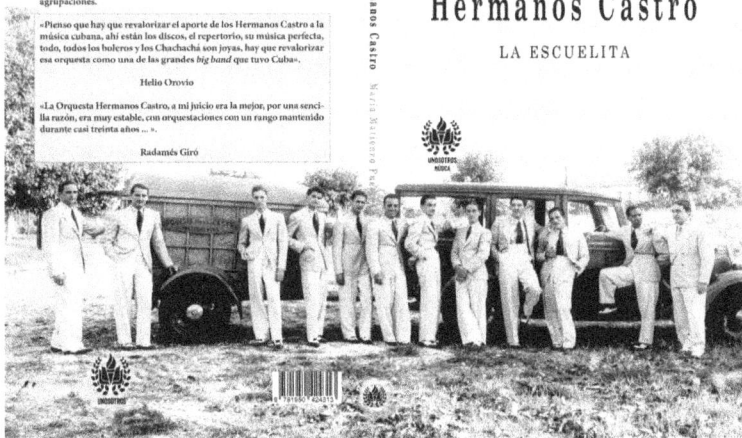

El autor nos entrega una semblanza biográfica de este singular hombre en un libro donde podremos hallar esencialmente, en cuerpo y espíritu, los derroteros de un músico popular excepcional.
Faustino Oramas, El Guayabero, suma la picardía al decir de la trova. Picardía que no es sinónimo de bajeza o fraudulencia sino audacia e inteligencia para sacar el mejor provecho de situaciones adversas. Hay que decir que pocos autores de la música popular han tenido, como Faustino Oramas, la facilidad de recursos, la gracia y la imaginación para el manejo de situaciones peliagudas con lenguaje simple pero debidamente escogido de modo que provoque la chispa de humor sin grosería.

«Casi nadie lo conoce por su verdadero nombre. Sin embargo, cuando se habla de El Guayabero viene a la mente de todos los cubanos su peculiar estampa y el criollísimo humor de sus canciones.
Faustino Oramas es por ello, tal vez, el último representante de aquella generación de soneros que vivieron de la música y para la música, y supieron transmitir a su obra la idiosincrasia del cubano, que siempre se reconoce en las canciones de este juglar oriental».

Leonardo Padura

«El Guayabero es un genio popular cuyas características, muy especiales dentro de la música popular cubana, no pueden clasificarse en una tendencia determinada. Creo que, desgraciadamente, no habrá otro como él».

Pablo Milanés

«Él es un tresero popular de tumbas, que utiliza un diseño melódico rítmico muy reiterado, en cuya célula más elemental radica el sabor cubano».

Pancho Amat

Zenovio Hernández Pavón

FAUSTINO ORAMAS
EL GUAYABERO
REY DEL DOBLE SENTIDO

PASIÓN DE RUMBERO

Entrevistas, anécdotas, crónicas, testimonios, reseñas y fichas con datos de rumberos

Este libro es, sobre todo, un homenaje a todos los rumberos cubanos que en distintas épocas han contribuido a engrandecer el género. Hay que sentir verdadera pasión por la rumba para escribir algo así, a ritmo de tambor bailan los recuerdos a través de testimonios de primera mano recogidos durante más de cincuenta años a personajes de la talla de Mañungo, el Rafael Ortiz del 1,2,3..., la conga más famosa del mundo, a Tío Tom porque a esta fiesta de caramelos si pueden ir los bombones o a Petrona, orgullosa de haber nacido en la Timba, la hermana de Chano Pozo, bebe de la fuente original y nos brinda un valioso documental para saciar nuestra insaciable sed por la música cubana. Como es mujer, la autora, no olvidó a la mujer rumbera, tan pretérida, tan maltratada hasta por el propio ritmo y los propios rumberos, aquí estamos con Nieves Fresdena, Merceditas Valdés, Celeste Mendoza, Teresa Polledo, Natividad Calderón, Manuela Alonso, Zenaida Almenteros, Estela, con Yuliet Abreu, La Papina, representantes de la nueva generación. Y si de juventud y relevo se trata hay que resaltar en esta edición la inclusión de las generaciones actuales de rumberos, los encargados de seguir el legado y mantenerlo vivo, fresco en los bailadores en estos tiempos de reguetón. Aquí también están Iyerosun, Timbalaye, Osaín del Monte y Rumbatá.

Y ya el Benny no podrá lamentarse en su centenario de la muerte física: *Qué sentimiento me da, cada vez que yo me acuerdo de los rumberos famosos... volveremos a ir a la rumba con Malanga...* con Chano y con María del Carmen Mesta, porque la rumba tiene nombre de mujer.

PASIÓN DE RUMBERO

María del Carmen Mestas

UNOSOTROS

ROBERTO FAZ MONZÓN

EL MEJOR SONERO BLANCO

El autor atraviesa la Bahía de La Habana para llegar a Regla, la tierra de Roberto Faz, músico cubano que tuvo una gran popularidad en los años cincuenta y sesenta como cantante y director de su Conjunto. Allí entrevista a familiares, músicos y amigos del sonero para lograr plasmar la trayectoria artística y de vida de uno de los nombres indispensables en la historia de la música popular cubana.

Fue en sus inicios, partícipe de varias orquestas y conjuntos destacando sobre todo como cantante del Conjunto Casino. Es considerado uno de los vocalistas más versátiles y mejor afinados de la Isla como su contemporáneo, Benny Moré. Entre sus éxitos están: *Comprensión; Deuda; Quiéreme y verás; Realidad y Fantasía; A romper el coco; Que se corta la bola; Como vivo en Luyanó; Cositas que tiene mi Cuba; Píntate los labios María; Dengue de la caña; Dengue del pollo; Dengue en Fa.* Sus famosos «pegaditos» en aquellos memorables «musicuras», viven en el recuerdo de los amantes del bolero que tienen en Roberto Faz a una de sus más auténticas voces.

«...como sonero extraordinario, fue el primer blanco en cantar sones».

MIGUELITO CUNÍ

«el mejor sonero blanco que dio Cuba».

TITO GÓMEZ

«Uno de los grandes valores, su nombre esta al lado de Benny Moré y otras grandes figuras».

ROBERTO URFÉ

ROBERTO FAZ MONZÓN EL MEJOR SONERO BLANCO

ÁNGEL MANUEL

UNOSOTROS

Book 1 (top)

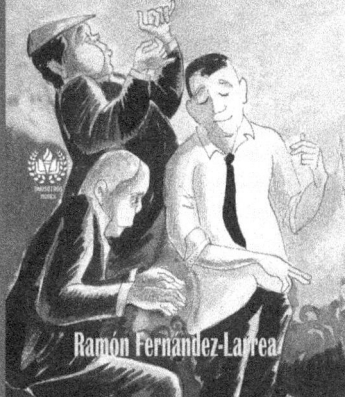

Back cover

Kabiosiles
Los músicos de Cuba

Aquí están reunidos sesenta y seis retratos de nuestros dioses terrenales: los músicos de Cuba. Esos que andan en nuestra memoria, en nuestra piel y en la niebla de nuestra identidad. Son los rostros que conforman nuestro ADN sonoro. Estos «Kabiosiles», son saludos desde lo más profundo del corazón.

Vicentico, Benny Moré, Rita, La Lupe, Bola de Nieve, Celia Cruz, Machín, Arsenio Rodríguez, son algunos nombres en ese mapa de lo que somos. Porque, como escribió el poeta Ramón Fernández-Larrea, el autor de este libro: «Bajo la noche catalana, en las calles de melancolía de París, en viejos pueblos volcánicos de Canarias tengo una luz. De esa luz baja una lluvia como un sol espléndido como la vida, con guiños de mujer y olores que me mecen, y el alma se divierte y se expande, y es la única razón que nos une y nos abraza a todos por igual. A tristes y serenos, a poetas y amargados, a viudos y cumbancheros, a cercanos y lejanos. Los que siempre nos encontraremos en el único mar de nuestros sueños reales».

Spine
KABIOSILES · Los músicos de Cuba · Ramón Fernández-Larrea

Front cover
KABIOSILES
LOS MÚSICOS DE CUBA

Ramón Fernández-Larrea

Book 2 (bottom)

Back cover

Rita Montaner: testimonio de una época, lo considero un libro «hechicero», porque al empezarlo a leer no nos podemos detener, tenemos que seguir y seguir, debido a cuatro valores que, en mi opinión posee esta obra.

El primero es la fidelidad histórica. (...) En segundo lugar, la acertada captación del entorno que rodea a la Montaner (...) la justa apreciación de la personalidad de la Montaner, a quien muchos del pueblo nada más conocían como la bella mulata que marcó pautas en la interpretación de melodías afrocubanas y llevaba a los máximos planos de popularidad sus personajes de la radio, el teatro y la televisión (...) Y, la valiosa información que aporte el testimonio se plasman en el libro a través de programas, fotografías y otros materiales investigativos para lograr una imagen cabal de la inolvidable artista.

CARILDA OLIVER LABRA

Rita la única, Rita de Cuba, Rita del Mundo.// Para mí, sencillamente, Rita Montaner. Un nombre que abarcó todo el arte.// Porque eso fue ella: ¡el arte en forma de mujer!».

ERNESTO LECUONA

Rita de Cuba, Rita la Única... No hay tan adecuado modo de llamarla, si ello se quiere hacer con justicia. «De Cuba», porque su arte expresa hasta el luxidio humano lo verdaderamente nuestro; «la Única», pues solo ella, y nadie más, ha hecho del sonar habanero, de la calle cubana, una categoría universal.

NICOLÁS GUILLÉN

«Ella debe haber vivido muy feliz de ser Rita Montaner, La Única, la artista que representaba el sentimiento del pueblo cubano con una gracia y donaire irrepetibles»

EUSEBIO LEAL

Spine
RITA MONTANER · Ramón Fajardo Estrada

Front cover
RAMÓN FAJARDO ESTRADA
RITA MONTANER
TESTIMONIO DE UNA ÉPOCA

BOLA DE NIEVE

Si me pudieras querer

RAMÓN FAJARDO ESTRADA

Si en un final
CLARA Y MARIO

ÁNGEL MANUEL PÉREZ ÁLVAREZ

RUMBERAS MATANCERAS

Un canto a la memoria

Royana M. Coz Téstar

Entre guajacos y sopones las mujeres se atrevieron a contar su existencia a ritmo de rumba, de celebraciones en esos barrios con olor a río y sabor a río. Ellas fueron verdaderas guerreras que rodeadas por sus descendientes inculcaron amor por la tradición. Con la fuerza de una sacudida de hombros evitando el «vacunao», así hemos querido alejar el polvo y el olvido de autoras que hicieron, de la rumba matancera, una historia increíble.

Que canten las mujeres es el canto que da inspiración al presente libro, era ese el llamado urgente que realizara Estanislá Luna en su canto, un llamado a la participación de la figura femenina, en el pleno derecho de expresarse y ser escuchada. *Rumberas matanceras: Un canto a la memoria* es un homenaje a todas aquellas que se atrevieron a contar su historia a golpe de rumba, que hilvanaron sus tristezas y alegrías, que unieron sus voces y vidas en las celebraciones al calor de sus humildes hogares, a aquellas que inculcaron el amor por la tradición. Es un homenaje a las que cantan hoy y a quienes lo harán mañana, a las que se aferran a la vida con la convicción de proyectar una realidad más justa, a las que se atreven a desafiar con toques de batá la mirada juiciosa de quien se empeñe en limitar la capacidad creativa y creadora, ese binomio ideal que distingue el quehacer constante de las rumberas matanceras.

Sin dudas, mucho se ha contado sobre la rumba, sin embargo, la presencia de la mujer rumbera aún está por escribir. Por vez primera, el devenir de estas mujeres se aborda a través de una perspectiva musicológica, sociocultural y de género. Con este libro la autora intenta abrir una nueva páginas dentro del relato histórico de la rumba cubana.

UNOSOTROS

ROSA MARQUETTI TORRES

CHANO POZO

LA VIDA (1915 - 1948)

Es un libro mayor que va a sentar una pauta, un modelo a seguir, porque es un libro de etno-historia, un estudio de caso que se inserta dentro de la etno-historia musicológica.

Miguel Barnet

El más completo trabajo publicado sobre Chano Pozo hasta la fecha.

Cristóbal Díaz Ayala

Libro singular si los hay, donde la autora da muestras de conocimiento, paciencia y pasión que la llevaron a hurgar en las más disímiles fuentes documentales: biografías, autobiografías, prensa, entrevistas a músicos o amigos que lo conocieron y su discografía –hasta hora no explorada–, le han permitido situar las actuaciones de Chano en Cuba, Estados Unidos y Europa, hecho este último que no había sido estudiado hasta ahora.

Radamés Giro

Este es un libro de esos que cuando uno llega al final y cierra la tapa, tiene que reflexionar un instante para esbozar una sonrisa de satisfacción, esa sonrisa que brota cuando uno se dice: acabo de leer una obra excelente.

Tony Pederas

Esta obra debía ser lectura obligada para todos aquellos que de alguna forma se inclinen hacia ese género musical que hoy llamamos Jazz Latino o *Latin Jazz*.

Paquito D'Rivera

Siempre tuve temor a que perdiéramos la memoria histórica de nuestra cultura musical, tan importante para todos y que las nuevas generaciones desconocieran a las figuras que hicieron posible el desarrollo de nuestro presente musical, de ahí la importancia de obras como esta.

Emilio Pineda

UNIÓN & OTROS
EDICIONES

EN EL BALCÓN AQUEL

Dulce Sotolongo conoció de forma casual a Leopoldo Ulloa, le propuso entrevistarlo para hacer un libro y surgió una inquebrantable amistad. La autora hace un recorrido por la vida del compositor a través de sus canciones e intérpretes logrando un rico testimonio de la música cubana, entre los artistas que cantaron sus composiciones están: Celia Cruz, José Tejedor, Tirso Guerrero, Celio González, Caíto, Lino Borges, Wilfredo Mendi, Moraima Secada, Roberto Sánchez, Clara y Mario, Los Papines, Pío Leyva. En el balcón aquel es un libro que te atrapa desde la primera línea, no permitirá que dejes de leer hasta su final.

Para los amantes de la música cubana de todos los tiempos, esta será una edición muy especial porque rinde honor a quien honor merece, a un grande del bolero: Leopoldo Ulloa.

Eduardo Rosillo Heredia

Autodidacta, creador absolutamente intuitivo, un día compuso «Como nave sin rumbo», Luego surgió una larga fila moruna: «Destino marcado», «Me equivoqué», «Perdido en la multitud», grabados por Frank Fernández; «Te me alejas», «Es triste decir adiós», «No extraño tu amor», «Adiós me dices ya»; y el representativo «Por unos ojos morunos». Esta producción sitúa a Leopoldo Ulloa, como el más sostenido y consecuente creador de la línea del bolero moruno.

Helio Orovio

EN EL BALCÓN AQUEL
LEOPOLDO ULLOA, EL BOLERO MÁS LARGO: SU VIDA

DULCE SOTOLONGO

LUIS MARQUETTI
GIGANTE DEL BOLERO
EL HOMBRE SIN ROSTRO

Jairo Grijalba Ruiz

Gaspar Marrero

LUIS CÉSAR NÚÑEZ GONZÁLEZ

ÑICO SAQUITO

EL REY DE LA GUARACHA

El REY DE LA GUARACHA

A mucho más de medio siglo de ser compuestas, aún se escuchan en bares, cantinas y la radio de toda Cuba y fuera del país, muchas de sus creaciones como «Cuidadito Compay Gallo» y «María Cristina»; sin embargo, poco se sabe de la vida de este hombre cuyo verdadero nombre es revelado por el autor de esta obra, Oscar Montoto Mayor, apasionado baracoense, quien a partir de los testimonios de Antonio Fernández Arbelo, hijo de Ñico Saquito y auxiliado por el extenso archivo sobre su notable padre, junto a la pasión de sus nietos Alejandro y Toni, y las confesiones del propio compositor realizadas en entrevistas que están diseminadas por la radio y periódicos de la época, reconstruye en esta monografía paso a paso la vida y obra de este rey de la guaracha cubana. Con un lenguaje muy acorde a su estilo como escritor e investigador, el autor nos ofrece una crónica rica en anécdotas y valoraciones de este notable músico y compositor, en una etapa siempre valiosa y fundamental para la difusión de la música cubana. Ñico Saquito, una de las figuras célebres del pentagrama cubano tristemente olvidado, que ahora intentamos revivir al compás de un simpático doble sentido con centenares de guarachas y otras géneros musicales en los que fue pionero. El doble sentido y su criollo sabor que lamentablemente ha caído en la chabacanería y el mal gusto a pesar de la herencia que nos legaron otras figuras como Faustino Oramas, el Guayabero, y nuestro biografiado, el mago que sacaba de un sombrero-saco, guarachas y pregones sin las cuales hoy no se podría escribir sobre estas creaciones originales y ricas en temas y melodías. Así fue y es Ñico Saquito.

Oscar Montoto Mayor

UNOS & OTROS
EDICIONES

Ñico Saquito El rey de la guaracha   Oscar Montoto Mayor

ESTUDIO ARMÓNICO DEL LAÚD CONTRALTO CUBANO

Erdwin Vichot Blanco

El laúd es un instrumento musical de cuerda parecido a la bandurria, pero de caja más grande y sonido menos agudo. Existen hoy muchas variedades en el mundo. Hay un laúd cubano (contralto) que tiene la misma apariencia que la versión española, solo que la afinación es diferente. Este instrumento se vincula con el campo, las tonadas, el punto y otras obras musicales como: guajiras, habaneras y criollas.

El destacado laudista cubano Erdwin Vichot Blanco, considerado por el periódico El Ideal, de España, como: «El Jimmy Hendrix del laúd», ha ideado este libro como una herramienta de aprendizaje para las nuevas generaciones interesadas en continuar la tradición. De forma didáctica el autor nos deja instrucciones, recomendaciones, enunciados de acordes y posiciones que seguro serán de gran utilidad para el estudio a los futuros laudistas.

UNOS&OTROS
EDICIONES

9 781950 424283

Cover 1 — Willie Rosario

En esta obra documental está todo Willie Rosario; el ser humano y el orquestador, el hombre y el músico, el jazzista y el romántico y el rumbero, el boricua y el afro-latino-americano. Y está, sobre todo, su tradición, su voz, para que esta y las siguientes generaciones entiendan que es lo que hay detrás de tantas creaciones musicales. Robert ha extraído de Rosario la esencia de su sonido y nos cuenta en estas páginas los secretos de su aflenque.

JOSÉ ARTEAGA

Willie Rosario es un gran maestro. Para nosotros los percusionistas siempre ha sido una figura de mucho aprendizaje por su control sobre el ritmo, aspecto en el que es un pionero.

EDWIN CLEMENTE

Willie Rosario siempre se ha preocupado por tener excelentes músicos y contar con los mejores arreglistas para su música. Su experiencia y sabiduría la ido dejando una huella imborrable. Es el timbalero de más cadencia y sonido rítmico que existe. Una leyenda viva de la salsa, Willie es el maestro del swing.

EDWIN MORALES, MULENZE

El trabajo de Willie Rosario es una colección de aciertos y logros en el competitivo mundo de la industria salsera. Fue el arquitecto de un estilo y sonido influyente en generaciones posteriores de músicos. La combinación de líneas armónicas y rítmicas de piano, bajo y sonido barítono, creó un estilo ágil y profundo que resulta puro y sólido. Con visión musical y empresarial, consistente, disciplina, elegancia y orgullo profesional, Rosario ha mantenido por años una imagen asociada de liderazgo que le ha ganado la admiración y aplausos de los bailadores de salsa en todo el mundo.

ELMER GONZÁLEZ CRUZ

El músico Willie Rosario es una de esas figuras del pentagrama de la salsa que han cargado sobre sus hombros la lucha por la permanencia del género, fiándose contra las adversidades que, en muchas ocasiones, impone el mercado artístico.

HIRAM GUADALUPE PÉREZ

Su orquesta ha sido una escuela para muchos cantantes y músicos. El concepto que desarrolló, donde el uso barítono vino a ser protagonista, es un concepto definitivo con su ganar. Tenemos que estar muy agradecidos por la aportación que Willie Rosario ha hecho a la música latina, no solo en la salsa, también en el bolero.

NÉSTOR GALÁN, EL BUHO XXI

UNOSOTROS

Robert Téllez Moreno

WILLIE ROSARIO
EL REY DEL RITMO
Biografía autorizada

Cover 2 — Ray Barretto

RAY BARRETTO
FUERZA GIGANTE
ROBERT TÉLLEZ MORENO

Escrito con la perspectiva de un periodista que dedicó cinco años de rigurosa investigación acerca de la vida y obra del notable músico Ray Barretto, conocido internacionalmente como Manos Duras, considerado un ícono de la percusión; su autor recrea la trayectoria musical del percusionista newyorican, su comienzo a partir del jazz y trayectoria en la Salsa, que le valió más de diez nominaciones al premio Grammy.

Con admirable fluidez y amenidad, Robert Téllez va intercalando abundantes y sustanciosos fragmentos de entrevistas realizadas en distintas épocas con músicos y cantantes que trabajaron con Ray, así mismo con el testimonio de su viuda nos entrega la otra dimensión humana y la Fuerza de un Gigante con la que superó las adversidades que enfrentó en diferentes momentos de su carrera.

Robert Téllez Moreno. Bogotá, Colombia, 1973. Graduado en Locución y Producción de Medios Audiovisuales. Se ha desempeñado como programador de distintas estaciones radiales musicales de su país. Fundador y director general de la revista Sonfonía; investigador musical incansable, que lo ha llevado a visitar varios países como: Estados Unidos, Cuba, Puerto Rico, Perú, Panamá y Venezuela. Ha colaborado en la producción del documental *Diego Galé, Alma Latina*. Como investigador de la música afroantillana, ha participado en numerosos eventos internacionales como fue el Primer Festival Cartagena-La Habana Son en el año 2008, donde se desempeñó como jefe de prensa. Desde el 2012 forma parte del equipo musical de la Radio Nacional de Colombia, donde permanece hasta la actualidad. Allí dirige y conduce el programa *Conversando La Salsa* y hace parte del equipo de panelistas del programa *Son de la Música*.

UNOS & OTROS
UO EDICIONES

FRANKIE RUIZ

Han pasado veinte años de la muy temprana desaparición física de Frankie Ruiz, un hombre que con su genuino estilo, carisma, voz cálida y dulce, nos dejó un gran legado musical. La figura de Frankie surgió en un momento trascendental para la industria, justamente en uno de los periodos de mayor dificultad para la promoción de la música salsa. Su influencia marcó una pauta que aún perdura en muchas generaciones de artistas.

Solo contaba 40 años al morir, pero su vida y obra merecen ser contadas. Sin duda, Frankie fue el primer cantante líder del movimiento de salsa romántica y el inspirador para otras figuras que luego alcanzaron el éxito. Su particular estilo cargado de swing y su personalidad arrolladora, lo convirtieron en ese ícono que representa una salsa con letras que enamoran, acopladas espléndidamente mediante arreglos musicales cadenciosos y muy bailables, una fórmula ganadora que hoy sigue dando resultados.

Los autores de este libro, Robert Téllez (colombiano) y Félix Fojo (cubano), rememoran de una manera agradable, novelada, la vida y trayectoria musical de este ídolo del pueblo que fue Frankie Ruiz.

Es también un homenaje al Puerto Rico querido de Frankie, la bella Isla del Encanto, a sus paisajes, música y su gente. Al Papá de la salsa, su carrera, su público, fans en muchas partes del mundo, a los músicos, a los compositores, arreglistas y productores, a los manejadores, a su familia; en fin, a todos aquellos que hicieron posible que un talento tan natural como el de Frankie Ruiz, pudiera alcanzar el lugar en la historia de la música que merecía.

Es para Frankie, como: Volver a nacer.

VOLVER A NACER

UNION EDITOR
EDICIONES

FRANKIE RUIZ
VOLVER A NACER

ROBERT TÉLLEZ
FÉLIX FOJO

UNION EDITOR
EDICIONES

Los botones de la camisa de Chaikovski

La extraña desaparición de Romero Estudier después de la visita a su novia Tania podestáicamente la atención a familiares y amigos. En la búsqueda de evidencias, la policía encuentra sus joyas en poder de un vagabundo. Pero la investigación toma otro rumbo con el hallazgo de un zapato viejo y una tiza negra.

Una fábula llena de tramas y subtramas donde el lector quedará atrapado siguie se van descubriendo los detalles de la desaparición de Romero, su vínculo con una bella mujer que resulta ser una coleccionista de botones de camisas que lo lleva al encuentro con el prestigioso músico ruso Chaikovski.

LOS BOTONES DE LA CAMISA DE CHAIKOVSKI

Arnaldo Muñoz Viquillón

UNOSOTROS

LOS BOTONES DE LA CAMISA
DE CHAIKOVSKI

UNOSOTROS

Arnaldo Muñoz Viquillón

THE BEATLES

EL LARGO Y TORTUOSO CAMINO DE LOS BEATLES

Los Beatles, el grupo más admirado de la década del 60 y uno de los mejores de todos los tiempos, iniciaron una revolución cultural que trascendió más allá de la música. Es por eso por lo que ni las generaciones actuales quedan indiferentes a sus letras, ritmos e historia. *El largo y tortuoso camino de los Beatles* es un recorrido por la trayectoria de los *Cuatro Fantásticos*, desde sus inicios hasta la disolución del grupo. Sus seguidores, así como cualquiera que quiera descubrir la magia de los chicos de Liverpool, podrán disfrutar en este libro de entrevistas, reseñas de álbumes y canciones, y estadísticas de sus posiciones en la revista *Billboard*. Asimismo, su autor, Joao Pablo Fariñas González, nos invita a seguir la huella de estos músicos tras su separación, recorriendo sus carreras y vidas en solitario, para completar la historia y leyenda de este famoso grupo. Al concluir, el lector solo corre un riesgo: convertirse en un fanático de los Beatles —si es novel—, o disfrutar con pasión de la continuación de la *Beatlemanía*.

EL LARGO Y TORTUOSO CAMINO DE LOS **BEATLES**

Joao P. Fariñas

EL LARGO Y TORTUOSO CAMINO DE LOS BEATLES

JOAO PABLO FARIÑAS GONZÁLEZ

UNOS & OTROS EDICIONES

MICHAEL JACKSON

Joao Pablo Fariñas

MICHAEL JACKSON
EL REY DEL POP

Han pasado diez años de la muerte de Michael Jackson, y su legado sigue vivo, a pesar de la controversia que existe sobre su persona. Este es un libro para los *fans* de este icono mundial de la música. Un recorrido por la historia de su carrera musical, desde el surgimiento de los Jackson Five hasta su muerte, es una recopilación de toda la producción discográfica del Rey del pop, con reseñas de las revistas especializadas, la historia de algunos de sus álbumes, fotos, canciones, videos y estadísticas de todos los éxitos que este músico sin igual, Michael Jackson, el Rey del pop le ha dedicado. Es un homenaje que el autor le dedica al Rey destacando valiosa información sobre la trayectoria musical de los Jacksons, discografía de todos sus hermanos, fotos, así como su relación con la disquera Motown Records y la música negra norteamericana.

MICHAEL JACKSON: EL REY DEL POP — Joao Pablo Fariñas

UNOS & OTROS EDICIONES

MICHAEL JACKSON: EL REY DEL POP

UNOS & OTROS MÚSICA

www.unosotrosediciones.com
infoeditorialunosotros@gmail.com

UnosOtrosEdiciones

Siguenos en Facebook, Twitter e Instagram:

www.unosotrosediciones.com

www.ingramcontent.com/pod-product-compliance
Lightning Source LLC
Chambersburg PA
CBHW022113080426
42734CB00006B/118